促进文化创意产业发展的公共政策

李冬妍　著

中国财经出版传媒集团
中国财政经济出版社

图书在版编目（CIP）数据

促进文化创意产业发展的公共政策 / 李冬妍著. ——北京：中国财政经济出版社，2020.9
ISBN 978 – 7 – 5095 – 9953 – 2

Ⅰ.①促… Ⅱ.①李… Ⅲ.①文化产业 – 产业政策 – 研究 – 中国 Ⅳ.①G124

中国版本图书馆 CIP 数据核字（2020）第 146701 号

责任编辑：马　真　　　　　　　责任校对：张　凡
封面设计：北京兰卡绘世

促进文化创意产业发展的公共政策
CUJIN WENHUACHUANGYI CHANYEFAZHAN DE GONGGONGZHENGCE

中国财政经济出版社 出版

URL：http：//www.cfeph.cn
E – mail：cfeph @ cfeph.cn

（版权所有　翻印必究）

社址：北京市海淀区阜成路甲28号　邮政编码：100142
营销中心电话：010 – 88191537
北京财经印刷厂印刷　各地新华书店经销
710×1000 毫米　16 开　17 印张　236 000 字
2020 年 11 月第 1 版　2020 年 11 月北京第 1 次印刷
定价：78.00 元
ISBN 978 – 7 – 5095 – 9953 – 2
（图书出现印装问题，本社负责调换）
本社质量投诉电话：010 – 88190744
打击盗版举报热线：010 – 88191661　QQ：2242791300

前　言

对文化创意产业的内涵界定，并没有统一的教科书定义；有谓之创意产业，亦有称之内容产业、版权产业，即便称作文化创意产业，对于其界定也呈现出百家争鸣的状况。尽管国内、外对于文化创意产业的称谓、具体涵盖的行业类别有所差别，但是文化创意产业离不开"文化"与"创意"的结合，把它看作是文化产业的一个分支也未尝不可。文化创意产业是需要将文化作为第一生产力以获得行业发展动力的，而如何将文化融入行业中，不仅需要独特、创新性的想法，而且更需要与知识经济、信息经济相结合，产业中相关的物质产品是蕴藏了丰富的文化内涵与科技力量的，因此，我们认为，文化创意产业是通过创造性的想法把文化转换成更高生产力的行业集群产业，即原创性强、科技含量高、文化附加值高的行业集群。

文化创意产业是一种集合文化、思想、精神、创意和知识等诸多要素的高端产业形态。以创新、科技为特征的文化创意产业，能够将文化资源和创意资源转化为经济产出，对 GDP 贡献率大；是经济转型动力，能够带动相关产业的发展；具有极大的就业拉动作用，就业形式灵活；且具有社会文化和意识形态传播功能。文化创意产业是世界经济增长和产业升级发展的潮流。

国家高度重视文化创意产业的发展。2012 年 11 月，党的"十八大"将"文化创意产业成为国民经济支柱性产业""社会主义文化强国建设基础更加坚实"等列为 2020 年国家全面实现小康社会的重要指标；报告提出，"促进文化和科技融合，发展新型文化业态，提高文化产业规模化、集约化、专业化水平"。2014 年 1 月，国务院部署推进中国文化创意产业发展；同年 2 月，《国务院关于推进文化创意和设计服务与相关产业融合发展的若干意见》国发〔2014〕10号文出台，将文化产业与相关产业融合作为经济社会和产业转型的重要推动力。在"十三五"规划中，中央提出"推动文化产业成为国民经济支柱性产业"，并做出具体要求。2019年6月28日，《文化产业促进法（草案征求意见稿）》面向社会征求意见。文化创意产业的发展不仅是中国实现文化强国战略的要求，而且也是中国积极面对国际新竞争的方式，同时还是推动中国经济转型的主要动力，更是满足人民日益增长的物质文化需求的重要途径。

从公共政策角度来看，中国文化创意产业属于新兴产业，产业发展及其与其他产业的融合，无不需要公共政策的引导、支持和规范。在这一过程中，政府如何定位、扮演什么样的角色，制定何种公共政策，具有重要作用。本书认为，相关公共政策的基本目标，应在于促进文化创意市场的自身健康发展，保护好这个市场，不要市场扭曲，更不要政府扭曲。政府的政策设计，应以市场为导向，尊重市场规律，发挥市场资源配置的基本功能。政府不是靠砸钱，而是要在产业规划、人才培养、就业促进、知识产权保护、交易平台设立与完善、产业公共基础设施、相关公共服务、制度供给等方面发力，实现促进市场主体的发育、提供文创产业的基本设施、完善市场平台、降低交易成本，从而实现文创产业的健康发展。简而言之，政府对内应少些刺激，多些引导、扶持和服务；对外应做好保护与支持。

本书梳理了不同国家（地区）文化创意产业的发展模式与特征，既有对国际经验的借鉴，又结合中国文化创意产业存在的挑战，探索不同类型的公共政策促进文化创意产业发展的工具与路径。本书首先探讨了文化创意产业的内涵、特征、功能、政策支持的理论依据等基本问题；在国际背景与中国自身发展历程的梳理过程中理解中国文化创意产业的发展概况与面临的问题，明确政府定位，提炼总体公共政策的目标、定位和原则。在此基础上，后面各章依次从财政、税收、金融、人才、国有文化资产管理、市场培育、产业园区相关政策展开讨论。

作者
2020年10月

目 录

第一章　总论 …………………………………………………………（ 1 ）
　第一节　文化创意产业的相关理论 …………………………………（ 2 ）
　第二节　中国文化创意产业的发展概况 ……………………………（ 16 ）
　第三节　政府制定公共政策扶持文化创意产业的理论依据 ………（ 29 ）
　第四节　中国文化创意产业公共政策设计的总体思路 ……………（ 35 ）

第二章　文化创意产业发展与财政政策 ……………………………（ 39 ）
　第一节　中国文化创意产业财政政策沿革 …………………………（ 40 ）
　第二节　财政拨款与补贴政策 ………………………………………（ 45 ）
　第三节　政府采购政策 ………………………………………………（ 57 ）
　第四节　政府和社会资本合作（PPP）………………………………（ 65 ）
　第五节　国外对于文化创意产业的财政支持与实践 ………………（ 74 ）

第三章　文化创意产业发展与税收政策 ……………………………（ 80 ）
　第一节　税收对文化创意产业的影响 ………………………………（ 80 ）
　第二节　以税收政策促进文化创意产业"R&D"投入 ……………（ 90 ）
　第三节　支持文化创意企业"走出去"的税收政策 ………………（100）
　第四节　支持文化创意产业发展的非营利组织税收政策 …………（117）
　第五节　以动漫产业税收政策为例 …………………………………（122）

第四章　文化创意产业发展与金融政策……（131）

- 第一节　文化创意产业发展金融支持政策的作用……（131）
- 第二节　中国文化创意产业发展金融政策现状与问题分析……（132）
- 第三节　文化创意产业发展金融支持政策国际经验借鉴……（140）
- 第四节　中国文化创意产业发展金融政策对策建议……（143）

第五章　文化创意产业发展与人才政策……（147）

- 第一节　文化创意人才的概念……（147）
- 第二节　文化创意人才的分类及素质和能力要求……（149）
- 第三节　文化创意人才队伍建设的国际经验……（154）
- 第四节　中国创意文化人才培养存在的问题……（157）
- 第五节　文化创意人才开发的对策……（161）

第六章　文化创意产业发展与国有文化资产管理……（170）

- 第一节　国有文化资产出资人制度与文化创意产业发展……（170）
- 第二节　发挥国有文化资本对文化创意产业的支持作用……（175）
- 第三节　在成果转化和产学研合作中激发国有文化资产潜力……（179）
- 第四节　在国有文化企业"双效统一"中发展文化创意产业……（188）
- 第五节　全面提升国有文化企业国际化经营水平……（193）

第七章　文化创意产业发展的市场培育政策……（198）

- 第一节　文化创意产业市场概况……（198）
- 第二节　知识产权助力文化创意产业市场发展……（207）
- 第三节　建立"政用产学研"平台，促进文化创意市场发展……（216）
- 第四节　案例：景德镇激发"千年瓷都"新活力的启示……（219）

第八章 文化创意产业园区的公共政策……………………………（228）
第一节 文化创意产业园区概述……………………………………（228）
第二节 文化创意产业园区公共政策的内容………………………（235）
第三节 文化创意产业园区发展历程中的公共政策………………（238）
第四节 总结与反思——曲江新区的公共政策……………………（242）

参考文献………………………………………………………………（248）

后记……………………………………………………………………（261）

第一章 总 论

文化创意产业是通过创造性的想法把文化转换成更高生产力的行业集群产业。以创新为特征的文化创意产业，不仅能将现有的文化资源和创意资源转化为经济产出，提高产业经济的附加值，还可以通过对文化资源的保护、再利用以及创新，促进整个区域的产业结构优化和相关产业发展，促进经济可持续发展，满足人民日益增长的美好生活需要。在我国经济增速放缓的情况下，我国文化创意产业的发展成为经济持续发展的动力，在"十三五"规划中，中央第一次提出"推动文化产业成为国民经济支柱性产业"，并作出具体要求。在政策支持下，文化创意产业快速发展，在国民经济中占比日益提高，文化创意产业地位日益凸显。然而，我国目前的文化创意产业还存在文化资源利用效率低、市场体系不健全、知识产权保护力度不够、法律法规不够健全、人才培养机制不完善等问题，因此，有必要立足全局，从政策支持、人才培养、市场培育等方面提出相关政策建议，促进我国文化创意产业持续健康蓬勃发展。

本章为全书的总论，首先，研究不同国家、地区文化创意产业的发展模式，探讨文化创意产业的概念、内涵、特征、功能等；其次，分析文化创意产业的总体发展概况，重点分析我国目前文化创意产业的现状；最后，分析政府制定公共政策扶持文化创意产业的理论依据，明确政府定位，提炼既有政策工具，强调各项政策设计包括政策目标、定位、原则等需要适应每个阶段的文化创意产业发展情况和水平。

第一节 文化创意产业的相关理论

一、文化创意产业的内涵与特征

(一) 文化创意产业的内涵

文化创意产业的概念最早起源于 1998 年出台的《英国创意产业路径文件》中的"创意产业"一词。当前国内外对文化创意产业的内涵界定不一,有谓之创意产业,亦有称之为内容产业、版权产业,即便是称作文化创意产业,对于其界定也呈现出百家争鸣的状况。尽管国内外对于文化创意产业的称谓、具体涵盖的行业类别有所差别,每个国家对文化创意产业的概念和分类既有属于文化创意产业的内容,也有不在其范畴的方面,但从文化创意产业的本质特征来看,这些概念和分类均可为界定文化创意产业相关理论提供参考。从国际上看,各个国家对文化创意产业的划分类别有所不同,表 1-1 总结了国外文化创意产业相关的概念与分类。

表 1-1 国外文化创意产业相关的概念界定与分类总结

国家	文化创意产业相关概念与界定	分类
英国	"创意产业",界定为"源自个人创意、技巧及才华,通过知识产权的开发及应用,具有创造财富和就业潜力的行业"①	广告、建筑、艺术与古董市场、工艺、设计、流行设计与时尚、电影与录像、休闲软件与游戏、音乐、表演艺术、出版、软件与计算机服务、广播电视等
美国	"版权产业"或"娱乐产业",定义为"可商品化的信息内容产品业"	核心版权产业、交叉版权产业、部分版权产业和边缘版权产业四大类,每个具体类别里涵盖了具体的内容
澳大利亚	"版权产业"	核心版权产业、部分版权产业、版权分销产业三类,每个具体类别里涵盖了具体的内容

---

① 英国文化媒体和体育部. 英国创意产业路径文件 [EB/OL]. (1998-04-09). [2018-11-05]. https://www.gov.uk/government/publications/creative-industries-mapping-documents-1998.

续表

国家	文化创意产业相关概念与界定	分类
新西兰	"文化创意产业",定义为"以个人的创造力、技艺与才能为基础,通过智能财产权即知识产权的建立与开放,创造财富与就业机会"	分类与英国类似
韩国	"文化产业"	包括诸如创作、生产、制造、流通等,而其活动内容源于任何知识、信息及文化相关的基础资源
联合国	"文化创意产业"	包括文化产品、文化服务与智能产权三项内容

在中国,中央政府采用的是"文化产业"概念,在2004年颁发的《文化及相关产业分类标准》一文中,将文化及相关产业概念界定为为社会公众提供文化、娱乐产品和服务的活动,以及与这些活动有关联的活动的集合,并且明确规定了文化产业的范围,包含新闻服务,出版发行和版权服务,广播、电视、电影服务,文化艺术服务,网络文化服务,文化休闲娱乐服务,其他文化服务,文化用品、设备及相关文化产品的服务。在不同地区,对文化创意产业的定义内涵也有不一致,表1-2总结了中国国内不同地区对文化创意产业相关概念以及分类。

表1-2　中国文化创意产业相关的概念界定与分类总结

地区	文化创意产业相关概念与界定	分类
北京	"文化创意产业",将其界定为以创作、创造、创新为根本手段,以文化内容和创意成果为核心价值,以知识产权实现或消费为交易特征,为社会公众提供文化体验的具有内在联系的行业集群	包括文化艺术、新闻出版、广播电影电视、软件网络及计算机服务、广告会展、艺术品交易、设计服务、旅游休闲娱乐和其他辅助服务
上海	"创意产业",定义为以创新思想、技巧和先进技术等知识和智力密集型要素为核心,通过一系列创造活动,引起生产和消费环节的价值增值,为社会创造财富和提供广泛就业机会的产业	包括研发设计、建筑设计、文化艺术、咨询策划和时尚消费等几大类

续表

地区	文化创意产业相关概念与界定	分类
香港	"文化创意产业",将其定义为文化艺术创意和商品生产的结合	包括表演艺术、电影电视、出版、艺术品及古董市场、音乐、建筑、广告、数码娱乐、电脑软件开发、动画制作、时装及产品设计等行业
台湾	"文化创意产业"的概念,界定为源自创意或文化积累,透过智慧财产的行使与运用,具有创造财富与就业机会潜力,并促进整体生活提升的行业[①]	行业范畴划分与英国类似,包括视觉艺术产业、音乐与表演艺术产业、文化展演设施产业、工艺产业、电影产业、广播电视产业、出版产业等13个产业

在借鉴国内外对文化创意产业相关概念的界定下,结合经济与时代的发展,我们对文化创意产业的内涵有了进一步的完善。文化创意产业离不开"文化"与"创意"的结合,这个产业是需要将文化作为第一生产力以获得行业发展动力的,而怎么将文化融入行业中则是需要独特创新性的想法,产业中相关的物质产品是蕴藏了丰富的文化内涵的,因此,我们认为文化创意产业是通过创造性的想法把文化转换成更高生产力的行业集群产业,即原创性强、科技含量高、文化附加值高的行业集群。

(二)文化创意产业的特征

1. 文化为源,创意为核,人才与科技为本。文化创意产品凝聚了丰富的文化内涵与创意,是人的智慧、知识和灵感在现实物品上的具象化,以文化为基础的创意始终是文化创意产业的核心,而如何实现文化创意产品成果则是靠人才与科技为根基。在当前主流文化走向大众的过程中,由于流行化与浪潮化占据了主要的发展模式,使得文化创意产品呈现出周期短、新颖性与夺目性的特征,这就要求文化创意产品实现不断的内在价值

---

① 陈晓彦. 台湾文化创意产业政策及其启示 [J]. 台湾研究, 2013 (6).

更新以获得消费者持续的追捧。文化创意产业广泛地使用信息技术、传播技术等高科技技术，广告、动漫、电影电视、软件、表演艺术等创意产品无不深刻地依赖着新的创意设计与不断进步的科技手段来获得市场上新的地位与份额。

2. 以市场为导向，立足产业自身。文化创意产业形成与发展是企业主导的市场行为，创意的生成是源于对消费者需求的反向思考，是市场需求的反映，而不是主观的想象。随着市场经济的发展，人们在满足了基本的物质需求之后，在美好生活的愿景下将会改变其消费偏好，实现艺术价值的诉求，而文化创意产业就是基于这一市场变化逐渐发展壮大的。与此同时，由于文化创意产业有着高度的产业融合性，从产业落脚，以产业为出发点，并不是由一个产业构成，而是由许多产业组成为产业集群。

3. 附加值高与收入弹性大并存。文化创意产业处于技术创新和研发等产业价值链的高端环节，是一种智能化、知识化的高附加值产业。在文化创意产品的组成价值比例中，科技和文化的附加值比例明显高于普通的产品和服务。从中国目前的影视业发展情况来看，其高附加值高收益性的特点非常突出，以2018年暑期热映的《我不是药神》为例，这部影片的制作成本仅为7500万元，但最终获得了超过30亿元的票房。尽管文化创意产品拥有高附加值的属性特征，但由于需求不确定性的影响，使得其收入弹性大，也会面临高风险性的问题。

4. 节约资源、对环境友好，内生经济增长模式。文化创意产业提供的产品或服务的主要价值是一种无形的知识产权，它基本上无须消耗自然资源，不会对环境造成破坏，甚至在一定程度上有利于推动人类的生存环境更加人性化与和谐化发展。文化创意产业能推动相关文化产业以及周边产业的发展，在加入新的科技元素后促使产业结构转型升级，同时还能推动大众文化的消费，优化文化产业的布局。后工业国家经济增长模式已经由单纯追求GDP逐渐转变为综合考虑环境和可持续发展之间的关系，这种新的增长模式使得人们意识到技术创新需与文化创意相结合，而文化创意产业的发展则是对以科技为内核的内生增长机制的一种有效补充。

二、不同国家（地区）文化创意产业的发展模式

费孝通认为，所谓产业的"发展模式"是指在一定地区，一定历史条件下具有特色的经济发展的路子。也就是对特定时空经济发展特点的概括，同时也是在特定的约束条件下对产业发展路径和机制的抽象概括。无论是从欧美发达国家还是从发展中国家来看，不同的国家和地区在利用文化创意产业作为提升国家或者地区的产业结构和综合实力时，都依据自身经济发展情况和资源禀赋等具体情况作出了调整，形成了各自富有特色的发展模式。

（一）欧美发达国家文化创意产业发展模式

由于欧洲深厚的文化历史底蕴与北美活跃自由的文化市场为文化创意产业的发源提供了充分的条件，文化创意产业在欧美得到了极为迅速的发展，对英国、法国、意大利、美国、加拿大等国家的经济增长与就业起到了重要的助推作用。在这里，我们主要探讨以英国与美国这两个典型国家为代表的文化创意发展模式。

1. 英国文化创意产业模式。英国是最早提出"创意产业"的国家，其深厚的文化历史底蕴和英格兰浓郁的文化气息为英国文化创意产业的发展提供了夯实的创意基础。1997年英国成立了"创意产业小组"，这为创意产业的发展提供了政策支持与保障。在国家发展战略的影响和推动下，英国形成了以伦敦为中心的文化创意企业集聚的现象，创意产业发展迅速，为经济增长和增加就业作出了很大贡献。以2003年为例，英国创意产业的从业人数高达190万人，创意产业的整体经济贡献率占英国附加值总额的8%，居于英国众多产业首位。

总结英国文化创意产业发展模式主要有以下特征：

第一，以政府力量助推产业发展。创意产业这一概念由英国政府提出，为了推动该产业的发展，政府制定了相关法律法规并鼓励创意人员从

事创意行业。伦敦西区就是一个很好的以政府引导为核心的发展模式的例子，伦敦西区聚集了数十家剧院，是世界戏剧中心之一，平均每晚约有3万人观演。伦敦西区在发展过程中，得到了英格兰艺术委员会、伦敦发展机构、英国文化媒体体育部等政府部门在政策、资金和技术上的很多支持。比如，英国政府鼓励创新剧作往商业化方向发展，因此很多剧目会在国家资助的剧院首演，当其成功后再转入商业剧院继续表演。在政府引领下，西区舞台上充满了各种形式与风格的表演，这种不断创新的艺术活力，使得西区魅力经久不衰。

第二，鼓励社会力量推动产业发展，注重产业集聚区的发展。英国是一个市场经济高度发达的国家，国内中小企业众多，由于中小企业自身的灵活性、创造性适合发展创意产业，英国政府大力支持中小企业发展创意产业。同时通过整合创意产业需求和既有社会资源，使得一些走向衰败的传统工业区重新活跃，注重产业园区的建设，为产业园区投入了大量的资金与技术支持，像英国的谢菲尔德文化产业园区、伍尔夫汉普顿文化园区是英国文化创意发展比较好的产业集聚区。

第三，完善创意资本服务。创意产业的发展离不开资金的支持，在动员社会力量发展创意产业时，由于受到企业规模与知名度的限制，大多数中小企业会面临融资困难。为了解决企业融资难的问题，英国政府采取了国家部分资助，积极发展融资服务平台拓宽融资渠道的措施。比如伦敦通过设立"创意优势基金""伦敦创意产业投资平台"等资本服务平台，为伦敦创意产业的发展提供了商业与资本支持。

第四，利用全球化力量拓展创意产业发展空间。英国凭借其在国际上的优势地位，将本国文化创意产品推广到其他国家，拓展了本国文化创意产业的发展空间，也为文化创意产业的内容注入了新的内容与活力。

英国文化创意产业发展模式如图1-1所示①。

---

① 苏东风. 国内外文化创意发展模式及其比较 [J]. 教育科学, 2016 (9).

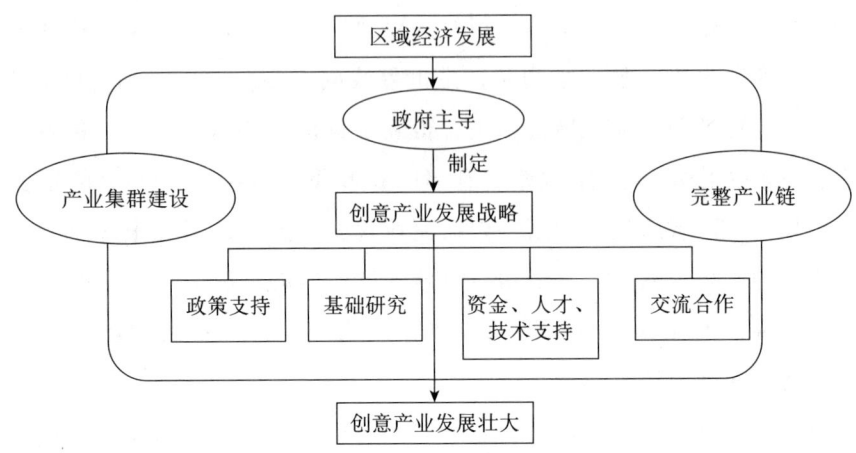

图 1-1 英国创意产业发展模式图

2. 美国文化创意发展模式。美国作为世界范围内创意产业最为发达的国家,其创意产业与英国相比具有市场化程度更高的特点。在产业发展过程中,美国根据自身特点形成了以"知识版权保护+市场机制"的独特发展模式。在 2005 年时,美国创意产业值就已占到 GDP 比重的 24%,创造的就业岗位将近全国总就业人数的 12%,成为全球创意产业发展规模最大的国家。作为市场主导型发展模式的代表,美国重视自由与市场,政府更多的是为文化创意产业的发展创造良好的市场环境,而不是引导或者主导,并且通过法律法规加大知识产权保护力度,以开放包容的态度推进文化创意产业的国际合作。

美国文化创意产业的发展模式可以概括为以下几方面:

第一,遵循产业自身发展规律,以政府支持促进产业发展。美国政府出台了相关法律法规规范产业运行,并未成立专门部门管理负责创意产业发展。此外,政府更多的是提供创意发展的公共服务工作。比如,纽约为了促进文化创意的发展,鼓励多元投资发展,平等对待各种类型的文化机构,为鼓励非营利文化产业发展,采取了一系列税收优惠措施。

第二,注重知识产权保护。美国政府并不直接干预创意产业发展,而是为创意企业的发展构筑高效宽松的投资环境。美国政府早在 1790 年就颁布了第一部《版权法》,之后进行了不断修改与完善,《版权法》与《电子盗版禁止法案》《版权期限延长法案》等多项与《版权法》相关的立法共同构建了有利于推动创意产业发展的法律系统①。除了注重立法保护版权，美国还设立了许多保护版权的机构以促进产业良性发展，比如版权办公室、版权税审查庭、科技局等。

第三，注重创意人才的培养，培育创意产业发展的良好市场土壤。美国拥有众多的顶级高校，并且像纽约等城市还汇集了许多非营利文化教育机构，为文化创意产业的人才培育与发展提供了摇篮。美国高度重视为创意产业的发展提供包容开放的社会环境，在此基础上采取了很多措施，比如美国积极加入国际版权保护体系，保护其在国外创意产品的发展；美国在财政上对创意产业发展予以最大程度的帮助。

（二）亚太地区文化创意产业发展模式

自20世纪80年代以来，新加坡、韩国、马来西亚等亚太地区新兴国家的经济高速增长，这些国家的经济能够获得如此快速的增长，有很大部分原因是经济形势不断变化，通过调整经济战略、综合整治自身资源发展文化创意产业而取得的。新加坡与韩国的文化创意产业发展模式取得了明显的成效，因此，我们主要探讨以韩国与新加坡为典型代表的亚太新兴国家的文化创意产业发展模式。

1. 新加坡的文化创意发展模式。1998年新加坡将创意产业定位为21世纪优先发展的战略产业，目标在于将新加坡打造成为"新亚洲创意中心"。新加坡由于其自身的多元文化与独特的地理位置，"花园城市建设＋旅游业"的发展模式吸引了众多来自不同国家不同阶层不同背景的人。在此基础上，新加坡政府立足自身特色，通过提供系统配套服务与信息引导等基本硬件设施，为文化创意产业提供了充足的市场空间与丰富的物质保障，会展旅游经济得到极大发展。游客数量的猛增，推动了当地旅游衍生产业的从业发展，为就业岗位的增加提供了巨大的潜力，比如2000年新加坡创意产业的从业人数就已达7.9万人，占总就业人数的3.8%。

---

① 李建伟，王志刚. 版权贸易基础［M］. 河南：河南大学出版社，2006.

总体来看新加坡文化创意产业发展模式体现在以下几方面：

第一，政府起到积极推动作用。新加坡政府及时认识到了文化创意产业发展的必要性与迫切性，并立即付诸行动制定了文化发展战略。2000年新加坡制定了《文艺复兴城市》，明确了新加坡文化发展的方向，实现了对文化领域的管理从严格管制向放松管理过渡。此外，新加坡还积极学习英国的博物馆运作模式，追求新加坡美术馆、亚洲文明博物馆等建筑向文化创意设计转移，促使景观与游客能够实现心灵上的互动，赋予建筑物丰富的文化精神意义。

第二，重视创意人才的教育与培养。新加坡高度重视教育环境的提升和教育设施的完善，在《文艺复兴城市》中更是强调了创意产业人才的重要性。在实际中，新加坡严格按照所制定的政策从各方面注重人才培养，注重打造健康向上和谐稳定的社会人文氛围、廉洁高效的行政环境、公正透明的法制环境等，为人才的培养营造良好的社会文化土壤。

第三，发展定位明确，整合利用多元文化资源。新加坡根据自身地域优势与花园城市特点，明确提出了文化创意产业的发展目标，在各种文化的交流碰撞中，新加坡通过兼容并蓄的开放态度使得自身文化内涵更加丰富，散发出愈加独特的文化吸引力。

2. 韩国文化创意发展模式。1997年亚洲金融危机对韩国经济造成了比较大的影响，为了扭转经济形势，韩国在1998年提出"设计韩国"的战略。电子产品、动漫业和游戏产业等都得到了极大发展。1999—2002年间，韩国文化创意产业增长迅速，年均增长率达到21%，远高于此期间的全球5%的年平均增长率，2014年韩国文化产业增加值占GDP比重为5.4%，高于世界平均水平5.26%[①]。

韩国文化创意产业发展模式主要有以下特点：

第一，有明确法律规范保障产业发展秩序。韩国以"文化立国"为方针，将文化产业作为国家战略性产业发展，《文化产业促进法》《文化创意

---

① 韩国文化体育观光部. 韩国文化产业现状资料［Z］. https：//www.mcst.go.kr/.

发展推进计划》等系列法律法规的实施为创意产业的发展创造了优良的社会与法律环境。

第二，人才第一，注重创意人才的培养。韩国政府为了缓解人才匮乏的状况，提出了"育成创造性人才是重中之重"的战略口号。对于创意人才的培养，则积极采用网络和教育机构等方式，比如在首尔设立了游戏学院、文化产业大学等高等院校以及首尔动画中心等机构，开办网络教育，推动产、学、研一体化模式的形成，使首尔成为创意产业人员的聚集地与诞生地。

第三，政府提供资金方面的支持。为了解决创意产业在初期发展面临的资金困难，以及更好地促进创意产业的进一步发展，韩国政府形成了创意产业资金支持体系，主要在产业预算、专项基金、投资组合三方面支持创意企业。

第四，突出地方特色与国际交流为主，开拓产业发展空间。韩国在创意产业发展中积极发挥传统文化优势，将传统文化与儒学进行现代化的设计包装。同时由于仅靠韩国自身难以消化其迅速增加的文化产品，走向世界市场成为韩国的不二之选，比如韩国首尔借助自身地域政治优势，充分运用媒体网络等方式，将其大量本土设计品牌与设计产品推向世界。

（三）中国文化创意产业发展模式

2006年是"中国文化创意产业元年"，《国家"十一五"文化发展规划纲要》强调了文化产业对国家综合实力的重要支撑作用，"文化创意产业"也首次出现在政府文件中。在党和政府的高度重视下，我国各地文化创意产业相继发展，但从我国文化创意产业发展的情况来看，区域发展是不平衡的，总体上呈现东强西弱的态势，当前我国文化创意产业发展比较迅速和成熟的地区或者城市有香港、台湾、上海、北京、深圳、杭州等。总体上看，我国文化创意产业发展模式可以大体上分为市场演化型创意产业发展模式和政府驱动型创意产业发展模式。市场演化型创意产业发展模式一般是创意人才和艺术家在创意氛围的吸引下集聚，对一些具有浓厚历史文化价值的厂房再开发与利用，像北京798艺术区、以古玩为主题的琉璃厂等都是这一发展模式的典型代表，以及形成传统文化保护区；政府驱动型创意产业发展模式则以创意产业园区为典型代表，政府给予一定的产业和资金优惠政策,促进创意产业集聚。在这里我们主要选取北京、上海作为主要分析对象,从不同地域视角讨论我国现在文化创意产业的发展模式。

1. 北京文化创意产业发展模式。北京市在 2005 年时提出要将首都经济进行转型,重点发展具有高附加值、高科技含量和高环保效益的文化创意产业,并于 2006 年正式成立文化创意产业领导小组,实质性推进了文化创意产业的发展。北京市加强谋篇布局,实施规划先导,通过系列政策和务实举措,进一步推动了文化创意产业创新发展。2018 年北京市颁布了《关于推进文化创意产业创新发展的意见》,立志于推动文化创意产业转型升级,助力全国文化中心建设和构建高精尖经济结构。根据相关数据显示,2006 年以来北京市文化创意产业发展规模日益扩大。从产业发展规模来看,2006—2016 年,北京市文化创意产业的增加值、收入合计、资产总额和从业人员平均人数等主要经济指标分别从 823.2 亿元、3614.8 亿元、6161.0 亿元和 89.5 万人增长到 3179.3 亿元、15877.8 亿元、31893.9 亿元和 202.3 万人,分别增长了 2.9、3.4、4.2 和 1.3 倍①。图 1-2 反映了 2006—2016 年北京文化创意产业增加值以及占 GDP 的比重。

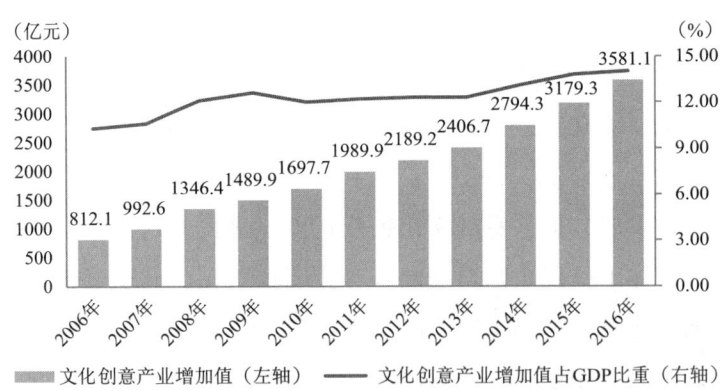

图 1-2　2006—2016 年北京文化创意产业增加值及占 GDP 比重

资料来源:北京市统计局网站,http://tjj.beijing.gov.cn/nj/main/2017-tjnj/zk/indexch.htm。

---

① 北京市国有文化资产监督管理办公室. 北京文化创意产业发展白皮书(2017)[Z]. 2016. http://zfxxgk.beijing.gov.cn/110091/tzgg52/2018-01/31/content_9387184d40134e0ea94354d9ad7e3f3b.shtml.

总体来看，北京形成了"龙头企业＋产业集聚"的特色文化创意产业发展模式。北京在文化创意产业的发展过程中，特别注重发挥龙头企业的作用，涌现出了一大批知名企业，以这些企业为核心打造了比较完善的产业链和产业集群，并利用市场机制和政府引导机制，使得龙头企业与关联企业之间形成了合作分工的机制，通过龙头企业的辐射带动作用，文化创意产业内部之间的联系逐渐深入并且与其他产业也逐步融合。文化创意产业的发展离不开科技的支撑，其能更好地催生文化创意产业新业态的形成，也可以提高文化创意产业的发展效率与水平，北京相继涌现出一批批拥有高科技含量的自主知识产权技术，对动漫游戏等具体产业的发展提供了强大的支撑，通过科技聚焦高端、高新和高附加值，极大地提高了自身竞争力，推动文化创意产业结构升级、业态升级、链条优化。在长期的探索过程中，北京逐渐形成了特色文化创意产业集聚区，比较典型的是"一轴两翼"特色文化创意产业集聚群，不同文化创意产业集聚区充分利用各自的地域文化优势，形成了各自的特点与竞争力。

2. 上海文化创意产业发展模式。上海保留了许多19世纪40年代以来的老厂房与老仓库等建筑，在对这些历史工业文化建筑的保护性开发中，大量创意工作者集聚于此，像上海的1933老场坊、四行仓库、8号桥等均是在建筑家和艺术家的手中由原有老建筑改造而成，焕发了新的活力，由此催生了上海的文化创意产业。2005年上海首批创意产业集聚区成立，吸引了许多国家和地区的设计创意产业，随着世界文化的不断加入，上海逐渐形成了"工业文明建筑集聚群＋园区建设"的产业发展模式。

上海的文化创意产业模式特点体现在以下几方面：（1）政府高度重视文化创意产业的发展，采取优势行业优先发展策略。上海市在推动文化创意产业发展时，主张让企业自主根据市场需求决定发展方向，并给予大量的政策支持，建立了有利于创意产业发展的各种支持体系和框架。同时，政府与社会组织、企业加强推进了多层次合作，为文化创意产业的发展保驾护航。在根据自身制造业基地优势的基础上，注重发展了与建筑有关、为先进制造业服务等的创意设计，充分发挥特色优势。（2）产业集聚区发展态势明显。上海在发展文化创意产业时注重集群化与凸显规模效应，聚集的创意产业园区大致可以分为如下几类：一是强调产学研结合，依靠高校而建的创意产业园区，比如依托同济大学而建的建筑设计园区；二是在政府推动下建立的创意产业园区，如浦东新区与张江高科技园区；三是在旧厂房、旧仓库基础上融合非遗传承和创新特色的创意产业园区，如春明工业园区，以及像豫园创意产业一条街等通过摒弃老旧建筑变废为宝而建立起的创意产业园区。（3）政府引导与市场配置相结合，注重国际交流与合作。政府通过对各类社会资源进行组合在尊重市场规律的前提下，通过组建上海设计中心、创意中心构建文化公共服务平台，鼓励文化创意产业的发展。国际化是上海创意产业的标签，上海通过国际化交流活动，比如举办"全球创意产业博览会"等，缩短了与国际创意产业发达国家或者地区的距离。

三、文化创意产业的功能作用

（一）文化创意产业对 GDP 贡献率大

从国际上看，美英等发达国家文化创意产业的增速超过总体经济的3—5倍。美国文化创意产业已经超过航空、重工业等传统领域，成为最大的出口产业。英国积极向创意经济转型升级，文化创意产业产值超过了任何制造业门类对 GDP 的贡献，贡献率已达 8%。就产值而言，文化创意产业成为仅次于金融服务业的第二大产业。而从中国文化创意产业的发展看来，2009 年中国的 GDP 增长 8.7%，而文创产业逆势成长 17%。从其对国民经济增长的贡献看，2012 年文化创意产业增加值为 18071 亿元，2016 年增加到 30254 亿元，中国文化创意产业增加值占 GDP 比重由 3.48% 提高到 4.07%，增长 0.6 个百分点，对 GDP 增量贡献年平均达到 6.0%，且呈现逐年提高趋势，文化创意产业在经济形势步入新常态后将成为新的经济增长动力。

（二）经济转型动力，带动相关产业的发展

我国目前经济仍是以高投入、高产出、高污染企业为主，实现发展"绿色经济"的目标任重而道远。文化创意产业对自然资源的投入要求不多，产生的污染少，是典型的资源节约型与环境友好型产业，文化创意产业的发展对我国经济发展方式实现真正转变有着极大的作用。不仅如此，文化创意产业以创新为特征，在将现有的文化资源和创意资源转化为经济成就提高产业经济的附加值基础上，还可以通过对文化资源的保护与再利用以及创意的产生，带动并提升整个区域或者城市的经济结构，促进经济可持续发展。

从产业自身层面来看，文化创意产品比如设计创意、题材构思、生产工艺等的自身价值实现是以相关产业的产品为基础的；从产业组织的层面上看，文化创意产业的发展基础是众多的相关企业，将艺术家、经纪人、生产商与销售商等不同环节的参与者连结起来形成不同的企业协作链条，涵盖了不同类型的企业。文化创意产业不仅带动相关产业的发展，而且通过创意融合到其他产业产品上，有效延长了这些产品的生命周期，改变了相关产业的生命周期。文化创意产业呈现出的产业关联效应不仅体现在产业间的融合上，更体现在文化创意产业在特定的时间空间上形成了高度的产业集聚，比如纽约、伦敦、东京等国际大都市不仅是世界经济中心，也是区域甚至世界文化创意产业中心。

（三）带动劳动力就业

英国经济学家科林·克拉克的"配第—克拉克定理"认为大量劳动力在工业化进程进入中期后会向第三产业转移，第三产业成为吸纳劳动力的主要部门。文化创意产业具有极大的就业潜力，就业形式更具灵活性，凡是具有创意激发性的人都可以成为这一产业的从业者，因而文化创意产业的发展可以降低失业率，成为劳动力就业的新出路。2005年，英国已培育了近12万家创意企业，与创意产业相关的从业人员数量占英国就业人数的一半，发展创意产业已成为英国推动经济增长与增加就业的重要举措。约翰·霍金斯在七大工业国半数以上的工作人员从事创意产业的数据统计基础上也曾预测创意产业在未来将会成为一个最为重要的就业部门。

（四）社会文化和意识形态功能

文化创意产业的发展以文化为基础，从文化消费市场出发，通过创意手段重现传统文化的精髓，既能传承我国文化的精髓，又能在进步元素中丰富与完善我国文化魅力。同时，对我国优秀传统文化的弘扬还可以进一步加强人们对民族国家的认同与自豪感，对传统美德的继承也能促进社会向更加和谐美好的方向发展。文化创意产品不同于其他传统产品的一点在于其意识形态属性比较强烈，在融入思想观念与文化观念后，文化创意产品向国际市场输出的过程也是一种文化软实力和意识形态的传播与体现。在消费者选择消费文化创意产品时，文化创意产品中蕴含的世界观与诚信等意识形态元素可以激励人们减少交易成本，降低道德风险与逆向选择，在一定程度上还能减少"搭便车"现象。

第二节　中国文化创意产业的发展概况

一、背景

（一）时代文化背景

随着知识经济时代的来临，知识资源对经济增长的贡献率愈加增大，文化创意产业通过知识累积与创新将文化创意转变为新技术、新产品与新服务，是知识经济时代重要的新兴产业。根据未来预测学家格雷厄姆·莫利作出的预测——世界发达国家在2015年前后会步入"休闲体验"时代，以"休闲"为主调的经济活动将会成为下一个经济浪潮。"休闲体验"时代以现代虚拟技术为核心，主要在于满足人们的心理感受。人们将会更多通过精神追求而不是物质满足来获得幸福感。文化创意产业以文化创意为核心价值，其产品的精神价值并不会随着人们的消费结束而消失，因而能更好地促进消费者的精神幸福层次拓展。在这样的发展趋势下，文化创意产业必将进入发展黄金时期。

（二）国际经济背景

约翰·霍金斯在《创意经济》中提到，全世界创意经济在一天中创造的产值能达到220亿美元，并且以5%的速度递增，该增长率是传统服务业的2倍，是传统制造业的4倍。在该书中，约翰·霍金斯还预测到2020

年全球核心创意产业市场规模会达到 8 万亿美元。进入 21 世纪后创意产业在全球范围迅速崛起，并成为许多发达国家和地区最为重要的经济支柱之一。据联合国教科文组织、国际作家与作曲家联合会（CISAC）和安永会计师事务所（EY）在 2016 年共同发布的文化与创意产业的报告显示：全球文化创意产业创造产值 2.25 万亿美元，超过电信业全球产值（1.57 万亿美元），并超越印度的国内生产总值（1.9 万亿美元），全球文化创意产业从业人数 2950 万人，占世界总人口的 1%。在全球化趋势愈加强烈的影响下，国际上有影响的大城市几乎也是创意产业最集中、最发达的地区，全球化趋势加强了世界各国之间的交流与合作，同时使得竞争日趋激烈，若要处于领先地位，唯一办法便是不断创新，基于创造力的文化创意产业便是新时代背景下国际大都市之间激烈竞争的新方式。在文化产业全球兴起的背景下，我国必须重视文化创意产业的发展，增加文化软实力以应对国际竞争的需要。

（三）国内经济背景

我国目前总体上实现小康，在全面建成小康社会的进程中，人民美好生活需要日益广泛，对物质文化提出了更高的要求。美国未来学家约翰·奈斯比特曾说过：在以高科技为主导的现代社会中，人除了温饱和安全之外，更迫切地要寻找到人生的意义，要追求更高更远更深的东西。而文化创意产业的兴起正是经济发展到一定阶段的产物，其可以提供丰富的文化创意产品满足人们日益迫切的精神追求和文化需求。从国际经验看，人均 GDP 超过 3000 美元，将进入休闲娱乐消费时代且呈现快速增长趋势；当人均 GDP 临近或超过 5000 美元时，文化消费则会进入"井喷时代"。巨大的市场需求是文化创意产业繁荣与兴盛的基础，据国家统计局发布数据显示，2016 年中国国内生产总值（GDP）744127 亿元，人均 GDP 为 8866 美元，已超过"井喷时代"临界点。在我国经济增速放缓的情况下，我国文化创意产业的发展成为经济持续发展的动力，比如 2014 年北京规模以上文化创意产业总收入超 1.1 万亿元，创造增加值 2794.3 亿元；2014 年上海的文化创意产业实现增加值 2820 亿元，同比增长 8%，占上海市 GDP 比重的12%左右，文化创意产业已成为上海的支柱产业之一。不难看出，满足13亿多城乡居民的文化消费需求，文化创意产业成为我国国民经济的支柱型产业指日可待；城乡居民文化消费结构升级，全民族整体文化素质水平提升，企业创新速度加快，必将促使文化创意消费市场空间得到拓展。

（四）科技背景

科技的迅猛发展，极大地影响了人们的生产、生活和消费，也为文化创意产业的形成、传播和消费提供了广泛的支撑与空间，特别是以数字信息技术革命为代表的科技进步，给文化创意资源的激活、实现空前的产业融合创造了条件。当前我国已经步入互联网时代，互联网普及率已经超过48%，互联网思维深入更多人群，广泛运用于各项民生服务，逐渐改变人们的生活方式，在互联网的带动下，一些传统的文化产业加快了转型升级的步伐。在2014年，中央文化企业国有资产监督管理领导小组办公室与国家新闻出版广电总局一起推动新闻出版业数字化转型升级，当年安排文化产业发展专项资金6.27亿元，支持了77家企业的发展。互联网时代与"双创"号召的响应，掀起了网络精英的创业热潮，涌现了"马云传奇"等一批批创业模范，随着"互联网+"思维的运用，文化领域的创新被提升到了一个新的高度。通过互联网的带动，与互联网相关的许多文化产业领域都面临着巨大的市场红利，形成了以互联网为基础设施和实现工具的经济发展新形态，比如互联网的存在使得影视制作成本降低，甚至可以将粉丝的创意融入新片创作之中，极大地推动了供需之间的平衡。

（五）国家发展战略背景

文化创意产业的发展不仅是我国实现文化强国战略的要求，也是我国积极面对国际新竞争的方式，同时还是推动我国城市经济转型的主要动力，因此国家高度重视文化创意产业的发展，在"十三五"规划中，中央第一次提出"推动文化产业成为国民经济支柱性产业"，并作出具体要求。2014年国务院发布的《推进文化创意和设计服务与相关产业融合发展的若干意见》更是将文化产业与相关产业融合作为经济社会和产业转型的重要推动力，并提升到前所未有的高度，在产业转型升级和经济结构调整的大环境下，国家为发展文化创意产业提供了充足的政策保证，未来文化创意产业将迎来发展新契机。

随着时代的发展与文化体制改革，我国也在不断根据现实经济情况完善文化创意产业政策。2016 年 4 月 2 日在《国务院关于落实〈政府工作报告〉重点工作部门分工意见》中对文化产业作出了具体指示，强调要推动文化产业创新发展，繁荣文化市场，加强文化市场管理。同年，中国政府网公布了国务院 2016 年立法工作计划，在文化发展方面提出起草《公共图书馆法》和《互联网信息服务管理办法》，并且在一些预备项目中，还提出起草《文化产业促进法》《电影管理条例》等，进一步完善我国文化创意产业的法律体系。

二、发展历程与趋势

（一）发展历程

关于中国文化创意产业的历史分期，不同学者有不同的见解。黄永林（2015）认为可以把中国文化创意产业发展分成三个阶段：1978—1992 年改革开放推动文化经济发展；1992—2002 年市场经济转轨促进中国文化创意产业发展；2002 年至今小康社会建设加快文化产业发展等[1]。魏鹏举（2016）按中国新时期的文化体制改革进程将中国文化创意产业大体分为四个阶段：1978—1991 年中国"文化市场"出现及确认阶段；1992—2001 年中国"文化经济"政策法规建立阶段；2002—2010 年中国"文化产业"路径明确阶段；2011 年至今中国"文化强国"目标确立阶段[2]。傅才武（2016）根据中国文化创意产业发展现实情况提出四阶段观点：1979—1991 年"文化经营"概念的确立与文化创意产业探索期；1992—1997 年"文化经济"概念确立与文化创意产业初步发展期；1998—2002 年"文化产业"概念的确立与文化创意产业助跑发展期；2003 年至今"深化文化体制改

---

[1] 黄永林. 中国文化产业发展战略的历史选择及其特征与经验 [J]. 同济大学学报（社会科学版），2015（10）.

[2] 魏鹏举. 文化产业与经济增长 [M]. 北京：经济管理出版社，2016.

革"与文化创意产业加速发展期。

在本书中，文化创意产业的发展历程主要划分为三个阶段：

（1）1992—2001年，文化产业初步形成阶段。1992年是我国文化产业发展的主要分界线，在此之前文化产业的发展完全是自发发展，未形成规模体系，不受政府与社会的重视；1992年后，随着社会主义市场经济体系建设进程加快，政府加大文化行业的改革深度与力度，推动了文化产业的发展，2001年《中共中央关于制定国民经济和社会发展第十个五年计划的建议》首次提出"文化产业"的概念，将文化产业提升到了国家宏观发展的战略层面。

（2）2002—2007年，文化产业飞速发展阶段。该阶段，国家在文化建设上提出了更为具体的方向目标，提高了文化建设以及文化产业的作用和地位，使得文化产业摆脱了以往的领域，开始向产业链的高端游走并与其他领域实现融合。

（3）2005年至今，文化创意产业形成—兴起阶段。2005年是文化创意产业在我国发展的"创意元年"，各地在积极发展文化产业同时，更加注重发挥创意与人才的作用，在此基础上逐渐形成了发展文化创意产业的思路。北京、上海、杭州等发达城市已经成为我国文化创意产业的典范，各地的文化创意产业依据自身本土文化的优势，发展特点与效益更为凸显，成为经济的贡献率的先行者。

（二）趋势——转型与融合

随着经济发展和时代背景的转变，"转型"和"融合"成为我国文化创意产业的发展大趋势，主要体现在以下几方面：

1. 从外源推动转向内源驱动。国际上，先行发展的文化创意产业政策基本取向主要有对新兴产业进行规划和导向、培育有利于文化创意新兴产业成长发展的市场体系和制度环境、在更大程度上激发市场主体选择新兴产业的内生动力、促进产业自发集聚并形成有机联系的产业链和价值链等几种形式，仍然是基于内生动力为主的政府支持、法律规范、市场运作、行业自律、企业自主的协同驱动模式。我国也在探索政府政策与市场机制协同的作用方式，但与国外发达国家不同的是，我国原有的产业基础和市场基础比较薄弱，从而在推进文化创意产业发展中，更大程度上必须通过土地、资金、人才等要素的直接投入加以扶持，特别是直接介入文化创意园区、街区等集聚区的建设与运营管理。产业及其园区发展方向、发展模式的定位乃至发展动力的来源，在很大程度上主要依赖地方政府政策效应。从现实来看，近些年基于这种推动模式的中国地方文化创意产业发展，确实实现了跨越式迈进，但人们也已注意到基于这种外在推动模式可能导致动力不可持续性、扩张发展盲目性和运行机制低效性等问题。因此，一些区域特别是先行发展地区，如北京、上海、深圳、杭州等城市，地方政府已经在积极推进政府职能定位和政策导向的转换，进一步培育和强化市场机制及市场主体的作用，着眼于更大程度上激发市场活力和主体动力，从而逐步探索以内生动力为主的政府与市场协同驱动模式。

2. 从园区建设转向园区运营。集聚或集群化发展是文化创意产业发展的基本空间形式和组织形态，而在产业集聚发展的路径上不同国家或地区具有各自的特色，大致可归为两种基本模式：一是市场机制作用下各类经济主体自发集聚形成的产业群落；二是地方政府主导下通过园区建设形成的文化创意类产业园区。后者是当今中国各地大力推进文化创意产业集聚发展的主要模式。近几年，各地规划建设和转型改建中也因此快速形成了数千个不同规模和不同层次的文创园区。而且，与一般自发性产业园区不同，建设模式的"产业园区"具有明确的空间地理边界、明确的企业组织范围、明确的产权边界、明确的管理机构主体。空间、组织的"有界性"以及园区行为的"主体性"是这类园区的基本特性。在政府政策+市场机制+园区机构+企业主体共同构成的运行体系中，园区组织成为文化创意产业体系运行中的重要行为主体，而且在从园区建设进入园区运营优化发展阶段后，园区组织将成为集成产业群系统资源更为关键的因素，并在文化创意产业园区的潜在功能发挥和可持续发展中具有推动作用。一些文化创意产业先行发展地区的地方政府，在政策导向的着眼点上已经在推进从园区建设向园区资源的整合、质量和功效的提升、市场化运营组织的培育等方面的转化，并且对园区运营机制模式的优化进行了有益探索和创新，这种创新和探索的成效也已初步显现，涌现了一批典型的园区运营模式。如北京"尚8模式"、上海"德必模式"、深圳的"灵狮模式"等。

3. 从单一产业振兴转向融合发展。随着国内外文化创意产业融合发展的实践，文化创意产业显现出更深层次的潜在功能，由此也促使人们对其融合发展方式及其功能作用认识不断深化，即文化创意产业的融合特性已经使得它不再仅仅是一种单纯的产业现象，而是一种与新时代相适应的新生发展范式。特别是由于它与科技融合而相得益彰，与传统产业融合而促使其新生活力和价值倍增，与新兴产业融合而促使其业态更放异彩。所以，我国发达地区在先行发展文化创意产业的基础上，已经逐渐超越以往单一文化创意产业功能的认识，进一步强化创意经济时代融合发展理念，将文化创意产业发展作为地区创新驱动的重要抓手和经济发展的推进引擎，以此促进经济发展的转型升级和全面实现小康社会的战略目标。反映这一转换趋势特征的标志就是，2012年5月和6月，国家科技部、中宣部等多部门先后联合下发了《关于认定首批国家级文化和科技融合示范基地的通知》《国家文化科技创新工程纲要》，特别是2014年3月，国务院发布《关于推进文化创意和设计服务与相关产业融合发展的若干意见》，这些举措将进一步促进文化、艺术、创意设计、动漫影视、新媒体等文化创意产业与旅游休闲、时尚服务、建筑装潢、工业制造、农业生产等特色经济领域的融合发展，由此带动产业升级和价值增值。

4. 从多部门分业管理转向机构协同。文化创意产业日益显现出国民经济支柱和国家或区域软实力的重要地位，但由于文化创意产业与传统产业有很大不同，它实质是融合性的产业经济形态，除了文化、创意、科技等因素紧密融合外，几乎所有产业也都需要融入"创意"元素，从而"创意"生产也就成为各产业链的重要环节。在文化创意产业园区建设发展中，各地主管文化、传媒、出版等部门的党委宣传部已成为地方领导和推动文化创意产业发展的重要力量，而政府的相关行政或经济部门也"齐抓共管"。随着产业的发展和园区的成型，外延式扩张及外源式驱动的作用实效开始递减，这就需要培育形成系统协同机制激发内源性驱动的作用模式，以取代原有外源力量主导和简单叠加作用的体制机制模式。因此，根据文化创意产业的融合发展特性，我国在文化创意产业不断探索发展的进程中，先期发展的许多地方已经意识到以往传统管理体制难以适应如今创意经济时代融合发展的范式，北京、上海、杭州等地为克服原有体制的弊端，在整体的管理体制机制上积极进行创新探索，正在形成独具地方特色的管理协调体制的"北京模式""上海模式"和"杭州模式"。它们共同的特点是：都成立由地方党政主要领导负责、相关职能管理部门负责人参加的推进文化创意产业发展或协调领导小组，并下设办公室或类似机构负责承担日常统一管理协调工作。所不同的是，各地主要责任部门的任务分工及协调机制存在差异。

三、中国文化创意产业的现状

（一）文化创意产业快速增长，在国民经济中占比日益提高

文化创意产业占国民经济的比重，可以反映出一个国家或地区文化创意的发展情况。党的十六大以来，随着文化体制改革的深入推进，各项扶持政策不断出台，文化市场主体数量不断增多，社会各方面投入文化产业的热情高涨。十八大报告提出，到2020年要把文化创意产业发展成为国民经济的支柱性产业，我国文化产业进入发展的黄金期，文化产业增加值逐年提升。从其对国民经济增长的贡献看：2011年，文化产业总产值超过3.9万亿元，占GDP的比重超过3.2%；2012年文化及相关产业增加值达到了18071亿元，占GDP的比重为3.48%；2013年我国文化产业增加值为21351亿元，占GDP的比重为3.63%；经国家统计局核算，2014年全国文化及相关产业增加值23940亿元，比上年增长12.1%（未扣除价格因素），比同期GDP现价增速高3.9个百分点，占GDP的比重为3.76%，比上年提高0.13个百分点；2016年文化创意产业增加值为30254亿元，中国文化创意产业增加值占GDP比重提高到4.07%，对GDP增量贡献年平均达到6.0%；2017年我国文化及相关产业的增加值超过3.5万亿元，同比

增长15%，比同期GDP增速高8个百分点，占GDP比重达到4.20%，呈现逐年提高趋势。此外，根据前瞻产业研究院发布的《2019—2024年中国文化产业发展前景预测与产业链投资机会分析报告》，我国文化创意产业增加值在未来五年的年均复合增长率将约为12.25%。而且，文化及相关产业增加值的同比增长率在2006—2017年均高于我国GDP的同比增长率。这些数据说明文化创意产业在我国增长速度比较快，在稳增长、调结构中发挥了积极作用，稳步推动我国经济更好发展。图1-3反映了2005—2017年我国文化及相关产业增加值的增长情况。

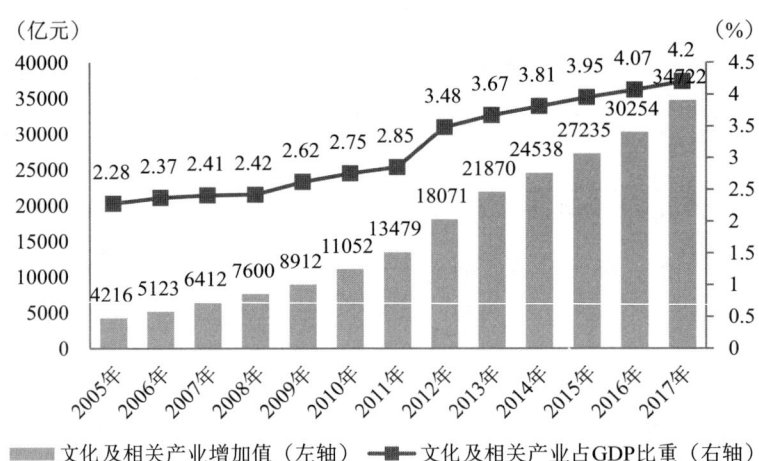

图1-3　2005—2017年我国文化及相关产业增加值的增长情况

资料来源：国家统计局网站，http://www.stats.gov.cn/tjsj/zxfb/201810/t20181010_1626867.html。

（二）文化创意产业宏观布局完成，呈现集聚格局

文化创意产业不仅是经济社会发展的重要支撑，而且是城市经济转型的重要动力，是吸纳就业、保障民生的重要途径。全国多地在充分认识到文化创意产业的重要性后，在"十二五"规划时期就已相继把文化创意产业列为重点领域，作为推动产业结构升级转型、推动自主创新的重要抓手。我国各省、市、自治区中有22个制定了文化产业发展规划纲要，23个设立了文化产业发展专项资金，14个成立了文化产业协会或促进会。广

东、浙江、江苏、安徽、湖南、辽宁等省,根据全国省市区建馆情况,都在制定建设"文化大省""文化强省"的目标。北京、上海、重庆、深圳、广州、杭州等城市都相继出台了文化创意产业指导意见和促进政策。在此态势下,以国家命名的各类文化创意产业园在2011年底就达到350个,产业总规模达10750亿元,主要集中分布于以北京、上海、广东为代表的环渤海、长三角、珠三角等东部沿海地区,形成了"三足鼎立"的文化创意产业发展格局。随着国家大力倡导城市文化创意产业的发展以及文化创意产业链的日臻完善,文化创意产业的城市集群化态势日益凸现,集聚程度不断提高,在老城区及中心城区外围出现了圈层状、点轴和带状布局。文化创意产业集聚区及产业园已成为当前集聚布局的主要形式。

(三)文化创意产业地位日益凸显,支持政策不断完善

近年来,加快文化创意产业发展已经成为重要的国家战略。2003年后国务院和有关部委相继出台了有关产业支持政策和指导意见。"十一五"时期我国提出建设"创新型国家"的目标,其中的建设重点就是要把增强自主创新能力作为发展经济的重要战略基点,而文化创意产业则以其鲜明的产业特征受到我国各地政府的重视。2009年,国务院颁布了首部《文化产业振兴规划》,标志着文化产业已成为我国国民经济体系中的一个先导性、战略性产业。同年,财政部注资100亿元成立中国文化产业投资基金,鼓励引导有条件的文化企业通过主板和创业板上市融资,通过深化文化体制改革推动文化资源向优势企业适度集中。这表明国家对该产业的政策支持已迈入实质性阶段。"十二五"期间,我国又不断提出要把增强自主创新能力作为我国发展科学技术的战略基点,并调整产业结构、转变发展方式的中心环节,文化创意产业又获得了充足的发展动力。

2014年10月28日召开的十八届四中全会审议通过《中共中央关于全面推进依法治国若干重大问题的决定》,指出要制定《文化产业促进法》,把行之有效的文化经济政策法定化,健全促进社会效益和经济效益有机统一制度规范。2015年9月6日,文化部牵头在京召开文化产业促进法起草工作会,正式启动文化产业促进法起草工作。国家对文化创意产业的政策

支持，尤其是财政、税收、金融支持政策的不断完善与创新，对于加强我国文化创意产业总体战略和规划，加快产业对外开放，提高文化创意企业整体竞争力发挥了重要作用。

四、中国文化创意产业存在的问题

（一）文化资源利用效率低，面临同质危机

文化资源广泛存在于人类的物质领域与精神领域，伴随着中华民族几千年的历史，我国积淀了丰富辉煌的文化。中国文化资源禀赋丰厚，独树一帜，文化创意产业发展前景广阔，但文化资源大国并非一定是文化创意强国。美国学者刘易斯·芒福德曾指出："在以经济指标增长为核心目标的发展模式中，城市物质建设上的高度成就掩盖不了精神实质的消失。"在我国新型城镇化过程中，现代文化与传统文化相互博弈，异域文明冲击下创新与保持相互博弈。许多地区在文化创意产业建设热潮中，往往喜欢把文化资源直接加以展示和呈现，不注重通过科技手段、媒介载体加以开发利用，漠视文化资源的利用率和附加值；轻视自身的文化传统、原味的历史风貌，一味追求新、奇、特的文化风格，临摹、模仿、复制、抄袭现象处处可见；导致千城一面、千村一面，"空心"文化、变味的古镇比比皆是；各地具有民族风格、地域特色的文化风貌正在消失。历史文脉，是城镇生命力所在。因此，根据城镇发展的人文历史、资源禀赋，保留和利用不同历史文化积淀、民族风情特色，确保传统文化资源的真实性与完整性，打造各具文化魅力的个性化城市和具有代表性的中国本土特色的文化创意产业，是未来进一步推进文化创意产业发展的首要目标。

（二）市场体系不健全，知识产权保护力度不够

文化创意产业在我国起步较晚，属于新兴产业。首先，在我国，大多数文化创意产业的发展动力都源于政府政策的激励，缺乏自主经营、自负盈亏、自担风险、自主创新的市场主体，这也进一步说明了文化创意产品市场与资本、产权、人才、信息、技术等生产要素市场建设力度不够，我国文化市场体系急需拓宽市场准入、放宽投资领域。其次，与文化创意产

业相关的中介组织不健全，比如文化经纪、知识产权代理等中介服务机构和组织数量比较少，不利于产业市场化程度的提升。最后，由于我国文化市场层次还不够丰富、机制不健全，文化创意产品相对比较简单，使得文化资源得不到高效的配置。

约翰·霍金斯曾指出："生产资源在传统经济中至关重要，虽然在有些部门它们仍然必不可少……，但是就创意经济而言，它们已无关大局。最有价值的通货不是金钱，而是无形的、变动性极大的创意和知识产权。"知识产权是文化创意产业的核心无形资产，知识产权制度既能保护创作者的合法私权实现创新，更能让受众分享创意产品，促进信息传播、科技进步、实现社会福祉增长；完善的知识产权保护体系能减轻、分散因侵权行为和市场需求不确定性产生的风险。目前，全社会关于知识产权的法律意识淡薄，对其经济及社会价值认识不足，知识产权的盗版侵权行为屡禁不止；国内知识产权保护法律体系尚不完善；关于文化创意产业的知识产权政策不够灵活；知识产权管理服务水平及市场监管能力亟待提高，互联网时代知识产权的创造与运用脱节，知识产权中介代理体系尚未形成，现有立法在理念、制度层面都远不能满足文化创意产业发展实践的需要。

（三）法律法规不够健全，文化保障体系有待完善

当前中国文化创意产业快速发展，传统文化创意产业不断转型升级，新兴的文化创意业态层出不穷，相应的文化创意产业问题应运而生。蔡武进（2014）指出现阶段中国文化创意产业主要依靠政策性规定和规范性文件来保障，文化创意产业立法总体不够健全，也尚未形成完整的文化保障体系，财政对文化创意产业的投入不足，相关的文化财税政策不足。既有的政策法规零碎凌乱，且效力等级不够、存在较多的盲区，文化创意产业法律体系滞后，使中国文化创意产业发展缺乏系统、有力的法律制度导向，同样面临落后的文化市场管理体制束缚，严重阻碍了健康有序的文化市场制度形成，更难以承托起促进文化创意产业长效发展的重任。加紧制定和完善中国文化创意产业基本法律法规，促进社会主义文化大发展大繁荣，保障中国文化创意产业良性发展，必须加快文化立法，制定和完善公

共文化服务保障、文化产业振兴、文化市场管理等方面法律法规，提高文化建设法制化水平。

（四）文化创意人才匮乏，人才培养机制存在问题

根据新经济增长理论模型，即 $Y = F(K, L, H, t)$ 可知，物质资本存量 K、劳动力投入量 L 以及人力资本（无形资本）存量 H、技术水平 t 等要素对总产出起决定性作用，"新经济增长理论"对文化创意产业发展的诠释十分恰当。人力资本既包括绝对劳动力数量，更包括劳动力的资历才干、教育水平、生产技能等，在文化创意产业发展中是最为核心的要素。快速发展的中国文化创意产业面临人才的巨大挑战，限于目前经济状况和体制机制原因，难以吸引全世界优秀人才来中国发展；存在高端人才严重匮乏、结构不够合理、创新能力较弱等问题。国内教育投入、教育体系和研究体系难以形成支撑条件；高校人才培养目标模糊、培养模式单调、学科定位不准、实践教学缺乏等问题，人才培养质量、规格远不及市场需求等问题依然饱受诟病。为此，必须遵循文化创意产业人才发展的特殊规律，在培养、开发、管理、使用、评价等方面采取特殊手段，提高文化工作者自身修养，让其真正成为先进文化的引导者、德艺双馨的示范者和诚实儒雅的经营者。

（五）文化创意产业进一步发展的其他制约因素

资金、发展规模、创新能力这些因素是我国文化创意产业进一步发展的重要制约因素。从资金上看，文化创意产业作为知识密集型与资金密集型的产业，资金将会是其发展面临的首要问题，主要表现在企业启动资金、发展资金、创新资金、活动资金等资金来源不足。这主要由于文化创意企业融资难，文化创意企业主体规模一般不会很大，受其经营成果和企业财务制度不成熟、非物质产品无法抵押等影响，如果没有特殊的政策支持，将很难从银行获得借贷支持，再加上文化创意融资渠道与方式比较单一，融资结构不合理，缺乏成熟的融资评估体系，其他金融机构将不会给文化创意企业融资。从发展规模上看，尽管文化创意产业在我国发展速度比较迅速，在国民经济中占比日益提高，但对比美、日等发达国家，我国

文化创意产业的总量仍比较小、规模不大，对经济结构的调整作用不够强力。据统计，美国文化创意产业占 GDP 比重在 25% 左右，日本为 20%，欧洲为 10%—15%，韩国高于 15%，而我国仅占不到 5%。在国际文化产品出口方面，我国文化创意产品和出口渠道比较单一，出口价格远低于同类产品的进口价格，文化贸易逆差现象急需改变。从创新上看，我国文化创意产业缺乏创新能力，核心竞争能力不足，知识产权发挥作用不明显，顶尖的文化创意品牌少，从而进一步限制了国际竞争力。

第三节 政府制定公共政策扶持文化创意产业的理论依据

一、幼稚产业理论

幼稚产业理论也称幼稚产业保护理论，1971 年由美国经济学家 A·汉密尔顿提出，其认为当某一个国家的某个新兴产业尚处于最适规模的初步阶段时，没有能力参与国际竞争，可能会受到外国产业的冲击，若要发展该幼稚产业，需采取过渡性的保护政策提高其竞争优势，使其成为国民经济发展贡献力量。19 世纪时李斯特对这一理论进一步深化，从生产力角度阐释发展与保护民族工业的重要性，政府必须采取政策支持民族工业，保护本国生产力得以持续发展。英国经济学家约翰·穆勒认为，并不是所有产业都要保护，只有当某种工业（产业）满足刚建立且经历一段时间的保护后才能达到其他国家的发展水平才需采取保护措施。总体来看，幼稚产业具有以下特征：第一，未成熟发展的新兴产业拥有巨大的发展潜力，但当前没有能力与国外较发达的同质产业竞争；第二，该产业具有较强的产业带动能力，有正外部性；第三，现阶段产业本身发展缺乏资金实力。这些特征决定了一个国家可通过制定和实施宏观政策来保护其幼稚产业，不受国外优势产业的冲击，同时还需采取一系列包括积极财税政策在内的优惠政策促进幼稚产业的发展。

从文化创意产业的特点来看，文化创意产业拥有巨大的发展潜力，能够推动我国经济结构的优化升级与经济转型，并且能够带动其他相关产业的发展，与产业间有着高度的融合性，但现阶段我国文化创意产业仍处在产业的初创阶段，主要体现在文化创意产业占GDP比重与发达国家相比仍然十分小；文化创意产品数量与结构相对单一，创新能力不足；产业自身缺乏资金，融资渠道少等。在全球化趋势加强的背景下，面对发达国家优质文化企业的竞争，我国文化企业往往处于不利地位，所以我国文化创意产业属于典型的幼稚产业，需要政府加快扶持政策的制定以促进我国文化市场的大发展大繁荣，加快文化创意市场主体的培育和人才培养，鼓励技术创新，推动文化创意产业的发展。

二、生命周期理论

根据产业的生命周期理论可知，每个产业的发展都是有规律的，要经历从成长到衰退的过程，具体可分为导入期、成长期、成熟期、衰退期四个阶段。文化创意产业的发展有自身比较独特的一面，故其生命周期与传统产业有所不同。首先，文化创意产业的核心是创新，创意产品自研发到最终的销售，这一整个过程需要不断注入新元素，并且随着消费者偏好的变化，创意也将调整，如此一来，不仅延缓产业的生命周期，还使得产业自身价值拥有上升的可能性。其次，文化创意产品能够满足人们不断提升的生活品质需求，提高文化消费能力，市场对文化创意产品的需求将会扩大，赋予产业更多生命力。最后，传统产业更多依靠消耗自然界的各种资源，而文化创意产品主要依赖文化与创意，依靠人才与创新能力的运用，其生命周期曲线将在步入成熟期时往上延伸，不会步入衰退期（如图1-4中T2曲线所示），虽然也会受到一定外部因素的影响而出现波动，但总体上会保持长期稳定的发展期。正因文化创意产业有这样的生命周期，政府应该加大对文化创意产业的政策支持，利用其生命周期特点，使文化创意产业与传统产业实现高度融合，增加产业附加值，使文化创意产业创造更多社会价值，对国民经济作出更多贡献。

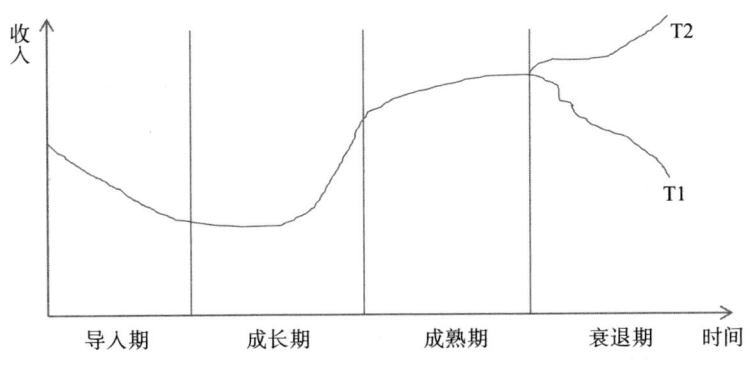

图 1-4 产业生命周期图

在生命周期的不同阶段,产业呈现不同的发展特点①,政府制定的公共政策须作出相应的调整变化(见表1-3),才能体现公共政策的制定是基于市场特征和产业的发展特点,从促进和规范两个方面助推产业不断走向繁荣和强大。

表 1-3 基于生命周期理论的公共政策制定

产业周期	发展特点	市场作用	政府作用	
			财税政策	其他政策
初创期	企业数量少、竞争程度弱、技术研发少、转换慢	市场调节较弱	以财政补贴、设立专项发展资金等直接财政投入政策为主,以税收优惠、投融资、政府重点采购等措施为辅	鼓励文化资源开发和技术研发转化,加强文化体制改革,为文化创意企业提供绿色通道和政策支持,加快培育市场主体,加强人才培养

---

① 程曦,蔡秀云. 促进文化创意产业发展的税收政策有效性评价研究 [J]. 财经理论与实践(双月刊),2017 (5).

续表

产业周期	发展特点	市场作用	政府作用	
			财税政策	其他政策
成长期	大量厂商进入、进入壁垒仍然较低，价格竞争，技术研发多、转换快	市场调节变强	重点运用财政投资引导基金方式，继续税收优惠、金融政策支持，适当减少财政补贴	加强文化立法，制定实施产业发展规划，健全政策体系，规范市场准入制度，优化投资结构，强化知识产权保护，培育龙头企业，引导创意人才合理流动
成熟期	技术较成熟、进入壁垒高、竞争手段转向非价格手段	市场调节变得复杂，既发挥配置资源的基础性作用，又受到来自垄断的挑战	减少财政投入和投资引导基金，税额式优惠政策向税基式优惠政策转变	加强监管产业垄断，鼓励自由竞争，培育产业中介组织
持续期	技术成熟，厂商数量稳定，竞争充分	市场调节最充分	停止财政投入和税收优惠	维护市场环境和秩序
衰退期	厂商的数目逐步减少，市场逐渐萎缩，利润率不断下降	市场调节最充分	停止财政投入和税收优惠	引导企业有序退出

资料来源：刘利成．支持文化创意产业发展的财政政策研究［D］．北京：财政部财政科学研究所，2011．

在文化创意产业的初创期，企业数量少、竞争程度较弱、技术研发少，转换慢，市场调节作用较弱，政府应该鼓励文化资源开发和技术研发转化,加强文化体制改革,为文化创意企业提供绿色通道和政策支持,加快培育市场主体,加强人才培养,并开始进行财政投入,宜以财政补贴、设立专项发展资金等直接财政投入政策为主,以税收优惠、投融资、政府重点采购等措施为辅,重点解决初创期文化创意企业融资难的问题,加快文化创意产业成长壮大步伐。

文化创意产业进入成长期时,厂商进入壁垒仍然比较低,出现价格竞争,技术研发多、转换快,此时市场配置资源和调节价格的作用开始显现,政府应加强文化立法,制定实施产业发展规划,健全政策体系,规范市场准入制度,优化投资结构,强化知识产权保护,培育龙头企业,引导创意人才合理流动,同时加大财政投入,重点运用财政投资引导基金方式,继续实施税收优惠、金融支持等政策支持文化创意产业发展,但应适当减少财政补贴等措施。

文化创意产业的成熟期,技术较成熟、进入壁垒高、竞争手段转向非价格手段,此时市场调节作用变得复杂,既发挥配置资源的基础性作用,又受到来自垄断的挑战。政府应加强对产业垄断的监管,培育产业中介组织,引导行业自律,在财政政策上应减少财政投入和投资引导基金,税额式优惠政策也应向税基式优惠政策转变,保持产业发展势头。文化创意产业进入持续期后,技术成熟,厂商数量稳定,竞争充分,此时市场的调节作用最充分,政府应停止财政投入和税收优惠,仅负责维护市场环境和秩序(见表1-3)。不可否认,部分文化创意企业的市场份额可能不断萎缩,最终被淘汰,而进入衰退期。由于市场调节已达到最优,所以政府应停止财政投入和税收优惠,引导企业有序退出[①]。

三、公共品理论

1954年萨缪尔森提出公共物品理论,按受益范围将物品分为公共物

---

① 蒋园园,杨秀云.我国文化创意产业政策与产业生命周期演化的匹配性研究——基于内容分析的方法[J].当代经济科学,2018(1).

品、混合物品和私人物品。其中，公共物品指消费这种物品或劳务不会导致别人对该种物品或劳务消费的减少，且一个人在消费公共物品时，不能将其他人排除在外（无论他们是否付费），或者排除的成本很高。公共品一定是具有正外部性的物品，因而通常由市场机制自发提供是不充分的，需要政府的有效干预，保证公共物品的充分供给，满足社会公共需要。公共物品可以分为两类：纯公共物品和准公共物品，在不同程度上具有非竞争性与非排他性两个特征。在文化创意产业中，纯公共物品有公共广播与公共电视服务；准公共产品分为两种，一种是共同资源型文化创意产品，如免费博物馆，另一种是俱乐部型文化创意产品，如数字有线付费电视①。

　　文化创意产品的消费对人的影响比较多样。比如文化创意产品中的影视产品，其消费过程会影响到消费者的价值取向、行为方式等，具有外部性。因而，文化创意生产者既需要能够获得合法经营所得利润，更需要在社会核心价值体系的建设和传播中起到积极作用，因此需要政府干预，例如文化产品的准入制度、影视作品分级等。对于纯公共文化创意产品，比如公益宣传片、免费博物馆等需要政府以免费方式提供；对于准公共文化创意产品如剧院、大型文化遗址等而言，运营成本很难在市场机制中得到弥补，需要政府财政支出、税收减免等优惠政策的支持，有时为了考虑运营效率的提高，又可采取市场化的经营管理。因此，我国政府应综合考虑各类文化创意产品的特点，优先尊重市场机制，在市场失灵或者面对需要政府扶持的公共文化创意产品时，制定政策支持文化创意产业发展。

---

　　① 随着科学技术进步，关于公共品的分类、不同公共品在非竞争性与非排他性不同程度的表现方面，不是绝对不变的，无关本书重点，因此未作深入说明。

第四节 中国文化创意产业公共政策设计的总体思路

一、定位与目标

（一）定位

1. 政府功能定位。文化创意产业的发展离不开政府公共政策的支持，政策的实施能带动区域文化创意产业的集聚。但在设计与制定政策时，应厘清角色定位问题，对各类文化资源的特性做好分类，依据该特征决定政府的角色，对于不需要政府过多干预的文化资源利用，如何做好"守夜人"、尊重市场内在规律，是政府服务应该重要考虑的问题。

2. 文化和创意融合的政策定位。除了政府功能定位外，在制定文化创意公共政策时，政府应该明确对文化创意产业的定位，做好"创意"与"文化"之间真正的融合，促进文化产业的资源基础与创意产业的市场导向之间互相补充，凸显文化创意产业的兼收并蓄，避免文化创意产业间的同质竞争，保持其生机与活力。

3. 产业和空间共生的政策创新。我国文化创意产业的布局呈现集聚的特征，这种模式能够促进区域经济的发展，但是由于我国文化创意产业集群大多是政策推动的结果，缺乏与当地文化空间、区域经济发展之间的有效联系，甚至集群内部成员之间以及不同地区的集群之间也会缺乏广泛的空间联系，尤其是缺少与国际市场的纽带联系，故此不少集群的发展空间受到限制，容易沦为区域内的"飞地"。所以在制定文化创意产业相关公共政策时，必须综合考虑产业与空间共生的角度，推动产业空间、地理空间和文化空间的优化重组，实现政策在产业与空间共生的创新过程，构建具有区域特色和发展活力的创新空间。

4. 经济和社会文化协调的政策目标定位。我国在出台文化创意相关政策时，往往更多注重经济目标的定位，而忽略了社会文化目标的实现。在经济全球化的推动下，我国文化多样性面临着强势文化的威胁，如何保护文化多样性成为我国文化创意产业政策面临的挑战。与发达国家相比，我国许多地区发展文化创意产业的条件还比较薄弱，针对这种情况，我国可以从教育和社会文化环境改善入手，全面提高人才综合素质，为经济发展和社会发展提供深厚的人才基础，为实现文化创意产业的经济目标与社会文化目标奠定基础。因此，促进经济与社会的协调发展也将是我国制定文化创意产业公共政策时需要明晰的目标定位问题。

(二) 目标

展现中华民族优秀文化的魅力，实现文化创意产业在国民经济中的比重提升，产业支柱地位更加明确巩固，体系更加完善，布局更加合理，文化创意产业的竞争力、创新驱动力、文化影响力显著增强，是我国经济创新发展、经济转型、优化经济结构的重要动力，要努力将我国文化创意产业推向国际舞台，改变我国文化贸易逆差局面，弘扬中国优秀文化。

文化创意产业公共政策具体目标体现在以下几个方面：第一，产业结构优化升级，融合发展的内涵多样化，高端化、服务化、融合特征愈加明显。"文化+"产业多元融合发展格局进一步完善，文化创意产业的关联带动作用愈加增强。第二，文化创意产业园区布局更加合理，在推动文化创意产业园区建设时，努力实现空间与文化共生的融合，推动优秀文化资源的合理利用，实现文化创意产业的集约、特色与错位发展，凸显地方特色，文化创意产业合作机制更加完善，区域产业结构和空间布局更加优化，产业一体化发展格局建立。第三，在政府引领下，充分发挥市场作用，促进文化市场主体快速发展，既需要培育掌握核心技术，拥有原创品牌和较强市场竞争力的核心文化企业或者企业集团，同时也需要鼓励中小文化企业的发展，打破市场壁垒，推进文化创意产业主体不断壮大，增强活力与竞争力。第四，实现文化创意产品与服务多样化，推出更多拥有自主知识产权、更多思想艺术性与观赏性的作品，符合大众艺术审美，满足人民群众多层次、多样化、分众化的文化消费需求。第五，进一步促进文化创新能力的提高，营造创新创意的浓郁氛围，在创新成为产业发展第一驱动力的背景下，使得文化创意产业的技术应用更加广泛，加快数字信息化进程，新型业态持续出现。第六，现代文化市场体系更加完善健全，市场在文化资源配置中的作用得到重要发挥，加快培育创意人才，推动知识产权的立法完善，使得产权、人才、信息技术等文化市场要素实现合理流动，文化投融资体系更加完善，文化创意产业的资金渠道进一步拓宽，金融资本、社会资本与文化资源得到高效对接。第七，在增强文化创意产业的整体竞争力下，实现文化产品和服务出口进一步扩大，形成一批批具有中国本土特色的原创性文化产品和服务贸易品牌。

二、政策工具

我国在制定文化创意产业公共政策时应该创新文化创意产业政策调节手段，形成财政、税收、土地、金融等多层次的政策支持体系。首先，要多运用市场经济的办法，充分发挥市场在资源配置上的重要作用，减少行政直接干预，政府应在土地、规划、法制等方面加大政策调控力度，为产业发展创造良好环境条件。其次，创新财政资金投入模式，加强陪同投入、配套投入、政府采购、特许经营等手段的运用。同时，在税收政策方面，要注重应用对文化创意企业的间接优惠手段，积极通过税率、纳税期限、征收管理、出口退税、成本核算、亏损弥补等多种手段促进文化创意产业的发展。最后，在金融政策方面，第一，可以鼓励银行对一些发展条件比较成熟的文化创意企业降低融资的高门槛；第二，鼓励民间社会资本进入创意文化市场，推广政府和社会资本合作（PPP）模式，深化社会领域PPP模式创新，引导社会资本通过公建民营、民办公助、特许经营、股权置换等多种方式参与文化创意企业的具体运营；第三，拓展社会领域金融模式，支持社会领域符合条件的企业发债融资。合理拓宽文化创意产业的融资渠道，改变单一的融资方式，缓解资金限制问题。

三、原则

在制定文化创意产业的公共政策时，必须秉持以下几个原则：

第一，通过改革推动。必须深化文化体制改革，加快完善文化管理体制和文化经营体制，健全国有文化资产管理体制，实现国有文化资产的保值升值，在现代企业制度建设中加入文化特色，完善现代文化市场体系，激发产业发展的活力与生机。

第二，利用创新驱动。将创新作为文化科学发展的动力，实现文化创新与科技创新的"双轮驱动"，促使文化发展理念创新、业态创新、模式创新、内容创新，让创新驱动锻造文化发展的独特新优势。

第三，实现融合带动。用创意、设计、品牌等文化要素拓展价值、提升内蕴，有效提升产业的附加值，形成文化创意产业与科技、金融、旅游等相关产业高水平、深层次、宽领域的融合发展格局，激活城市传统发展新动力，实现经济结构的优化升级。

第四，完成协同联动。推动全国文化创意产业的一体化发展，促使区域间产业合理分布和上下游联动机制的形成，整合地区特色优势文化资源，实现各个区域之间、信息之间的有效沟通，提升资源利用效率，避免同质现象的出现，推进要素资源有序流动、文化市场开放互通和全产业链条的分工协作。

第二章　文化创意产业发展与财政政策

党的"十八大"提出财政是国家治理的支柱和基石。文化创意产业要成为我国经济发展的主动力和支柱性产业，其发展离不开财政政策的支持与引导。财政政策是各类公共政策的核心。政府为文化创意产业发展提供公共服务，如文化创意产品生产与消费所需的基础设施，解决文化出口企业在海外遇到的制度障碍，满足文化创意产业发展所需的资金需求等。现有的财政政策主要集中在传统的财政补贴政策。在既有的财政补贴等政策工具的运用过程中，如何有效总结经验，使其进一步成为文化创意产业的推动力，具有重要研究意义。本章侧重研究财政政策如何在遵循产业发展规律的基础上发挥支持文化创意产业发展的重要作用，来解决文化创意产业存在的市场主体力量弱、资金短缺、筹资困难、产业基础设施不足等问题。结构上，本章首先对现阶段我国对文化产业的相关支持政策进行梳理，并通过具体的财政政策工具包括：财政补贴、政府采购政策、政府与社会资本合作（PPP）等多个角度分析我国已有的财政政策和实践情况，总结现有的文化创意产业财政政策存在的问题，并结合相关的案例分析和国外相关国家的经验，提出相关财政政策的改革建议，为促进我国文化创意产业发展提供政策支撑①。

---

① 虽然广义上来说，税收政策也属于财政政策的一种，但税收政策作为一个较为独立的政策工具，相关研究内容可自成体系，同时也受每章篇幅所限，因而本书就税收政策开辟独立的一章，相关内容不在本章中赘述。

第一节　中国文化创意产业财政政策沿革

一、文化创意产业相关财政政策发展阶段

伴随着改革开放的逐步推进，我国文化创意产业先后经历了萌芽、探索、加速发展等几个阶段，在不同的发展阶段，国家制定和实施的相关财政政策也各有特点，发挥着重要的作用。本书拟根据文化创意产业财政政策的支持力度，将其发展阶段分为有限扶持、加快扶持、全面扶持这三个发展阶段。

（一）有限扶持阶段（1979—1992 年）

从改革开放初期到 1992 年党的"十四大"召开，文化产业开始初步萌芽，此时我国相关财政政策仅对文化创意产业起到有限扶持的作用。

1982 年 2 月，国务院颁布的《广告管理暂行条例》首次明确指出应该注重发挥广告行业对于指导消费、促进生产流通、推动国际贸易的重要中介作用，逐步推进社会主义物质文明和精神文明建设。1987 年 2 月，文化部、公安部和国家工商局联合发布了《关于改进营业性舞会管理的通知》，首次确认了营业性舞会的合法地位，提出其管理思想，这是文化市场发展的关键一步。1988 年国家颁布了《关于加强文化市场管理工作的通知》，让文化市场的管理工作有章可循。在这一有限扶持阶段，广告公司等文化服务相关企业发展迅速，有效刺激了社会文化消费的增长，但此时文化行业还没有被给予"产业"的地位。这一阶段的财政政策形式主要有财政拨款、财政补贴、老少边穷地区文化事业的财政转移支付等，支持文化事业发展的财政政策还很有限，缺乏具体全面、针对性强的财政政策支持，文化产业的发展必然是有局限的。

（二）加快扶持阶段（1992—2002 年）

从 1992 年党的"十四大"到 2002 年"十六大"召开，文化创意产业不断探索发展，这个时期我国相关财政政策处于对文化创意产业逐步加快

扶持的一个过渡阶段。

1996年9月，国务院颁布《关于进一步完善文化经济政策的若干规定》（国发〔1996〕37号），提出了开征文化事业建设费、建立健全专项资金制度等一系列支持文化经济发展的政策。1998年文化部开始设立文化产业司，这标志着我国正式将文化产业纳入政府工作管理体系。2000年10月，党的十五届五中全会通过了《中共中央关于制定国民经济和社会发展第十个五年计划的建议》，首次在中央正式文件中提出"文化产业"的概念，并强调要加强文化产业管理，完善相关产业政策，积极促进文化产业发展。

在文化产业逐步探索的这一阶段，我国逐渐加大对于文化创意产业发展的财政政策支持力度，增加了对文化事业宣传、发展资金、奖励的财政投入，建立健全文化产业专项资金机制等，积极促进了我国文化产业的发展。

（三）全面扶持阶段（2002年至今）

党的"十六大"至今，文化创意产业迅猛发展，这与国家政策的全面支持有着不可分割的联系。政府渐渐深刻认识到促进文化产业发展的重要性和必要性，对其更加重视，将文化创意产业的发展提升到国家战略层面。2002年11月，党的"十六大"提出文化产业的发展方向，将文化发展定位为"繁荣社会主义文化、满足人民群众精神文化需求"的重要路径，制定完善支持文化产业发展相关政策、增强产业实力及竞争力，"十六大"的召开标志着文化产业进入飞速发展的新阶段。2004年3月，国家统计局出台了《文化及相关产业分类》，对文化产业的概念和范围作出了明确的解释和规定。

2006年9月，国务院颁布了《国家"十一五"时期文化发展规划纲要》，指明了文化产业改革的方向，确定了未来五年文化产业发展的目标和原则，促进我国文化产业更好更快发展。2009年，《文化产业振兴规划》提出我国将重点推进文化创意、出版发行、影视制作、广告、演艺娱乐等文化产业发展，对其给予必要的支持和鼓励，标志着文化产业已经被提升至国家战略层面。2011年,《中华人民共和国国民经济和社会发展第十二个五年规划纲要（2011—2015）》提出,要加快推进文化产业成为国民经济支柱性产业,提升国家文化软实力,推进文化产业创新和繁荣发展。2011年10月,《中共中央关于深化体制改革、推动社会主义文化大发展大繁荣若干重大问题的决定》强调要构建结构合理、创意性强、科技含量高、竞争力强的现代文化产业发展体系。2012年2月,《国家"十二五"时期文化改革发展规划纲要》对文化改革发展作出全面统筹安排,指出要构建现代文化体系,实现我国社会主义文化建设的目标。

在"十一五"和"十二五"时期,国家出台了一系列激励文化新兴产业发展的财政政策,国务院及相关部委制定的涉及支持和鼓励文化产业发展的财政政策高达30多项,由此可见,国家对发展文化创意产业的重视程度、有效推进文化产业在全国范围的繁荣发展进一步向深度发展。

二、文化创意产业相关财政政策梳理

文化产业的特征决定了国家财政政策支持文化产业发展的必要性。近年来,我国文化创意产业飞速发展,同时伴随着国家财政政策的全面支持,我国相继出台了众多支持和鼓励文化产业发展的宏观调控政策文件,其中不仅有对文化产业普遍扶持的政策,也有对特定项目和对象的专项资金支持,极大地促进了文化创意产业的发展。各级政府不断探索改进政策支持模式,陆续出台了许多针对不同行业、不同地区的财政政策文件,同时创新资金来源渠道,例如,适当吸收社会资本。2016年国家出台《文化部办公厅关于做好第三批政府与社会资本合作示范项目申报筛选工作的补充通知》（办产函〔2016〕247号）,PPP项目的实施有利于鼓励和引导社会资本投入文化领域,拓宽文化产业资金来源渠道,将政策导向与社会资本运营管理优势相结合,有效提高文化产品及服务的质量,满足人民日趋多样化的文化需求。

表2-1梳理了一些支持文化创意产业发展的重要的财政政策。

表 2-1　　　　　中国支持文化产业发展的财政政策

标题	文号	发布机关
关于进一步完善文化经济政策的若干规定	国发〔1996〕37号	国务院
关于非公有资本进入文化产业的若干决定	国发〔2005〕10号	国务院
关于进一步推进国家文化出口重点企业和项目目录相关工作的指导意见	商服贸发〔2010〕28号	商务部、中共中央宣传部、财政部、文化部、中国人民银行、海关总署、国家税务总局、国家广播电影电视总局、国家新闻出版总署、国家外汇管理局
关于重新修订印发《文化产业发展专项资金管理暂行办法》的通知	财文资〔2012〕4号	财政部
国务院关于推进文化创意和设计服务与相关产业融合发展的若干意见	国发〔2014〕10号	国务院
国务院关于加快发展对外文化贸易的意见	国发〔2014〕13号	国务院
文化部 财政部《关于推动特色文化产业发展的指导意见》	文产发〔2014〕28号	文化部、财政部
国务院关于促进旅游业改革发展的若干意见	国发〔2014〕31号	国务院
国家电影事业发展专项资金征收使用管理办法	财税〔2015〕91号	财政部、国家新闻出版广电总局
关于印发《革命老区转移支付资金管理办法》的通知	财预〔2015〕121号	财政部
国务院办公厅转发文化部等部门关于推动文化文物单位文化创意产品开发若干意见的通知	国办发〔2016〕36号	国务院办公厅
国家出版基金资助项目管理办法	新广发〔2016〕51号	国家新闻出版广电总局、财政部
文化部办公厅关于做好第三批政府与社会资本合作示范项目申报筛选工作的补充通知	办产函〔2016〕247号	文化部办公厅

续表

标题	文号	发布机关
国家统计局关于印发《文化及相关产业分类（2018）》的通知	国统字〔2018〕43号	国家统计局
财政部关于在文化领域推广政府和社会资本合作模式的指导意见	文旅产业发〔2018〕96号	文化和旅游部

除了中央整体面向全国的政策性文件，各个省市的相关政府部门也在不断摸索适合自身的文化创意产业发展方向和管理制度，并出台了一系列相关扶持政策。下面以北京和上海为例：

北京作为我国的政治和经济中心，同时也是一座享誉世界的东方历史文化名城，为文化创意产业的发展奠定了充足的文化资源基础。北京市政府在2014年发布了《北京市文化创意产业功能区建设发展规划（2014—2020）》，也是全国第一个文化创意产业省级空间布局规划文件。2018年6月21日，中共北京市委、北京市人民政府印发《关于推进文化创意产业创新发展的意见》，指出要加快本市文化创意产业的转型升级，力争用5年时间，培育1—2家年营业收入过千亿元、5家以上过500亿元的龙头文创企业，扩大资产规模，做强做大做优国有文化企业，并加快推进北京文化惠民卡功能升级工作。近年来经过政府的大力推动，北京文化创意产业快速发展，已成为北京经济的支柱型产业和重要经济增长点，目前是北京市发展最具活力的产业之一。

表2-2梳理了一些北京市支持文化创意产业的财政政策。

表2-2 北京市支持文化产业发展的财政政策

标题	文号	发布机关
北京市印发关于进一步鼓励和引导民间资本投资文化创意产业若干政策的通知	京政办发〔2013〕52号	北京市人民政府办公厅
北京市人民政府办公厅关于加快发展对外文化贸易的实施意见	京政办发〔2016〕17号	北京市人民政府办公厅

续表

标题	文号	发布机关
北京市原创动漫形象作品专项扶持资金管理办法（试行）	京文产发〔2013〕487号	北京市文化局
北京市财政局、北京市文化局关于印发《北京市舞台艺术创作生产奖励扶持专项资金管理办法》的通知	京财科文〔2013〕2847号	北京市财政局 北京市文化局
北京市惠民文化消费电子券实施管理办法（试行）	京文资发〔2016〕15号	北京市国有文化资产监督管理办公室
北京市实施文化创意产业"投贷奖"联动推动文化金融融合发展管理办法（试行）	京文领办文〔2017〕3号	北京市国有文化资产监督管理办公室

从2004年起，上海市政府就陆续出台了一系列有关文化创意产业发展规划、财税扶持和金融服务等的促进政策，2005年11月出台了《上海创意产业发展重点指南》，2012年8月制定了《上海推进文化和科技融合发展行动计划（2012—2015）》，2014年10月又颁布了《关于促进上海电影发展的若干政策》，在众多配套政策的支持和激励下，上海文化创意产业呈现出良好发展态势。

本节从整体上梳理了文化创意产业相关财政政策的发展历程，接下来的内容将从不同财政工具的角度进行分析。

第二节 财政拨款与补贴政策

一、财政补贴的基本概念及作用机理

（一）财政补贴的基本概念

财政补贴是国家财政部门在一定的时期内，根据国家政策的要求，对某些特定地区、产业、部门、企事业单位，或某些特定的项目、产品无偿提供的一种政府性支出。财政补贴的具体方式是规定相应的数额或比例、补贴的行业和范围以及补贴作用的时间期限等。政府补贴可以影响市场的相对价格，进而改变供给需求结构以及资源配置结果，是各国政府进行宏观经济调控、维护经济稳定、优化资源配置、实施产业政策的重要工具和手段。

（二）文化创意产业财政投入的作用机理

1. 文化产品的外部性。文化创意产品的外部性特征使政府的财政补贴具有其重要性和必然性。首先，从生产的角度来看，文化产业的发展具有很强的正外部性，文化产业与其他产业密不可分，文化产业的发展必将带动其他众多产业链的发展，其资源节约的特性符合可持续发展的要求，有利于引导产业结构的转型升级，改善地区就业状况，促进地区经济增长。其次，从消费者的角度来看，优质的文化产品和服务往往使人心情愉悦，有利于陶冶性情，提高国民文化素养和道德情操，增强民族凝聚力。在这种情况下，根据经济学的原理，当文化产业产品产生正外部性时，此时边际社会收益大于边际私人收益，文化产品的供应者没能收到全部的收益，产生损失，导致其会适当减少这种文化产品的生产规模，如果完全由市场自由进行文化产品和服务的运作与供给，将达不到帕累托最优状态，人们也无法得到充足的优质的文化产品和服务，必将造成福利损失。此时，政府需要使用矫正性补助的方式支持这样的文化产业公司研发活动和产品生产，例如对于那些生产满足人们精神诉求、提高人们审美情趣的艺术文化项目或企业，以财政拨款、奖励金、贷款贴息等方式对其提供资金上的扶持与帮助。相反的，当文化产品产生负外部性时，政府应该运用矫正性税收的措施对这类文化产业公司加以约束和适当惩罚。对价值观不正确的文化产品、制作粗糙的文化项目或企业进行行政管理和经济处罚，能够有效抑制这类不良文化产品或服务的生产与提供。在市场失灵的情况下，政府方面的适当干预是十分必要的。尤其对优质文化产品和服务提供财政资金的支持，能够使资源配置达到更有效率的状态。

2. 增加企业可用资金。文化产业的创新研发活动具有成本高、周期长、收益不确定等特点，在知识产权保护力度不足的情况下，其创新成果极易被市场竞争对手效仿，这会在一定程度上削弱文化企业产品创新活动投入的积极性。政府补贴政策为文化产业上市公司带来了更多的可用资金，降低其风险性。2006年以来，我国中央及各地政府部门陆续出台了一系列专项资金的补贴政策，文化产业发展专项资金就是其中之一。从2011年到2016年，国家下发的文化产业专项资金从20亿元逐渐增加至50亿元，由此可见我国政府近年来在逐渐加大支持文化产业发展的补贴力度，这些补贴政策有效增加了企业的可用资金，保障着文化企业的可持续经营和发展。除了直接拨款外，满足一定条件的文化企业，每年度均可申请相应的项目补贴。此外，为了进一步支持促进小微文化企业的健康发展，从2015年起，小微企业的项目申请标准放宽，未达到企业规模申请条件的公司也可能获批到一定数额的文化专项资金，为很多文化企业带来了充足的发展资金，且其覆盖范围较广，有利于文化企业的健康可持续经营与发展，促进了文化产业的发展。

3. 信号传递功能。依据信号传递理论，政府对与文化企业的政府补助可以向外部投资者和消费者传递出一种该企业经营情况稳定、产品质量优秀、发展潜力及商业信誉良好的信号，增强了投资者的投资信心，引导外部投资者最终作出投资决策，从而进一步增加了企业的可用资金规模，同时拓宽企业市场份额，有利于企业盈利水平的提升。

4. 激励企业研发创新和人才培养。财政拨款中的文化产业发展、宣传、技术创新等专项资金，能够在一定程度上引导鼓励文化企业加强技术研发创新及文化创意人才培养。对于技术创新显著、经营业绩良好的文化企业、拥有重要社会影响力的文化产业项目、对文化企业作出重要贡献的文化创意人才，政府按照一定标准对其提供补助或发放后期奖励，能够在一定程度上引导鼓励文化企业加强技术研发创新及文化创意人才培养，促进企业增强其创新发展和核心竞争力。

无论是对传统的广播、电视、电影业、新闻出版业，还是对新兴的文化信息传输业、网络动漫游戏产业，技术和产品的创新都至关重要，政府需要鼓励企业不断进行技术研发创新，并保护其创新知识成果，减少文化产品抄袭的恶劣现象,以激励创新人才更好地进行艺术创作,创新是文化企业的核心竞争力,补贴政策有利于增加企业的创新支出,保障公司的创新能力和持续发展,进而促进企业盈利能力的提升。

二、文化创意产业补贴政策的运用

(一)财政补贴的分类

对于文化创意产业的财政补贴具体分为以下几种形式,首先是价格补贴,是指对优质的文化创意产品的产品价格进行合理的保护,对于低于价格规定线的部分给予财政补贴;其次是出口补贴,是指对于促进中国文化"走出去"的项目或企业给予资金补贴,以增强我国文化企业在国际市场上的竞争力;最后一种是消费者补贴,是指政府为了满足人们对于文化产品的需求,或为了鼓励和引导社会大众消费某类文化创意产品,对文化创意产品的消费者进行的一种补贴形式。

目前在我国这三种文化创意产业政府补贴形式都有涉及,下面举例说明。

1. 价格补贴。北京市文化演出市场的发展一直以来都处于全国领先的地位,无论是演出场次,还是观众数量、票房收入都是全国之首。在演出市场迅速发展的同时,演出的票价也一直备受社会各界的关注,定价过高、票价不接地气的评价屡见不鲜。政府强制降低票价并不是一个好方法,受到演出成本的限制,剧院及文艺表演团体将承担全部经济损失,极大地打击了演出方的积极性,扰乱市场秩序,影响演出市场良好健康发展。从2014年7月1日起,《北京市惠民低价票补贴专项资金管理办法(试行)》的实施有效解决了这一问题,政府出资给予补贴,鼓励剧场设置低价票,让剧场、演出团体、观众三方获益,而且不会过多干预市场运作,有利于向社会大众弘扬我国优秀民族文化、普及高雅艺术。

2. 出口补贴。出口补贴是政府出于降低文化企业商品出口成本,提高本国商品在国际市场上价格竞争力的目的,以现金补贴、扶持资金、无偿划拨非货币性资产等多种形式给予文化出口企业一定程度的财政优惠政策。2014 年国家出台《国务院关于加快发展对外文化贸易的意见》，指出："进一步完善《文化产品和服务出口指导目录》，定期发布《国家文化出口重点企业目录》和《国家文化出口重点项目目录》，加大对入选企业和项目的扶持力度。"其中《文化产品和服务出口指导目录》作为依据，明确了各类文化产业领域中将重点扶持的企业标准。《关于进一步推进国家文化出口重点企业和项目目录相关工作的指导意见》提出对于出口文化创意产品的首选保障措施仍是加大资金支持力度，具体方式有贷款贴息、项目补助、奖励、保费补助等。

3. 消费者补贴。随着经济的飞速发展，我国国民对于物质的消费欲望逐渐减弱，相对的，对于精神消费的需求日益强烈，以影视、旅游、演艺等为代表的文化产业消费成为当前的热门市场。但不能否认，目前仍有很多人将文化消费视为奢侈品，而非必需品。政府对于文化消费进行财政补贴，鼓励市民积极参与文化消费，有利于文化创意产业的发展，提高市民的精神文化体验。

为深入贯彻党的十八届五中、六中全会关于扩大和引导居民文化消费的精神，2016 年文化部、财政部决定在全国范围内挑选试点城市，引导城乡居民扩大文化产品和服务的消费，成都就在首批试点城市当中。2017 年 10 月，成都市政府印发了《成都市开展引导城乡居民扩大文化消费试点工作方案（2017—2020 年）》。在 2018 年春节前后，市文广新局带头组织开展为期三个月的"迎新春成都市文化惠民消费季"活动，并建立了"文创成都"APP。

"文创成都"APP 采用移动"互联网+金融"的模式，创新文化惠民消费补贴方式。市民使用"文创成都"APP 在文化消费试点商家购买文化创意产品，即可按一定比例获得奖励积分，再次消费时可用以抵扣现金。这种线上方式让市民的消费选择更具有自主性，从而激发消费热情。在迎新春文化惠民消费季期间，政府投入了 400 万元的积分补贴，试点商家让利打折近 300 万元，有效地拉动了全市文化消费①。

（二）财政拨款及补贴的成效

文化创意产业是当前经济增长的一个亮点和热点，产业经济总量持续快速增长，占国家经济比重稳步攀升，文化产业在推动国家经济发展、优化产业结构中发挥着越来越重要的作用，正向国民经济支柱产业的方向逐步迈进。近年来，在政府相关政策的积极推动下，我国文化及相关产业增加值不断增加，2013 年文化及相关产业增加值为 21351 亿元，占 GDP 比重为 3.63%；2016 年文化及相关产业增加值突破 3 万亿元，占比突破 4%；2017 年逼近 35000 亿元，达到 34722 亿元，占 GDP 比重为 4.20%②。

从具体城市来看，以北京为例：

自 2006 年起，北京市每年投入 5 亿元的文化创意产业发展专项资金，采用贷款贴息、项目补贴、政府重点采购、后期奖励等方式，对符合政府重点支持标准的项目、服务和产品予以扶持。另外，对于北京市认定的文化创意产业集聚区公共设施工程，从文化创意产业集聚区专项资金中提取一定资金予以支持，并连续三年每年拨付 5 亿元作为文化创意产业集聚区基础设施专项资金，对集聚区的基础设施和重大项目给予重点支持。北京市通过这一系列财政政策的实施刺激了文化创意产业的发展，取得了明显的成效，行业总产值和就业人数等都呈现稳步发展的态势。北京市 2006—2017 年文化创意产业发展情况如图 2 - 1 所示。

通过图 2 - 1 可以看出，近年来北京的文化创意产业正在飞速发展，产业规模不断扩大。文化创意产业的发展有效拉动了居民就业，与其他产业的高关联度、节能绿色环保的特性以及高发展潜力使其逐渐成为首都经济的重要支柱和新的经济增长点。2006—2016 年，北京文化创意产业产值稳步增长，2008 年以后产业增加值占当年地区生产总值的比例均在 10% 以上，且比重逐年提高。2017 年，文化产业增加值达到 4000.6 亿元，占

---

① 四川新闻网. 首创互联网消费补贴新模式 成都开启新春文化惠民消费季 [EB/OL]. (2019 - 01 - 30) [2019 - 02 - 06]. http://scnews.newssc.org/system/20180130/000852432.html.

② 数据来源：国家统计局，http://www.stats.gov.cn/。

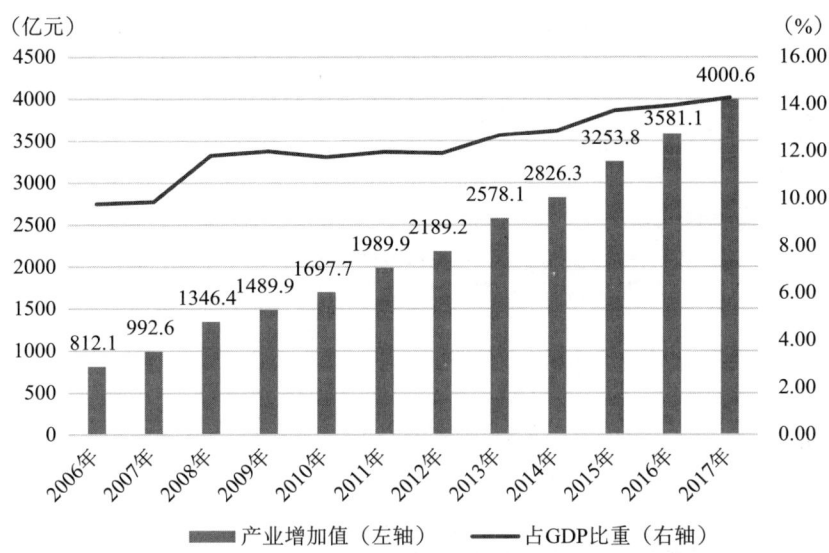

图 2-1　北京市 2006—2017 年文化创意产业发展情况

资料来源：历年《北京市统计年鉴》。

GDP 的比重达到 14.28%。由此可见，文化创意产业的快速发展离不开政府的政策资金支持。

（三）目前财政拨款和补贴存在的问题

我国目前相关财政政策在推动文化产业长远发展的同时，还存在着诸多问题，不能完全满足文化创意产业的发展要求，具体来看有以下几个方面。

1. 财政投入力度不足，资金来源渠道单一。目前，中央、地方财政对文化产业发展设立了专项资金并用于支持文化企业项目补贴等，累计投入了几百亿元资金，虽然大力促进了我国文化创意产业的发展，但是与文化创意产业的实际需求相比仍相差甚远。每年申请文化创意产业资金的项目众多，最后获批的只有一小部分，远不能满足文化创意产业发展的资金需求。尽管财政文化支出呈逐年递增之势，但占财政支出的比重却逐年下降。从图 2-2 中可以看出，1997 年以来，全国文化事业费支出占财政总支出比重总体呈现下降趋势，特别是 2000 年以来比重一直在 0.4% 附近徘徊，这与国外许多国家相比，仍有一定差距。目前财政对于文化创意产业的资金支持大部分为财政预算这一个渠道,未实现资金来源的多元化,限制了资金的规模和效力的发挥。

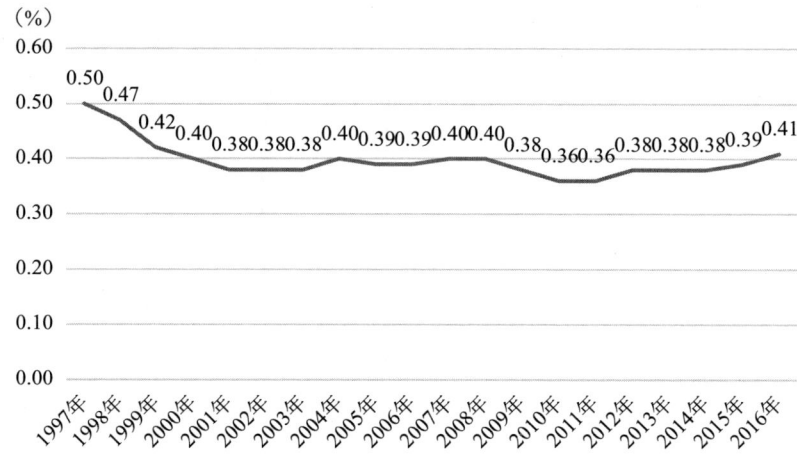

图 2-2　1997—2016 年全国文化事业费占财政总支出比重

资料来源:历年《中国文化文物统计年鉴》。

2. 监督机制不完善,资金使用效率难以保证。目前文化产业财政拨款和补贴的使用和管理方面还存在诸多不足之处,容易出现财政补贴滥用的现象。首先,财政直接拨款投入往往是针对特殊项目或特殊环节作出的,例如项目补贴、出口补贴等,补贴额度缺乏指标约束,在没有对其重点支持的文化创意企业或项目进行全面深入了解分析的情况下,政府对资助企业及其项目的选择等都具有较强的主观性,可能出现判断或选择上的失误。这也使得滥用财政补贴、资金分配不公、重复建设、资源浪费、资金配置效率低下等现象成为可能。其次,由于财政补贴是政府无偿供给的,没有对文化创意企业资金使用的监督,没有后期对资金使用效率的专业评估,也是不能保证资金使用效率的一个原因。一些获批的补贴项目可能会借此钻空子,出现预算编制超过实际需要,资金使用与规定不符的现象。有时,政府补贴非但没有对文化企业产生积极的作用,反而成了企业不求上进的"资本"。目前缺乏一套科学完善的文化创意产业财政政策决策与后续财政资金使用的监督实施及评价机制,以确保财政资金的使用效益,这在每年财政部门发布的财政预算执行情况中未有所体现,相关网站也没有及时公开资金使用情况,透明度很低。

3. 财政投入不合理,城乡、区域发展不平衡。中国的文化创意产业起初诞生在像北京、上海、深圳等这样的经济发达的城市中,已见成效,多个文化创意产业园区的建立以及众多文化创意产业优质产品的生产,有效带动了地区产业结构升级和经济发展。但相对于英国、美国等文化创意产业发展较好的国家来讲,我国文化产业发展存在整体发展程度低、地区不均衡的缺点,东中部地区发展相对较好,西部地区基本没有大幅发展起来。类似西藏、青海、云南这些偏远地区,虽然拥有丰富的文化底蕴、多种多样的具有当地民族色彩的文化元素,但是由于地理环境差、交通状况不便,以及缺少相关资本支持等原因,而没有得到有效的开发和推广。

这些年,中央、地方财政都加大了对中西部地区的文化创意产业的财政投入,加紧建设农村文化事业,但实际上中西部文化基础设施与东部差距仍旧很大。另外,农村文化创意产业企业少,财政资金的投入比例远不如城市,财政支持程度未有效协调也加剧着区域经济增长的不平衡。与此同时,在财政资金分配上的受益者大多为大型国有文化企业,对中小型企业的资金支持力度不足,大多数中小型文化创意企业可能不符合申请专项资金的一定标准,故只能申请20%—40%的贷款利息补贴,但这些资金与企业项目总投资金额需求相比仍微乎其微。

三、文化创意产业补贴政策的改进建议

(一)加大资金扶持力度,调整财政投入结构

财政资金的有效运用对于相关行业和社会经济发展具有强大的促进作用,能够引导社会资本投资方向,放大财政资金整体效果。加大财政资金投入是加快我国文化创意产业发展的必经之路。在年度财政预算安排上,适度提高对文化及相关产业支出占财政总支出的比重,认真贯彻落实国家关于推进文化创意产业发展的战略,充分发挥财政资金使用效果,对于文化创意产业的发展具有至关重要的意义。

如何将有限的财政资金科学配置并有效利用，这是财政资金支持文化创意产业发展的一个关键性问题。要进一步细化财政支持的范围和方向，因地制宜，科学合理地制定相应支持政策，应重点将财政资金投向发达地区的技术研发领域、向经济欠发达地区的文化遗产或独具特色的文化创意产业倾斜，加大对薄弱文化产业、中西部地区文化产业的扶持力度，不断扩大财政拨款及专项补贴的规模，精准使用财政资金，提升资金的使用效率。

政府应注意对文化创意产业的重点项目进行重点扶持，加大对内容创新、科技创新的优质文化产业项目的支持力度，通过直接补贴、对银行贷款进行贴息、对效益较好的项目进行后期鼓励等多种方式，提高文化企业竞争实力和社会影响力，提升我国文化软实力。为了平衡地区间及企业间的文化产业发展情况，应注意加快中西部地区文化资源的开发，加大对农村文化基础设施的修建力度，适度将财政资金向中小企业倾斜，保证政府财政补贴作用的有效发挥。同时，应明确中央和地方的权责划分，根据各地区文化创意产业发展的不同水平，科学合理地确定地方政府投入的资金比例，并让地方政府根据当地实际情况更好地自主服务于文化创意产业建设过程。

（二）加强资金使用监管，建立科学评估机制

政府应不断完善文化创意产业财政资金使用的监督和效率评估机制，建立专门机构监督、多部门联合评审、结果公开和问责等环节全面的制度体系，切实提高财政资金的使用效益。政府应尽量明确规定事前补助资金的使用方向和范围，规范企业行为，有效防止文化企业用政府补助从事其他活动以谋取私利，损害财政资金使用效率。除了事前审核，在政府补助资金使用过程中政府部门也要加强相关的监督与管理工作，及时把控好财政资金的使用关，特别是针对文化专项资金的使用，文化企业必须严格地进行专款专用，规范和严格监管财政资金的使用方向和过程，保证政府补助资金的高效利用。

加强财政资金使用的监督管理，实现事前审核、事中监控、事后检查的管理模式，杜绝集中临时性事后评价的老旧思想。各级政府和相关部门应建立起正确的绩效观，改变以往"重投入、轻考核"的思想，积

极推进文化创意产业的资金使用绩效评估工作。同时要根据文化创意产业的特性，设置科学合理的评价标准和制度体系。此外，要把绩效评估结果与下一阶段的补助分配预算相联系，及时进行政策调整，对于那些规范正确使用政府补助、创新能力强、资金使用效益高、发展前景广阔的文化企业优先考虑，可以促进相关企业提供优质文化产品和服务的积极性，切实提高文化创意产业财政资金的投入产出效益，让财政资金发挥应有的乘数作用；与之相反，对于那些私自挪用财政资金谋取私利，导致盈利能力低下的文化产业公司，则应该适当减少甚至完全取消其政府补助的发放，这种方式可以有效避免企业骗取补助的行为，提高资金的使用效率，以竞争机制使政府补助的使用形成良性循环，促进文化产业公司的积极健康发展。

（三）推动融资机制创新，拓宽资金来源渠道

我国文化创意产业的良好持续发展，除了需要政府支持以外，还需要引导社会资本的投入，形成多元化的资金来源渠道。文化创意产业的初始阶段具有投入高、风险大的特点，因此，在我国文化创意产业的发展起步阶段，公共财政应充分发挥其引导和示范作用，政府在加大财政资金投入的同时，通过政策引导，鼓励社会资本投入到文化创意产业中，充分发挥市场在资源配置中的决定性作用。

可探索设立文化创意产业专项基金，由公共财政作为发起人和主要投资者，平时由专业的基金管理公司进行管理，引导和带动社会资本的投入。专项基金可采取股权直接投资的方式，作为文化创意产业企业的战略投资者，也可以采用建立担保贷款体系等方式，提供间接融资服务。与此同时，政府应建立完善的投融资平台，充分调动社会资本的积极性，增加文化创意产业发展的外部资金来源，如银行、保险等大型金融机构，以及境外资金等，间接改善产业融资环境。这种方式拓宽了文化创意产业的资金来源渠道，通过吸引众多投资者参与到文化创意产业领域中，合理利用市场上的闲置资金，既能有效发挥市场的基础性配置作用，又能改善投融资环境，提高企业融资能力，减少对财政资金的依赖，实现企业自身的良性发展。

（四）完善政府补助信息披露机制

政府应进一步规范文化产业上市公司对政府补贴的披露机制，不仅需要定期披露获得政府补贴的总额，而且还应详细展示政府补贴拨款的来源明细及数额，并及时说明资金用途。资金用途的不明确，无论是出于什么原因，例如企业故意隐瞒补贴资金用途，抑或是政府未明确规定资金使用方式等，都对文化企业长期经营绩效的提升以及整个文化产业的健康持续发展十分不利。

随着信息时代的飞速发展，政府部门可以通过建立网络互动平台，及时发布各种政府补贴资金的申请、拨付及使用、评价的详细信息，方便相关企业和社会公众获取所需资讯，企业可以借助此网络平台与政府部门互动并获取相关服务。此外，政府及时公布最终获得政府补贴的文化企业及项目信息，可以加强政府补贴决策的公平性、公正性，有利于促进文化企业间的良性竞争。

另外，网络平台信息的公开相当于引入广泛的社会监督机制，以此促进补贴项目的公正透明，确保财政资金的使用效果。我国应该充分借鉴英国财政资金的管理方式，为了加强社会公众对于资金使用的参与权和知情权，英国政府注意及时将不涉密的信息公布给社会公众，在加强民众对政府信任的同时，社会公众和媒体也可以帮助监督和及时反馈资金使用过程中出现的问题，有利于补贴政策的进一步调整完善。提高文化产业公司使用政府补贴和最终绩效评价的社会透明度，在提高资金使用效率的同时，还能够在一定程度上减少政府或企业贪污腐败的现象，提升政府公信力。

（五）加大财政投入，积极推进中国文化"走出去"

在经济全球化的大趋势背景下，强势文化和弱势文化的矛盾日益突出。强势文化在国际竞争中居于主导地位，一些国家通过文化产品出口谋取高额利润的同时，也在传播该国的价值观，对别国国民文化观念产生极为深刻的影响，相比之下弱势文化国就处于十分被动的状态。在强势文化的冲击下，越来越多的国民可能会放弃本国文化产品，崇尚外国文化，继而整个社会范围内出现文化效仿的情况，本国传统文化发展传承断裂，文化观念和民族信仰岌岌可危。

面对文化领域日益激烈的竞争,中国政府也应该积极倡导文化"走出去",这自然需要政府的大力扶持,完善文化创意产业相关的财税政策,例如加强一些优秀文化作品的出口补贴,支持文化企业在海外营销、参展、宣传等市场开拓活动,提供解决文化出口企业在海外遇到的语言障碍、制度障碍方面问题的政府服务,以多种方式支持文化企业走出国门。积极拓展中国文化创意产品的国际市场,一方面可以让世界各国人民了解中国的文化,增强中华文化的国际影响力,另一方面,"走出去"是检验中国文化产业实力的有效方式,在与国际文化市场的竞争中,中国文化创意产业可以不断发现自己的问题并提升自己的文化软实力。

第三节 政府采购政策

文化创意产业作为全球新兴产业,各国对于文化创意产业发展的政策支持力度不断加强,财政政策作为公共政策重要组成部分,对于文化创意产业发展至关重要。政府采购政策作为财政政策的政策工具之一,对促进文化创意产业发展有着举足轻重的作用。那么,政府采购的具体方式如何?政府采购政策对于文化创意产业发展的作用机理是怎样的?我国当前在支持文化创意产业发展的政府采购政策有哪些方面?未来我们将如何利用政府采购政策来更好地发展我国文化创意产业,为我国文化创意产业发展营造良好的发展环境?这些都是我们需要思考的问题。

一、政府采购支持文化创意产业发展的模式

我国政府采购制度源于 2003 年《政府采购法》的实施。根据《政府采购法》:政府采购,是指各级国家机关、事业单位和团体组织,使用财政性资金采购依法制定的集中采购目录以内的,或者采购限额标准以上的货物、工程和服务的行为。政府采购制度推动文化创意产业发展主要是从 2015 年提出《关于做好政府向社会力量购买公共文化服务工作的意见》开

始，积极推进政府工作改革，积极促进文化产业发展，将政府采购与文化产业相结合。文化创意产业作为文化产业的融合成分，与此同时，也是政府采购政策支持的重要方面。

政府采购支持文化创意产业发展的方式主要有三种：（1）行政方式，通过出台指导意见和相关政策，在同等条件下优先购买文化创意企业的产品和服务。（2）市场化方式，采用公开招标、邀请招标、询价采购、网络招标等方式，运用财政资金购买文化创意产品和服务。目前我国政府采购一般采取市场化方式进行。（3）鼓励消费，按照一定的方式和程序，支持文化创意产品的购买方，帮助企业开拓市场、发展壮大。比如可考虑采用政府招标的形式，遴选和采购市场上的优秀歌剧、音乐会、表演剧等文化创意产品，并统一设计全国性或地区性的文化消费券，采用一定方式免费发放给市民，引导市民消费高价文化创意产品，同时也为产品市场供给者开拓发展空间。

二、政府采购促进文化创意产业发展的机理

（一）通过政策导向优化资源配置

政府作为采购主体，一方面是作为市场参与者参与市场交换，须遵循市场规则，但同时又是以政府身份运用公共资金通过政府采购实现一定的公共目标，因此，政府采购具有市场性和公共性双重属性。政府采购往往是针对国家需要重点发展的地区、行业或领域甚至某类产品进行的。从宏观层面看，可以通过加大对文化产品或服务的购买力度，引导社会资源流向文化创意产业，促进文化创意产业发展；从微观层面看，通过对文化创意产业相关产业、产业内某类文化产品或服务的政府购买，可以优化文化创意产业结构。如加大对弘扬中华优秀传统和现代先进文化的产品进行采购，有助于引导社会消费健康文化产品，培育良好社会风气，树立核心价值体系。

（二）引入市场机制，保证文化创意产品质量

政府采购的目的是实现政府的政策职能，其资金来源是财政资金，因

此政府采购应该在较好地完成政策功能的条件下尽可能地节约财政资金，提高财政绩效。从操作层面看，文化创意产品领域的政府采购主要是政府通过竞争性的招投标机制购买文化创意产品或服务，满足公众的文化需求。政府采购的市场性，不仅可以打破我国原有文化事业单位对文化产品和服务供给的垄断格局，为文化创意企业提供公平的竞争环境，而且能够通过竞争性方式遴选出最优的文化创意企业，提供优质的文化产品或服务，提高财政资金使用效率。科学、合理的政府采购机制，不仅能够促进各类文化企业参与市场竞争、较好地满足公众文化需求，而且能够节约财政资金，从而促进文化创意产业健康快速发展。

（三）保护本国文化创意产业

我国文化创意产业发展较晚，传统文化创意产业发展缓慢，从整体看尚处于幼稚产业阶段，亟须培育和扶持，与国外文化创意产业发达的国家相比还存在很大差距。而政府采购可以通过对采购企业资格、采购额度、产地等进行规定，达到有效保护本国幼稚产业的目的。在恪守有关规则的前提下，政府加大对自主知识产权产品、自主创新产品、优秀文化产品的购买力度，不仅可以为文化创意产业提供一个较好的生存环境，增强本国文化软实力，而且可以抵御外来文化对本土优秀文化的侵蚀，维护我国文化安全，更好地促进我国文化创意产业的发展。

三、中国现行政府预算与政府采购政策

（一）现行文化创意产业领域政府预算

文化创意产业领域政府预算主要包括两种：一般公共预算中文化体育与传媒支出①和文化企业的国有资本经营预算。2007—2017 年，我国文化创意产业一般公共预算持续增长，但占公共预算总支出比重稍有减少（见图 2-3），说明公共预算对于文化创意产业相关支持力度有些薄弱，更多

---

① 由于文化创意产业不单独列预算，涵盖在文化产业当中，我们用文化产业一般公共预算来分析。

地转向国有资本经营预算。中央文化企业国有资本经营预算主要适用于财政部代表国务院履行出资人职责的已纳入中央资本预算实施范围的中央文化企业。从 2018 年起,扩大至中国电影集团公司等非财政部代表国务院履行出资人的中央文化企业。2011 年开展中央文化企业国有资本经营预算管理工作,截至 2017 年,共下达国有资本经营预算 61.44 亿元,财政投入规模和企业国家资本金翻了一番①,推动了中央文化企业落实深化文化体制改革重点任务的实施,落实组建大型文化企业集团公司、数字化转型升级、文化走出去等国家文化发展任务,但也存在资金使用效率不高、投资结构分散、绩效管理薄弱等不足。

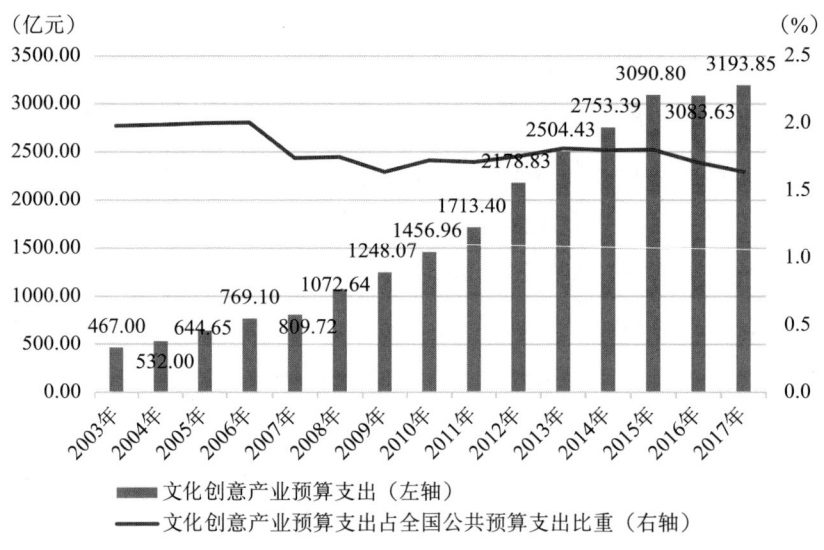

图 2-3 文化创意产业公共预算支出及所占比重

资料来源:Wind 数据库。

(二) 文化创意产品和服务的政府采购政策

1. 政府采购文化创意相关产品和服务范围。按照《国民经济行业分类》(GB/T 4754-2002) 和在该分类标准基础上制定的北京市文化创意产

---

① 财政部文化司(文资办),中宣部文改办. 国有文化企业改革发展报告 [R]. 2017.

业分类，文化创意产业主要包括：①文化艺术；②新闻出版；③广播、电视、电影；④软件、网络及计算机服务；⑤广告会展；⑥艺术品交易；⑦设计服务；⑧旅游、休闲娱乐；⑨其他辅助服务。文化部针对政府部门购买公共文化服务进行了多项具体的政策规定，将各种符合规定的民营企业都纳入采购行列之中，并采取积极鼓励政策。按照本书对文化创意产业定义：文化创意产业是通过创造性的想法把文化转换成更高生产力的行业集群，即原创性强、科技含量高、文化附加值高的行业集群，并结合北京市对文化创意产业分类，从政府采购目录中筛选出政府采购文化创意相关产品和服务的目录，如表2-3所示。

表2-3 政府采购文化创意相关产品和服务目录

编码		品目名称	具体内容
C20 文化、体育娱乐服务	C2001	新闻服务	新闻采访服务，新闻编辑服务，新闻发布服务，其他新闻服务
	C2002	广播、电视、电影和音像服务	广播服务，电视服务，电影服务，音像制作服务，广播电视传输服务
	C2003	文化艺术服务	艺术创作和表演服务，艺术表演场馆服务，图书馆和档案馆服务，文物和文化保护服务，博物馆服务，群众文化活动服务，其他文化艺术服务等
	C2005	娱乐服务	室内娱乐服务，游乐园服务，休闲健身娱乐服务，其他娱乐服务等
C06 会议和展览服务	C0601	会议服务	大型会议服务，一般会议服务
	C0602	展览服务	博览会服务，专业技术产品展览服务，生活消费品展览服务，文化产品展览服务，其他会展服务
C08 商务服务	C0806	广告服务	广告制作服务，广告发布服务，广告代理服务
	C0801	摄影服务	人像摄影服务，广告及有关摄影服务，活动摄影服务，特技摄影服务
	C0814	印刷和出版服务	图书出版服务：书籍出版、课本类书籍出版、其他图书出版服务；报纸出版服务：党报、综合新闻类报纸和其他报纸的出版服务；期刊出版服务：杂志出版服务，以及其他出版服务等

续表

编码		品目名称	具体内容
C02 信息技术服务	C0201	软件开发服务	通用应用软件编制、分析等服务,包括管理软件、信息检索和翻译软件、多媒体软件、网络通信软件、游戏动漫软件、数字出版软件、地理信息系统软件、科学和工程计算软件、其他通用应用软件开发服务
	C0203	数据处理服务	指将图片、文字、视频、音频等信息内容运用信息技术进行加工处理并整合应用的服务,包括数字动漫设计制作、地理信息加工处理等

资料来源:中国政府采购网,www.ccgp.gov.cn/gpsr/pmzs/201407/t20140722_4628816.htm。

2. 政府采购文化创意相关服务的政策环境。在产业的发展过程中,政府作为引导产业发展的最重要因素,适时适当的政策支持是对产业未来发展方向的重要引导。《国家"十三五"时期文化发展规划纲要》提出要加大政府向社会力量购买公共文化服务的力度。中央和地方设立文艺创作专项资金或基金。创新文化产业发展专项资金管理模式,提高资金使用效益。加大文化企业国有资本经营预算投入,补充企业资本金。建立财政文化预算安排与资金绩效评价结果挂钩制度。通过政府购买服务、原创剧目补贴、以奖代补等方式,着力扶持文艺院团发展改革。按照国家"十三五"文化发展规划纲要,文化部印发《文化部"十三五"时期文化产业发展规划》,详细提出要创新政府投入方式,逐步引入市场化运作模式,加大对具有较好市场前景、战略性、先导性的文化产业创新创业项目的支持力度。争取各类财政资金、基金加大对文化产业的支持力度,提高资金使用效益。鼓励文化产业类投资基金发展,综合运用设立基金、阶段参股、风险补助和投资保障等方式吸引社会资本投入文化产业。为发挥政府采购调控经济的作用,文化部通过完善设计,切实推进基本公共文化服务标准化均等化,积极推动出台《关于加快构建现代公共文化服务体系的意见》《关于做好政府向社会力量购买公共文化服务工作的意见》,要求加快推进政府向社会力量购买五大类公共文化服务,也就是对非收益性质的文化产品进行传播和生产,包括其活动的承办、相应的产品的传承与保护工作、相关设施的管理与整体运营等收费服务。

以上颁布的各种政策对规范与引导社会组织行为，明确政府采购对文化创意产业发展具有一定的促进作用。引导社会各组织团体发展文化创意产业，对文化创意产业的发展、种类的创新、效能的提高等方面具有深远的影响，营造了良好的政策环境。

四、促进文化创意产业发展的政府采购政策

（一）扩大文化创意产品和服务的政府采购范围

目前财政支出以财政拨款为主，可以通过扩大政府采购范围从而支持文化创意产业的发展。《政府采购法》规定国务院财政部门应当根据国家的经济和社会发展政策，会同国务院有关部门制定政府采购政策，通过制定采购需求标准、预留采购份额、价格评审优惠、优先采购等措施，实现节约能源、保护环境、扶持不发达地区和少数民族地区、促进中小企业发展等目标。由于我国文化创意产业发展不成熟，因此可以通过政府采购行为来促进产业发展，而不是以财政拨款的形式直接给予企业支持，造成市场环境的扭曲。可以引入市场力量，采取市场生产、政府提供的形式，既能实现政府目标，又可以提高财政资金使用效率。同时政府采购的实施范围应该主要针对影响文化创意产业发展的重要环节、重点区域、重点文化项目或工程、重点文化企业、公共文化服务体系、文化创意产品的创作、文化创意产品的出口等方面进行支持。具体方面可以包括：原创文艺作品：专题性晚会、文化交流类演出等；原创出版物：书、报纸、杂志、电子出版物等；广播影视作品：电影、电视、音频等；动漫游戏作品；创意设计：建筑设计、城市设计、室内设计与环境设计、文化创意产品设计、文化旅游产品设计等。

（二）完善政府文化创意产品采购目录

为有针对性地实施促进文化创意产业发展的政府采购政策，应完善文化创意产品政府采购目录，在采购目录中单独列出需要政府采购支持的文化创意产品、服务或项目目录。各级政府机关、事业单位和团体组织在编制部门预算时，将文化创意产品的需求列出。各级财政部门在审批预算

时，优先考虑和安排文化创意产品采购的预算。采购人在采购文化创意产品时，在能满足实际需求的条件下，原则上要采购本国的文化创意产品。在文化创意产品采购中，要优先采购具有自主创新品牌以及高层次创意和技术的产品，要优先采购具有正外部效应和准公共性的文化创意产品，要优先采购处于核心创意层的文化创意产品。

（三）加强文化创意产业相关服务政府采购的预算管理

从根源上讲，政府采购在经济结构优化上的着力点在于预算编制的科学优化。作为政府采购的首要环节，政府采购预算要做好源头控制，加大政府采购项目预算编制的有效性，加强预算执行的力度，对政府采购文化服务实行全口径预算。政府采购的预算编制是决定下一年采购金额及采购方向的"风向标"，对文化采购实施全口径预算能促使政府部门明确采购任务、规划采购资金，向社会提供更多和更好的服务和产品，使得政府更加务实和高效。

政府要优化预算投入结构，对重点发展文化创意产业给予重点预算支持，引导文化创意产业重点发展方向。提高预算资金的使用效率，制定完备的预算采购计划，并尽量在预算支出内完成采购计划。从而加强形成完整的政府采购流程，并严格按照预算约束完成政府采购计划。采购流程可受社会公众监督。如图2-4所示。

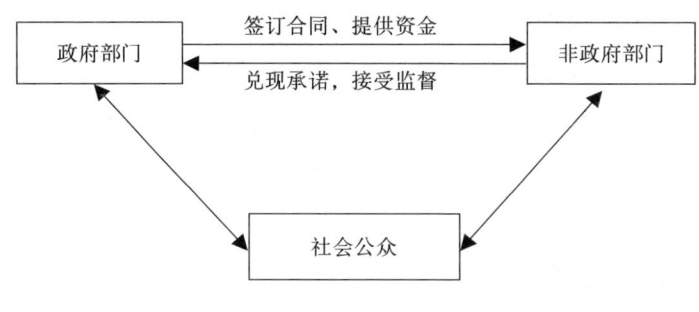

图2-4 政府采购流程图

（四）完善政府采购预算绩效评价体系

政府采购要适应绩效管理，"十九大"报告对财税改革提出了实施全面绩效管理的要求，2018年9月1日，中共中央、国务院下发了《关于全面实施预算绩效管理的意见》，对此，政府采购要有一个指标体系来反映政府采购绩效的实现情况，因此要建立健全政府采购文化产品绩效评价指标体系，指标的确定必须做到全面、公平、有效、科学等，并且要结合政府各自的特点。文化产品及服务的效果很难评估，因此更需要全面的指标来检测政府采购效果。

第四节 政府和社会资本合作（PPP）

文化创意产业的发展离不开政府的政策支持，同时也需要社会资本的参与。有效地吸引和利用社会资本，一直是文化创意产业发达国家解决产业投资不足、提高产业经营效率的重要手段。由于我国的特殊情况和文化创意产业的特殊性，我国民间资本在文化创意产业的投资尚属起步阶段。PPP模式可以有效打破社会资本进入公共服务领域的各种不合理限制，鼓励国有控股企业、民营企业、混合所有制企业等各类型企业积极参与提供公共服务，给予中小企业更多参与机会，拓展社会资本特别是民营资本的发展空间，激发市场主体活力和发展潜力，有利于盘活社会存量资本，形成多元化、可持续的公共服务资金投入渠道，打造新的经济增长点，增强经济增长动力。本节内容将重点分析政府和社会资本在文化创意产业的应用，以及如何更好地将政府和社会资本结合促进文化创意产业的发展。

一、政府和社会资本合作（PPP）基本概念内涵与特征

（一）PPP概念内涵

PPP（Public – Private Partnership）模式，在政府文件中被称为"政府和社会资本合作模式"，最早起源于英国。在该模式下，政府通过特许经营、购买服务、股权合作等方式，与社会资本合作来建设公共服务项目。根据具体操作方式的不同，PPP模式可细分为TOT（转让—运营—移交）、ROT（改建—运营—移交）、BOT（建设—运营—移交）、BOO（建设—拥有—运营）、O&M（委托—运营）等方式。如图2-5所示。

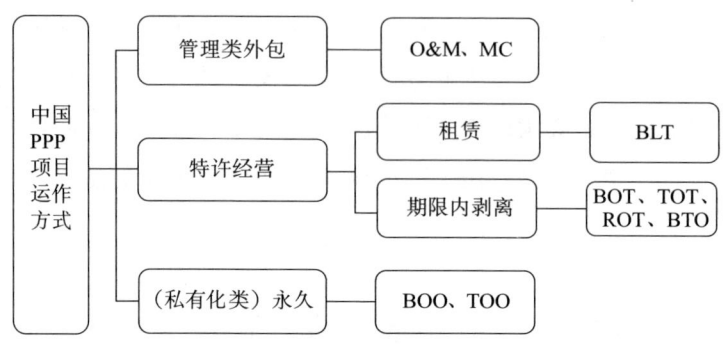

图 2-5　中国 PPP 项目运作方式

（二）文化创意产业 PPP 项目的特征

文化产业具有一定的公共品属性，因此，文化产业项目具有一定的非排他性和非竞争性特点。无法通过市场解决供给问题，而只能由政府提供的这一类公共文化创意产业属于纯公共文化项目，具有很强的非排他性和非竞争性。这类公共文化项目，由于使用者无须付费就可以受益，而投资人却无法获得相应的投资回报，社会资金对于这些公共文化设施的盈利能力信心不足，因此并不适合采用 PPP 模式。但文化创意产业在文化产业的基础上更加突出创意经济和产业经济的特点，利用 PPP 模式发展文化创意产业具有以下特点：

1. 投资的复杂性。文化创意产业推行 PPP 模式之后，便不再是单纯建设文化创意产业或主体项目本身，还包括项目主体之外的各种配套基础设施及相应的各种规章制度，投融资环节更加复杂，投资主体因为涉及政府资本和社会资本而更加多元化，投资回收时间长且具有不确定性。

2. 效率的兼顾性。由于有社会资本的进入，而社会资本的逐利本质使得公共文化创意产业在具有公益性的同时，还需要兼顾经济效益和社会效益，提高文化创意产业项目的运营效率和效益。

3. 公益性与营利性兼顾。文化创意产业推行 PPP 模式，体现了一定的公益性质，但在推行之后，如果项目无利可图，社会资本肯定会退出，项目无法继续运营。为了使得文化创意产业 PPP 模式能够得到很好的推广，必须要保证社会资本获利。要想社会资本获得一定的回报，则文化创意产业项目就必须要以付费的形式运营。

（三）利用政府和社会资本合作（PPP）发挥文化创意产业的优点

1. 推进文化领域供给侧改革，提高文化创意产业供给质量。目前，部分文化创意产业项目存在一些"重建设不重运营、重硬件不重软件、重形式不重内容"等问题，文化创意经济供给与需求存在一定的错配，亟须进行供给侧结构性改革。通过引入具有市场经验的文化创意产业企业参与政府文化产业建设，有利于激发文化创新活力，提高文化创意产品供给质量。

2. 引导社会资本发展文化创意产业，补充文化发展资金。文化创意产业虽与文化产业类似，但不完全相同。一方面，对于具有公共属性的文化产业项目，主要以政府投入为主。文化创意产业在文化产业的基础上增加创意经济的概念，通过引入社会资本合作进行发展，可以激发创新活力。在现阶段我国经济存在一定下行压力的情况下，为降低政府债务风险，缓解政府资金压力，可以通过鼓励社会资本进入文化领域，在带来产业运营经验的同时进一步缓解政府财政压力，补充文化创意产业发展资金。另一方面，文化创意产业具有其自身的产业特点：在产业发展初期，规模小，资金少，传统金融机构获得资金支持的可能性较小，融资的途径和方式有限。通过引入政府和社会资本合作的方式，通过政府与民间资本合作，补充资金，重点引导产业发展。

3. 引入市场竞争机制，促进文化创意产业市场发展。PPP能有效调节政府与市场的关系。政府通过引导，重点支持的文化创意产品和服务，社会资本来提高产品质量和服务。通过政府和社会资本的合作，引入市场竞争机制，一定程度上可以提高文化创意产品和服务的供给质量，一方面，鼓励更多更好的创新产品和创新技术投入到市场中；另一方面，也促使部分劣质产品和服务退出市场，加快市场出清。从而为市场提供更好的文化创意产品和服务，促进文化创意产业的发展。

二、政府和社会资本合作（PPP）在文化创意产业应用现状

（一）政府和社会资本合作（PPP）在文化创意产业应用的政策环境

政府和社会资本合作（PPP）广泛用于公共交通、公用设施及社会公

共服务等领域中。2016年5月，国务院办公厅正式发布《关于在公共服务领域推广政府与社会资本合作模式指导意见的通知》，首次将文化领域纳入PPP模式的推广范围。2017年2月，文化部印发《文化部"十三五"时期文化产业发展规划》，重点提出要进一步拓宽社会资本投资的领域和范围，激发社会投资活力，健全多层次、多元化、多渠道的文化产业投融资体系，积极推广文化领域政府和社会资本合作模式。鼓励社会资本参与文艺院团等国有文化单位转企改制、公共文化设施的建设和运营、非物质文化遗产的保护和利用，参与重大文化项目和设施建设。2018年11月《文化和旅游部、财政部关于在文化领域推广政府和社会资本合作模式的指导意见》，更加深入明确地提出鼓励各类市场主体通过竞争性方式参与文化领域PPP项目，鼓励重点文化项目采用PPP模式，为文化创意产业充分利用政府和社会资本合作这一方式营造了很好的政策软环境。

通过PPP模式，引导社会资本、民间资本进入文化创意领域，增加文化创意产业现有的融资方式，能够解决文化创意项目初期发展资本短缺的难题，增强社会资本的投资意愿和信心，并将文化创意产业发展与市场回报联系在一起，提高文化创意产业的市场化程度。将政府的高信用优势与社会资本管理运行的高效率相结合，能够提高文化创意产业的融资效率和运营效率，有助于文化创意产业发展。

（二）政府和社会资本合作（PPP）在文化创意产业实际应用现状

截至2018年10月31日，全国PPP综合信息平台项目库共有8440个（见图2-6、图2-7），入库项目金额达到75万亿元。其中文化类项目194个，占总项目的2.3%，比例相对较小。在这194个入库文化类项目中，国家级示范项目36个，省级示范项目15个。其中，处于执行阶段的有88个，占比45.36%；处于采购阶段的有66个，占比34.02%；处于准备阶段的有40个，占比20.62%[①]。

---

① 财政部政府和社会资本合作中心项目管理库，www.cpppc.org：8086/pppcentral/map/toPPPMap.do。

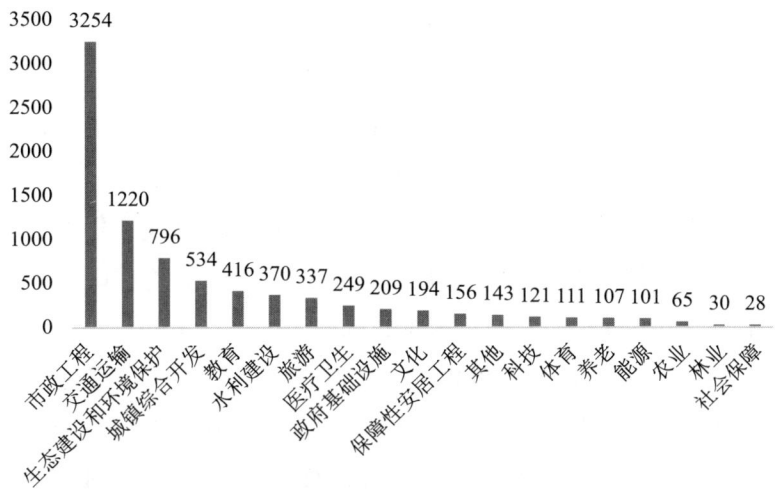

图 2-6　全国 PPP 项目分类及数量

资料来源：政府和社会资本合作中心项目管理库。

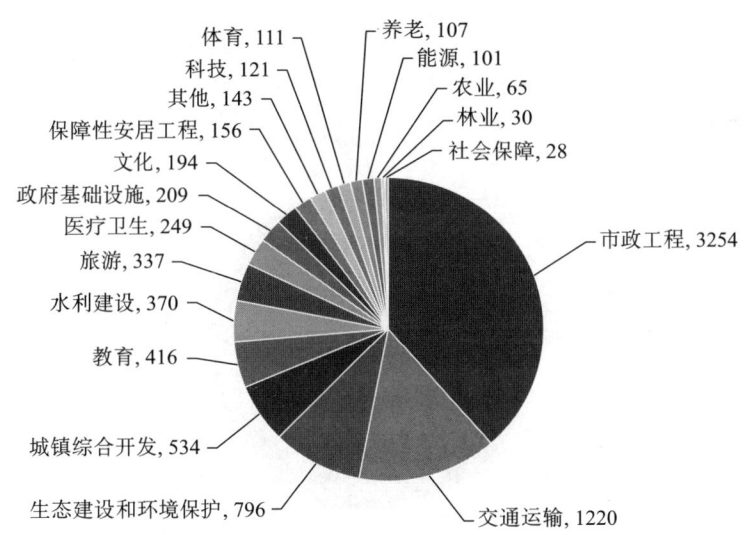

图 2-7　全国 PPP 项目分类及数量

资料来源：政府和社会资本合作中心项目管理库。

从运作方式上来看，文化创意产业 PPP 模式主要有 BOT、BOO、TOT、ROT、TOT+BOT 等方式。在已公开运作方式的 194 个文化类 PPP 项目中，主要采用的是 BOT 模式，BOO、TOT、ROT 等其他模式所占比例较小。其中，有164个项目是采用BOT模式，占比高达84.5%，其中比较典型的项目是2016年唐山世界园艺博览会基础设施及配套项目、福州海峡文化艺术中心项目。其次是TOT模式，该模式的文化类项目有10个，占比为5.2%，具有代表性的项目是山东省烟台市莱州市市民之家项目、遵义市劳动人民工人文化宫（TOT）PPP项目和四川省德阳市文化和体育设施TOT项目。采用TOT+BOT模式的项目有4个，占总项目比例为2.1%，比较典型的项目有福建省三明市将乐县旅游·文博（博物馆）小镇PPP项目；采用ROT方式的文化类PPP项目有3个，占比2%，如平阳县文化中心文化产业PPP项目和桐城市六尺巷片区恢复与修缮PPP项目就是采用这种方式；采用BOO模式的项目有1个，占总项目的0.5%，如江门演艺中心PPP项目；采用O&M方式的文化类PPP项目有1个，占总项目的0.5%，如河北省唐山市唐山大剧院项目。其他方式的文化PPP项目共11个，占总项目的5.7%。如图2-8所示。

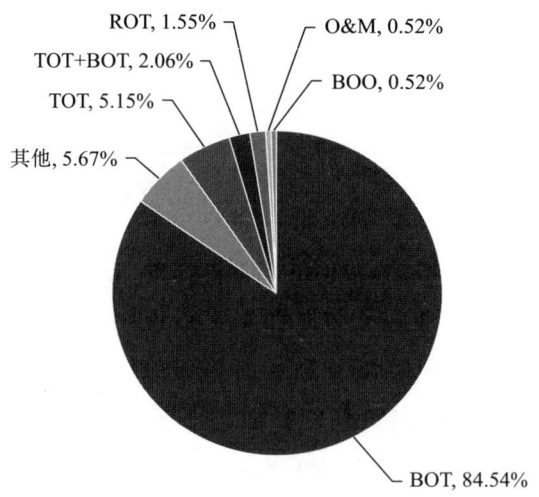

图2-8 文化类PPP项目主要运作方式及分类占比

资料来源：政府和社会资本合作中心项目管理库，www.cpppc.org：8086/pppcentral/map/toPP-PMap.do。

从投资金额来看，文化类PPP项目可以划分为10亿元以上、3亿—10

亿元、1亿—3亿元和1亿元以下四类。在194个文化类PPP项目中，投资金额在3亿—10亿元的项目所占比重最大，共有104个，占比为53.61%，如河北省保定市安国市民文博中心PPP项目投资金额为3.6亿元，吉林省白山市文化体育艺术中心项目总投资为6.5亿元；投资金额在1亿—3亿元的项目共有38个，占比为19.59%，如闵行文化公园美术馆PPP项目投资金额为1.8亿元，浙江省丽水市图书馆新馆建设PPP项目投资金额为2.825亿元；投资金额在10亿元以上的项目有44个，占总项目的比重为22.68%，如唐山世界园艺博览会基础设施及配套项目投资金额为33.63亿元，福建省福州市海峡文化艺术中心项目投资金额为35.33亿元，河北省唐山市唐山大剧院项目投资金额为12亿元，曲阜文化国际慢城项目投资金额为18亿元，河南省洛阳古城保护与整治PPP项目获得85亿元的总投资；投资金额小于1亿元的项目有8个，所占比重为4.12%，如杭州运河文化艺术中心PPP项目投资金额为0.6226亿元，云南省红河州石屏县非物质文化遗产传承馆项目投资0.65亿元。如图2-9所示。

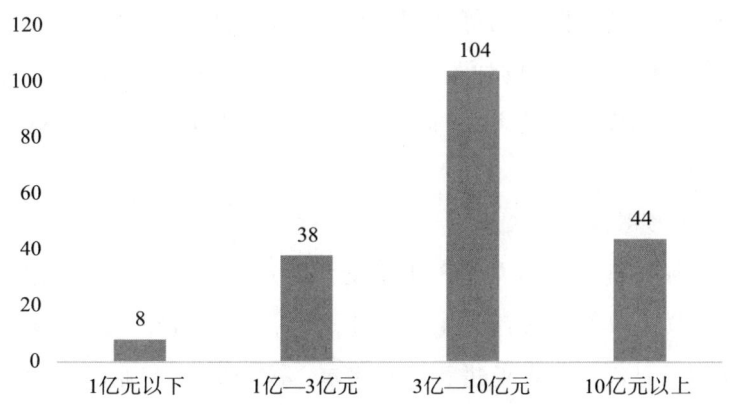

图2-9 文化类PPP项目投资金额分类情况

资料来源：政府和社会资本合作中心项目管理库。

总体来说，当前我国PPP模式还处在探索起步阶段，随着PPP模式在文化产业领域应用的逐渐成熟，政府的高信用优势加上社会资本管理运行的高效率优势可以大大降低民营文化企业的融资成本，提高文化项目的效率，从而促使文化产业取得长足发展，政府和社会资本实现双赢。

三、泰州市文化创意产业综合体项目案例分析

（一）项目概况

泰州市文化创意产业园是泰州市以文化产业为主导的功能新区。2011年2月开始筹建，于2011年8月正式揭牌。规划面积约7500亩，综合体项目总占地面积为33041平方米，总建筑面积共计78100平方米，综合体为入园企业提供办公、展示、会议、体验、项目孵化、商务配套等服务。项目总投资额为5.03亿元，该项目从2013年1月开始实施，项目建设周期为12个月。

（二）投融资模式

泰州市文化创意产业园项目由泰州市鑫海投资有限公司投资建设，泰州鑫海投资有限公司是由泰州市海陵工业园区国有资产运营中心、泰州市海陵工业园区招商投资中心、泰州市海润国有资产经营有限公司和泰州市海润国有资产经营有限公司等共同出资组建的有限公司。项目建设期为1年，计算期10年，主要的建设项目采用BOT（建设—运营—移交）的操作方式。项目总投资额约5.03亿元，自筹资金2.03亿元，融资机构借款3亿元。

（三）实现效果

第一，加快推进泰州文化产业建设，提升泰州软实力。文化创意产业已经被作为文化泰州建设两大主攻产业之一，写入市委三届十次全会工作报告，作为最具潜力的产业进行培育发展。文化创意产业园的建设努力实现"创意产业化、产业创意化"，加快泰州市产业向高端发展。目前，已落实项目20余个，与中广国际、中国电影家协会、央视电影频道等签订战略协议，数字领海、众道影业、中泰文化传播等项目正式签约落户，为园区入驻企业提供良好的服务，为企业提供创意孵化办公、产品展示、人才培训、投资咨询、版权保护等一体化公共服务平台。

第二，满足人们精神文化需求。当前人们对精神文化产品和服务的需

求和消费正进入一个空前旺盛的时期。以创意为内核、休闲娱乐性强、科技含量高、凸显消费个性的文化消费产品或服务成为现代人追逐的目标。泰州文化创意产业园重点发展基于 3D 技术的立体影像产业，打造国内一流的立体影像制作、播出及交易基地，同时带动创意旅游、商业消费，充分满足人们的精神文化需求。

四、政府和社会资本合作（PPP）政策的改进措施

（一）完善文化创意产业 PPP 模式的投资环境和制度，为社会资本参与文化创意产业 PPP 项目投资提供制度保障

一方面，需要加强对文化创意产业 PPP 模式的制度设计，从项目论证、合作伙伴选择、定价、协议规范和签订、风险承担、投资收益、政策补贴等不同层面完善制度，积极营造良好的政策环境，确保文化创意产业 PPP 项目能够按照规范、合理的制度安排来实施和推进，推动文化产业 PPP 模式的可持续发展。另一方面，要完善 PPP 项目的相关公共文化产品和服务的价格调节机制和资金补偿机制，根据项目运营状况动态调整实施价格和资金补偿，确保文化创意产业 PPP 项目的正常运转，同时也为社会资本参与 PPP 项目投资提供坚实的制度和资金保障，更好地吸引社会资本参与文化创意产业 PPP 项目投资。

（二）厘清社会资本参与文化创意产业投资的公益性与营利性之间的关系，找出社会资本投资与收益之间的平衡点

要进一步厘清社会资本参与文化创意产业 PPP 项目投资的公益性与营利性之间的关系，既要考虑到文化创意产业 PPP 项目自身的公益性特点，充分发挥其对丰富人民群众精神和物质文化需求的作用，又要看到社会资本所具有的逐利性特质，在合适的时间周期内要能够满足和确保一定额度的资金回报。如何实现社会资本的公益性与营利性平衡，需要依据项目的投资额度及其投资回报率来综合考量，在两者之间找到合理的投资回报利益平衡点，才能更好地吸引社会资本参与文化创意产业项目。同时，为了实现社会资本投资和收益之间的平衡，吸引社会资本更好地参与文化创意

产业，需要对文化产品和服务进行合理定价，既能体现其公益性质，又能鼓励社会资本更好地投资。

（三）加强社会资本参与文化创意产业 PPP 项目投资的项目论证和评价，选择合适的合作伙伴，提高项目投资质量

一方面，要加强对社会资本参与文化创意产业 PPP 项目的投资论证。为确保项目的投资质量，需要加强对社会资本的资格和能力审核，要进一步分析社会资本参与 PPP 项目投资的财务承受能力，选择具备资格和投资资质的社会资本参与投资，避免无效投资和低水平建设，提高各方资金投资效益，形成良性循环。另一方面，在文化创意产业 PPP 项目投资中，还应依据一定的招标采购程序，对社会资本的投资和参与资格进行具体界定，综合评判合作伙伴的资质和实力，从而选择最优的合作伙伴。同时，还要加强对政府和社会资本合作项目的绩效评价，从运营管理、公共服务状况、资金回报、满意度等层面加强项目绩效评价，确保政府和社会资本合作项目的正常运行和良好效果。

第五节　国外对于文化创意产业的财政支持与实践

一、美国财政支持文化创意产业发展情况

美国是全球最大的文化产品生产国和出口国，其总体竞争力居世界首位，产业整体实力较强。特别是美国的电影产业，年销售额高达 170 亿美元，占全球的 85%。美国在电影、动画、演出、图书、音像等多个文化创意产业领域都占据着全球市场较大份额。美国政府通常不会直接干预文化创意产业的发展，主要通过财政政策、税收政策和金融政策等宏观政策来促进文化创意产业的发展。

（一）直接资助和间接补贴相结合

美国政府非常重视文化创意产业的发展，成立专门的文化创意资助机构，运用政府财政进行直接资助和间接补贴。在支持力度上，据统计，美

国联邦政府及其他协会机构每年向文化创意产业提供约为 20 亿美元的直接资金资助，州、地方政府更为地方文化创意产业每年提供超过 50 亿美元的资金资助。

对于非营利性的文化团体或机构，在从联邦政府取得免税资格后，美国国会每年都会对一些中介机构进行直接拨款，比如联邦艺术暨人文委员会、国家人文基金会等，由这些中介机构进行资金管理，综合调配资金向非营利性文化团体或机构进行扶持。对于营利性的文化企业或机构，政府采用有限拨款的方式进行扶持。一般联邦政府机构提供的扶持资金不高于项目总投资额度的一半，另一半则由营利性文化企业或机构自行解决。这样既可调动文化企业开展文化活动的积极性，又可避免文化企业过度依赖政府部门。

（二）加强对中小企业微观财政扶持力度

据统计，美国大约有 85% 的文化企业属于中小规模，在美国文化创意产业市场极其强调自由主义的市场经济环境下，相当数量的具有发展潜力的中小型文化创意企业很容易被市场淘汰，所以，美国联邦政府特别重视对这类中小规模文化创意企业的扶持。

从财政政策角度来看，一方面，通过政府定向采购方式扶持中小企业发展，在联邦政府或州政府需要购买文化产品或服务时，会在保证具有较高透明度的前提下进行招投标，并给予一定优惠，以保证企业在政府采购过程中获利。另一方面，通过多种方式支持中小企业进行技术创新与研发，比如允许中小企业在纳税时将研发费用剔除，或通过财政直接资助方式支持企业的研发项目。另外，通过低息贷款和财政贴息等方式支持中小企业发展。对于符合相关评审标准的中小文化创意企业，政府可以提供优惠贷款，贷款最高限额为 15 万美元，相对于市场利率来说，其贷款利率非常低。

二、英国财政支持文化创意产业发展的情况

英国是全球第一个提出"创意产业"理念的国家，也是创意产业的发源地。英国的创意产业是英国脱欧后推动经济增长的关键。在 2017 年，文化创意产业是英国经济中增长最快的一部分，对英国的经济贡献在 870 亿英镑增加值。英国对于文化创意产业发展具有较完备的政策支持体系。

（一）"政府陪同资助"政策

英国政府实行"政府陪同资助"的政策，即财政陪同其他社会资本共同对文化创意产业项目或潜力企业进行资助。一般财政陪同资助的比例为 1∶1，而对发展潜力大的企业，财政出资比例可以达到 1∶2。这主要是为了提高企业或个人从事文化创意产业的积极性。

（二）"一臂间隔"政策

英国在文化创意产业发展方面有一个独创的政策，叫作"一臂间隔"（Arm's Length Principle）原则，该原则是指政府、企业之间保持"一臂"的距离，既不可太近又不能太远，有效防止党派政府干预艺术。该项原则自 1945 年英国艺术委员会成立时起采用，一直被沿用至今天，并在实践中不断完善和发展。政府部门只管文化而不办文化，不对文化艺术团体实施行政干预。在政府部门与接受其拨款的文化艺术团体之间，设立了一级非政府性质的中介机构，负责向政府部门提供政策咨询、分配文化拨款、协助政府制定并落实政策等服务，根据不同文化艺术领域的细分，目前英国有 39 个这样的非政府性中介机构。这样职责清晰、适度分权的文化创意产业制度，既有利于政府部门工作的精干和高效，也有利于文化创意产业的繁荣发展。

三、韩国财政支持文化创意产业发展的情况

韩国文化创意产业的发展，与美国、英国等国家相比属于后起之秀，但其发展迅速，成效显著。韩国发展文化创意产业采用政府主导的运作模式，所以韩国政府在宏观调控、优惠政策扶持等方面发挥了积极作用。当前，韩国文化创意产品出口额位居世界前 5 强，成为世界文化创意产业大国。

（一）增加财政支出，多部门协调发展文化创意产业

韩国政府提出了"文化立国"的方针，通过"韩流"的国际化策略，

挖掘和推广韩国本土特色文化。亚洲金融危机后,政府对文化创意产业的财政预算逐年增加。韩国文化创意产业的政府管理体系十分完善,其是以韩国文化体育观光部为核心管理部门,其他各相关部门围绕文化体育观光部的政策指导为文化创意产业提供配套支持。比如韩国产业资源部则为文化创意产业提供资金支持,韩国教育部则为文化创意产业提供人才培养与引进支持,此外还有韩国财务经济部提供财税优惠支持等等,有效形成了"一点带多面""齐抓共管"的系统合力。

(二)设立"文化产业基金",发展多元投融资体系

韩国政府设立了"文化产业基金",综合运用财政、基金、税收优惠、投资联盟、社会资本等多元投融资方式,建立了由政府主导、动员社会资本积极介入的投融资体系。据韩国内容产业(文化产业)振兴院的数据显示,从2010年到2011年这一年时间,振兴院已成功融资的5500亿韩元中,其中民间资金占比超过80%,成为"投资组合"的中坚力量。随着实践的不断发展,这种多元投融资体系成为韩国发展文化创意产业强有力的资金保障。此外,由韩国政府牵头组建投资联盟,每年投资联盟会向韩国游戏产业拨付500亿韩元的投资资金,并为游戏产业企业提供长期低息贷款。

四、国外财政支持文化创意产业发展的经验总结

我国各地政府对文化创意产业的重视程度和支持力度不可谓不大,但与美国、英国、韩国等国家相比,我国文化创意产业的政策支持力度与方式均有很大的进步空间。通过借鉴他国重视并成功发展文化创意产业的实践,可获得有益经验。

(一)财政发挥支持引领作用,营造健康发展软环境

文化创意产业发展初期,多种要素资源集聚,如果只靠企业自发集聚,容易出现部分地区发展产业雷同的现象,并且文化创意企业在产品启动初期,资金需求较大,但自身经济能力和战略布局能力有限,难以解决在发展中遇到的资金与市场布局问题。此时,政府的支持和引导作用可以

发挥关键作用，可以通过政策倾向、政治资源、平台搭建、专项基金、将财政扶持、社会资本与创意企业连接在一起，实现社会资源供需双方有效对接。

在处理政府与文化创意产业市场的角色定位上，各国的角色定位虽然不同，但都是根据各国的国情制定的。比如美国强调社会资本对文化创意产业的引领和带动作用；英国则强调政府的"一臂间隔"，强调发挥行业协会和中介机构的平台搭建作用；韩国则强调由政府主导，利用基金、税收等财政政策拉动文化创意产业发展。就我国的国情来说，为推动文化创意产业实现可持续的健康发展，应强调政府引导、市场主导的角色定位，充分发挥市场在资源配置中的积极作用。既不过度干预，造成市场扭曲，也不能任由市场自由发挥，应该通过财政政策给予一定的政策引导和相关法律法规的规范，为文化创意产业的发展营造健康发展的软环境。

（二）健全的制度体系，发挥保障作用

国外文化创意产业得以实现迅速发展，其中一个保障因素就是建立了健全的法律保障体系，各国十分重视对知识产权保护等法律法规制定，这为激发文化创意产业的创作热情，注入了新的动力，也为创意人才提供了资金保障与保护。同时，各国也在结合文化创意产业各细分行业的发展态势，纷纷制定专项发展规划，这为文化创意企业明确政府对细分产业领域发展定位、发展方向、发展布局提供了战略指导，有利于文化创意企业紧跟市场发展趋势，目标清晰地进行行业布局，实现企业在市场竞争中持续、健康发展。

（三）发挥公共财政乘数效应，撬动社会资本

文化创意产业总体上首先应遵循市场规律，厘清政府与市场的边界。政府的作用主要体现在制定和完善法律和政策两大方面，通过科学立法、规范执法引领文化创意产业发展。不过分干预市场投资主体竞争和产业要素集聚方向。同时，政府也不能缺位，对一些非营利性、具有社会效益的企业、项目、产品等仍需进行必要的政策扶持和资金奖励。各国政府在制定政策时比较重视营造宽松的文化氛围，在全面鼓励支持各类非营利性文

化创意机构发展的同时,注重调动社会资本活力,引导社会资本加大对营利性文化创意机构的投资,以少量的财政扶持撬动成倍的社会资本的投资,这样既可保持文化创意产业与文化公共事业同步发展,又可激活市场活力,保持文化市场有序竞争。

(四)通过财政间接投资,助力文化创意产业发展

各国政府都建立了一些行业协会或非政府组织协助发展文化创意产业,比如作家协会、电影协会、舞台协会等民间性的行业组织。还成立了很多基金会和非政府组织,政府通过扶持这些中介机构和行业组织,间接将财政资金投资于文化创意产业。这些中介机构和行业组织各自进行规范化管理,通过建立各种行业制度和职业道德规范,对所负责的文化创意产业领域进行规范化、科学化的统筹管理,既可避免政府部门对文化创意产业市场的过分干预,又可协助政府做好对文化创意产业市场的宏观调控。

第三章 文化创意产业发展与税收政策

随着我国文化产业的发展逐步上升到国家战略的高度，文化创意产业在文化产业中的重要性不断凸显，能够为经济高质量发展提供更大的支撑作用，因而，政府对于文化产业的扶持力度在不断加大。税收作为政府调节经济的重要工具，也发挥了十分重要的作用。本章在分析税收对文化创意产业影响的机理与现有税收政策梳理基础上，着重从税收政策对文化创意企业的"R&D"投入的促进作用、对文化创意企业"走出去"的促进作用、对文化创意类非营利组织的支持三方面展开论述，最后以文化创意中的代表性产业——动漫产业为例，进一步透视了税收政策在行业企业发展中的作用。

第一节 税收对文化创意产业的影响

一、税收促进文化创意产业发展的作用机理

现代税收可以简单定义为，政府出于提供特定公共产品和服务的需要，通过法律形式对其社会成员规定的强制性的、不付等价物的货币支付。根据现代税收原则理论，国家可以通过税收加强对宏观经济的干预，合理配置资源，实现经济稳定。文化创意产品在一定程度上属于公共产品，能产生正外部性，公共产品的供给及正外部性的补偿均可以通过政府施行恰当的税收政策予以解决。同时，由于文化创意产业所使用的资源均为可循环、可再生的清洁文化资源，使用的知识、技术、文化等极大地减少了对不可再生能源的消耗,并能产生巨大的经济效益和社会效应,具有发展的可持续性,因此,政府可以通过采取税收优惠措施有效助力文化创意产业的发展。

税收政策的制定关系到企业的运营进而影响到其产业的发展。国家实行的税收政策不论是影响范围,抑或是调控力度对于文化创意产业发展而言均具有重大意义。图3-1展示了税收对文化创意企业生产规模和文化创意产品消费需求量的理论影响。

假设文化创意企业存在于完全竞争市场,横轴表示文化创意产品的产量,纵轴表示文化创意产品的价格,S为市场供给曲线,D为市场需求曲线。不同的供给曲线和需求曲线的交点分别为A、B、C,表示市场上文化创意产品不同情况下对应的均衡价格P_1、P_2、P_3和均衡产量Q_1、Q_2、Q_3,在没有实施税收政策的初始市场条件下,供给和需求曲线的市场均衡点由S_1和D_1相交为A点,此时对应的均衡价格是P_1,均衡产量是Q_1。

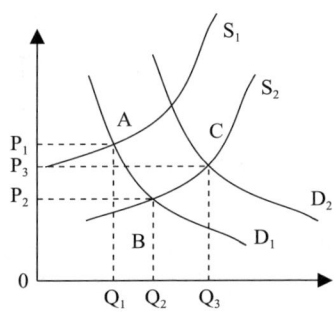

图3-1 文化创意企业税收优惠前后市场均衡状况

(一)供给角度——税收优惠扩大文化创意产品的供给

假设其他条件不变,政府实施文化创意企业的税收优惠政策后,生产者的供给价格将下降,供给曲线由S_1向下移动至S_2,相交于新的均衡点B,对应的均衡价格和产量分别为P_2与Q_2。与实施税收优惠政策前的初始情况相比,实施税收优惠政策后文化企业的销售量增大,获益更多,企业将扩大生产规模,增强竞争力。

（二）需求角度——税收优惠提高文化创意产品的需求

在消费者收入等其他条件不变情况下，政府对文化创意产品实施税收优惠政策，将降低文化创意产品的平均市场价格，进而发生替代效应，影响消费者的偏好与选择，使市场需求曲线 D_1 向右移动至 D_2，相交于新的均衡点 C，消费者对文化产品的需求增加，进而对应新的市场均衡价格 P_3 及新的均衡产量 Q_3，可以看出 $P_2 < P_3 < P_1$，$Q_3 > Q_2 > Q_1$，这表明税收优惠政策有利于刺激消费者的市场需求，增加其用于消费文化产品的可支配收入，并对改善消费结构发挥了重要作用。

对比实施税收优惠政策前后的文化创意产品市场的均衡价格和产量状况，可以看出税收优惠政策有利于扩大文化创意企业生产规模，增加消费者对文化创意产品的消费数量，同时也有利于满足消费者日益丰富的精神文化需求，逐步使我国文化创意企业走向世界，提升在国际上的影响力。

文化创意产业发展过程中涉及多个税种，政府部门可以通过设定优惠税率、扩大所得税前扣除范围或是实施税收返还、财政补贴等手段减轻企业税收负担，结合我国具体产业情况对其发展进行引导。恰当的税收优惠政策能成为文化创意企业成长发展的沃土，如何发挥好税收对促进文化创意产业发展的作用是我们在建设文化强国目标下必须深入思考的问题。

二、现行政策梳理（按税种及行业分类）

文化创意产业是我国在"十三五"期间重点发展的产业之一，它的蓬勃发展代表着一个国家的经济和文化发展水平的提升。大力扶持文化产业的发展，离不开相关政策的支持，而税收政策作为国家进行宏观调控的主要政策性杠杆工具，具有其自身的特殊性，税收政策运用得当，能够扶持和推动我国文化创意产业的快速发展。我国文化创意产业涵盖新闻出版、广播影视、软件网络及计算机服务、文化艺术设计服务等多个行业，政府相关部门对文化创意产业在税率优惠、减免力度和征收方式等方面都做了相关规定。依据国内现行税法，对实行文化创意产业税收政策的具体梳理如下。

（一）流转税

1. 增值税税收优惠政策。我国文化创意产业中涉及增值税一般是新闻出版业、广播电视业、文化创意产品设计服务等的销售行为（见表3-1），针对不同行业和情况，目前适用的税率有13%、9%、6%，相关税收优惠具体措施包括降低税率、即征即退、先征后退等。具体如表3-1所示。

表3-1　　　　中国文化创意产业的增值税税收优惠政策

行业类别	税收政策规定	政策文件
新闻出版业	2017年7月1日起，纳税人销售或者进口图书、报纸、杂志，税率为11%；2018年5月1日起，将税率调整为10%；2019年4月1日起，将税率再次调整为9% 古旧图书以及直接用于科学研究、科学试验和教学的进口仪器、设备免征增值税 自2018年1月1日起至2020年12月31日， （一）对下列出版物在出版环节执行增值税100%先征后退的政策： 1. 中国共产党和各民主党派的各级组织的机关报纸和机关期刊，各级人大、政协、政府、工会、共青团、妇联、残联、科协的机关报纸和机关期刊，新华社的机关报纸和机关期刊，军事部门的机关报纸和机关期刊 2. 专为少年儿童出版发行的报纸和期刊，中小学的学生课本 3. 专为老年人出版发行的报纸和期刊 4. 少数民族文字出版物 5. 盲文图书和盲文期刊 6. 经批准在内蒙古、广西、西藏、宁夏、新疆五个自治区内注册的出版单位出版的出版物 7. 列入本通知附件1的图书、报纸和期刊 （二）对下列出版物在出版环节执行增值税先征后退50%的政策： 1. 各类图书、期刊、音像制品、电子出版物，但本通知第一条第（一）项规定执行增值税100%先征后退的出版物除外 2. 列入本通知附件2的报纸 （三）对下列印刷、制作业务执行增值税100%先征后退的政策： 1. 对少数民族文字出版物的印刷或制作业务 2. 列入本通知附件3的新疆维吾尔自治区印刷企业的印刷业务 自2018年1月1日起至2020年12月31日，免征图书批发、零售环节增值税	《中华人民共和国增值税暂行条例》（2017年修订） 《关于调整增值税税率的通知》（财税〔2018〕32号） 《中华人民共和国增值税暂行条例》 《关于延续宣传文化增值税优惠政策的通知》（财税〔2018〕53号）

续表

行业类别	税收政策规定	政策文件
新闻出版业	党报、党刊将其发行、印刷业务及相应的经营性资产剥离组建的文化企业，自注册之日起所取得的党报、党刊发行收入和印刷收入免征增值税	《关于继续实施文化体制改革中经营性文化事业单位转制为企业若干税收政策的通知》（财税〔2014〕84号）
广播电视业	境内单位和个人向境外单位提供广播影视节目（作品）的制作和发行服务，适用增值税零税率政策	《关于影视等出口服务适用增值税零税率政策的通知》（财税〔2015〕118号）
文化创意设计等	增值税一般纳税人销售其自行开发生产的软件产品，按16%税率征收增值税后，对其增值税实际税负超过3%的部分实行即征即退政策 增值税一般纳税人将进口软件产品进行本地化改造后对外销售，其销售的软件产品可享受增值税即征即退政策 纳税人受托开发软件产品，著作权属于受托方的征收增值税，著作权属于委托方或属于双方共同拥有的不征收增值税；对经过国家版权局注册登记，纳税人在销售时一并转让著作权、所有权的，不征收增值税	《关于软件产品增值税政策的通知》（财税〔2011〕100号）
	增值税一般纳税人随同计算机网络、计算机硬件和机器设备等一并销售其自行开发生产的嵌入式软件，如果能够分别核算嵌入式软件与计算机硬件、机器设备等的销售额，可以享受软件产品增值税优惠政策	《关于嵌入式软件增值税政策的通知》（财税〔2008〕92号）
	自2018年5月1日至2020年12月31日，对动漫企业增值税一般纳税人销售其自主开发生产的动漫软件，按照16%的税率征收增值税后，对其增值税实际税负超过3%的部分，实行即征即退政策 动漫软件出口免征增值税	《关于延续动漫产业增值税政策的通知》（财税〔2018〕38号）
	自2018年1月1日起至2020年12月31日，对科普单位的门票收入，以及县级及以上党政部门和科协开展科普活动的门票收入免征增值税	《关于延续宣传文化增值税优惠政策的通知》（财税〔2018〕53号）

2. "营改增"后税收优惠政策。文化创意产业属于第三产业,《财政部 国家税务总局关于在全国开展交通运输业和部分现代服务业营业税改征增值税试点税收政策的通知》(财税〔2013〕37号)规定,自2013年8月1日起,文化创意服务营业税改征增值税。"营改增"后的税收优惠政策如表3-2所示。

表3-2 "营改增"后文化创意产业的税收优惠政策

行业类别	税收政策规定	政策文件
广播影视服务	境内的单位和个人销售在境外提供的广播影视节目(作品)的播映服务、文化体育服务、教育医疗服务、旅游服务免征增值税	《关于全面推开营业税改征增值税试点的通知》(财税〔2016〕36号)
文化艺术服务	电影放映服务、仓储服务、装卸搬运服务、收派服务和文化体育服务可以选择适用简易计税方法计算增值税	《关于全面推开营业税改征增值税试点的通知》(财税〔2016〕36号)
	纪念馆、博物馆、文化馆、文物保护单位管理机构、美术馆、展览馆、书画院、图书馆在自己的场所提供文化体育服务取得的第一道门票收入以及寺院、宫观、清真寺和教堂举办文化、宗教活动的门票收入免征增值税	
文化服务	托儿所、幼儿园提供的保育和教育服务、从事学历教育的学校提供的教育服务以及学生勤工俭学提供的服务免征增值税	
	个人转让著作权免征增值税	
	自2013年8月1日起,在全国范围内开展交通运输业和部分现代服务业"营改增"试点,文化创意服务适用增值税税率为6%	
	向境外单位提供的完全在境外消费的知识产权服务、专业技术服务适用增值税零税率	
创意服务	经认定的动漫企业为开发动漫产品提供的动漫脚本编撰、形象设计、背景设计、动画设计、分镜、动画制作、摄制、描线、上色、画面合成、配音、配乐、音效合成、剪辑、字幕制作、压缩转码(面向网络动漫、手机动漫格式适配)服务,以及在境内转让动漫版权(包括动漫品牌、形象或者内容的授权及再授权),可以选择适用简易计税方法计算增值税	

（二）所得税

1. 企业所得税。文化创意产业涉及企业所得税的税收优惠政策主要在文化创意企业生产研发活动、文化事业单位的捐赠行为等。如表 3-3 所示。

表 3-3　中国文化创意产业的企业所得税政策

类别	税收政策规定	政策文件
企业经营	一个纳税年度内，居民企业（包括文化创意企业）技术转让所得不超过 500 万元的部分，免征企业所得税；超过 500 万元的部分，减半征收企业所得税	《关于居民企业技术转让有关企业所得税政策问题的通知》（财税〔2010〕111 号）
	对符合条件的非营利文化产业组织的收入免征企业所得税	《中华人民共和国企业所得税法》
文化企业改制	从 2014 年 1 月 1 日至 2018 年 12 月 31 日，经营性文化事业单位转制为企业，自转制注册之日起免征企业所得税	《关于继续实施文化体制改革中经营性文化事业单位转制为企业若干税收政策的通知》（财税〔2014〕84 号）
	转制为企业的出版、发行单位处置库存呆滞出版物形成的损失，允许按照税收法律法规的规定在企业所得税前扣除	
软件企业	符合条件的软件企业按照《财政部　国家税务总局关于软件产品增值税政策的通知》（财税〔2011〕100 号）规定取得的即征即退增值税款，由企业专项用于软件产品研发和扩大再生产并单独进行核算，可以作为不征税收入，在计算应纳税所得额时从收入总额中减除	《关于进一步鼓励软件产业和集成电路产业发展企业所得税政策的通知》（财税〔2012〕27 号）
	我国境内新办的集成电路设计企业和符合条件的软件企业，经认定后，在 2017 年 12 月 31 日前自获利年度起计算优惠期，第一年至第二年免征企业所得税，第三年至第五年按照 25% 的法定税率减半征收企业所得税，并享受至期满为止	
	国家规划布局内的重点软件生产企业，如当年未享受免税优惠的，减按 10% 的税率征收企业所得税	
	企业外购的软件，凡符合固定资产或无形资产确认条件的，可以按照固定资产或无形资产进行核算，其折旧或摊销年限可以适当缩短，最短可为 2 年（含）	
	集成电路设计企业视同软件企业，享受上述软件企业的有关企业所得税政策。集成电路线宽小于 0.8 微米（含）的集成电路生产企业，经认定后，在 2017 年 12	

续表

类别	税收政策规定	政策文件
软件企业	月31日前自获利年度起计算优惠期,第一年至第二年免征企业所得税,第三年至第五年按照25%的法定税率减半征收企业所得税,并享受至期满为止。集成电路线宽小于0.25微米或投资额超过80亿元的集成电路生产企业,经认定后,减按15%的税率征收企业所得税,其中,经营期在15年以上的,在2017年12月31日前自获利年度起计算优惠期,第一年至第五年免征企业所得税,第六年至第十年按照25%的法定税率减半征收企业所得税,并享受至期满为止	
动漫企业	经认定的动漫企业自主开发、生产动漫产品,可申请享受国家现行鼓励软件产业发展的所得税优惠政策 对经认定的动漫企业自主研发、生产动漫产品和境内新办企业实行自获利年度起享受企业所得税"两免三减半""五免五减半"优惠政策	《关于扶持动漫产业发展有关税收政策问题的通知》(财税〔2009〕65号) 《关于印发进一步鼓励软件产业和集成电路产业发展若干政策的通知》(国发〔2011〕4号)
广播电视企业	广播电视事业单位取得的财政拨款、事业单位从主管部门和上级单位取得的用于事业发展的专项补助收入、社会各界的捐赠收入、国务院明确批准的其他项目的收入不征或暂免征企业所得税 自2016年1月1日至2017年12月31日期间,中央电视台的广告费和有线电视费收入继续作为企业所得税免税收入,免予征收企业所得税	《关于广播电视事业单位征收企业所得税若干问题的通知》(国税发〔2001〕15号) 《关于中央电视台广告费和有线电视费收入企业所得税政策问题的通知》(财税〔2016〕80号)
文化高新科技企业	对经认定的技术先进型服务企业,减按15%的税率征收企业所得税。在研发过程中发生的相关研发费用,可按规定在税前加计扣除 对经认定的技术先进型服务企业,其发生的职工教育经费按不超过企业工资总额8%的比例据实在企业所得税税前扣除;超过部分,准予在以后纳税年度结转扣除 从事数字广播影视、数据库、电子出版等研发、生产、传播的文化单位,凡符合国家关于高新技术企业税收优惠政策规定的,可享受相应税收优惠政策	《中华人民共和国企业所得税法》、《关于完善技术先进型服务企业有关企业所得税政策问题的通知》(财税〔2014〕59号) 《关于印发文化体制改革试点中支持文化产业发展和经营性文化事业单位转制为企业的两个规定的通知》(国办发〔2003〕105号)

2. 个人所得税。文化创意产业个人所得税的税收政策集中体现在个人对文化创意产业的捐赠、奖励和文化艺术品交易所得方面。如表 3-4 所示。

表 3-4　　　　　中国文化创意产业的个人所得税政策

类别	具体内容	政策文件
奖励	省级人民政府、国务院部委和中国人民解放军军以上单位，以及外国组织、国际组织颁发的科学、教育、技术、文化、卫生、体育、环境保护等方面的奖金，免纳个人所得税	《中华人民共和国个人所得税法》
	对个人通过十家基金会用于公益救济性捐赠，个人在申报应纳税所得额30%以内的部分，准予在计算缴纳个人所得税税前扣除	《关于中国金融教育发展基金会等十家单位公益救济性捐赠所得税前扣除问题的通知》（财税〔2006〕73号）
捐赠	对个人通过非营利性的社会团体和国家机关对公益性青少年活动场所（其中包括新建）的捐赠，在缴纳个人所得税前准予全额扣除	《关于对青少年活动场所、电子游戏厅有关所得税和营业税政策问题的通知》（财税〔2000〕21号）
文化艺术品交易	个人拍卖财产取得收入，纳税人如不能提供合法、完整、准确的财产原值凭证，不能正确计算财产原值的，按转让收入额的3%征收率计算缴纳个人所得税；拍卖品为经文物部门认定是海外回流文物的，按转让收入额的2%征收率计算缴纳个人所得税	《关于加强和规范个人取得拍卖收入征收个人所得税有关问题的通知》（国税发〔2007〕38号）

（三）其他税种

文化创意产业所涉及的其他税种优惠政策主要是进口环节的相关税收政策和地方性税收政策。如表 3-5 所示。

表 3 – 5　　　　　　　　中国文化创意产业的其他税种

税种	具体内容	政策文件
进口环节增值税和关税	自 2016 年 1 月 1 日至 2020 年 12 月 31 日，对公众开放的科技馆、自然博物馆、天文馆（站、台）和气象台（站）、地震台（站）、高校和科研机构对外开放的科普基地，从境外购买自用科普影视作品播映权而进口的拷贝、工作带，免征进口关税，不征进口环节增值税；对上述科普单位以其他形式进口的自用影视作品，免征进口关税和进口环节增值税	《关于鼓励科普事业发展进口税收政策的通知》（财关税〔2016〕6 号）
	自 2010 年 7 月 15 日起，对承担《国家中长期科学和技术发展规划纲要（2010—2020 年）》中科技重大专项项目（课题）的企业和大专院校、科研院所等事业单位使用中央财政拨款、地方财政资金、单位自筹资金以及其他渠道获得的资金进口项目（课题）所需国内不能生产的关键设备、零部件、原材料，免征进口关税和进口环节增值税	《关于科技重大专项进口税收政策的通知》（财关税〔2010〕28 号）
	自 2016 年 1 月 1 日至 2020 年 12 月 31 日，经国务院有关部门认定的动漫企业自主开发、生产动漫直接产品，确需进口的商品可享受免征进口关税及进口环节增值税的政策	《关于动漫企业进口动漫开发生产用品税收政策的通知》（财关税〔2016〕36 号）
	对软件企业和集成电路设计企业需要临时进口的自用设备（包括开发测试设备、软硬件环境、样机及部件、元器件等），经地市级商务主管部门确认，可以向海关申请按暂时进境货物监管，其进口税收按照现行法规执行	《关于印发进一步鼓励软件产业和集成电路产业发展若干政策的通知》（国发〔2011〕4 号）
	由财政部门拨付事业经费的文化单位转制为企业，自转制注册之日起对其自用房产免征房产税。执行期限为 2014 年 1 月 1 日至 2018 年 12 月 31 日	《关于继续实施文化体制改革中经营性文化事业单位转制为企业若干税收政策的通知》（财税〔2014〕84 号）
房产税、城镇土地使用税	国家机关、人民团体、军队自用的房产，由国家财政部门拨付事业经费的单位自用的房产，宗教寺庙、公园、名胜古迹自用的房产免纳房产税	《中华人民共和国房产税暂行条例》
	国家机关、人民团体、军队自用的土地，由国家财政部门拨付事业经费的单位自用的土地，宗教寺庙、公园、名胜古迹自用的土地免缴土地使用税	《中华人民共和国城镇土地使用税暂行条例》

从以上政策梳理我们可以看到，目前我国对文化创意产业实施了一定的税收优惠。但由于文化创意产业投入高、开发周期长等特点，部分文化创意企业利润空间较小，现行的税收优惠政策不能发挥足够的作用。这与我国目前的税收政策在体系机制、执行灵活性等方面有密切联系，仍存在许多待完善之处，以便充分发挥税收对文化创意产业的引导与激励作用。

第二节 以税收政策促进文化创意产业"R&D"投入

一、科技创新推动文化产业发展

当今世界，经济全球化进程不断加快，科学技术迅猛发展，文化创意产业已成为当今知识经济的重要组成部分，在世界经济增长中发挥着极其重要的作用。科技已交融渗透到文化创意产品的设计、生产、传播、消费的各个层面和关键环节，成为文化创意产业发展的核心支撑和重要引擎。目前，全世界科技与文化融合态势已经凸显，主要由数字技术和网络信息技术掀起的高科技浪潮在改造提升传统文化产业的同时，催生出一大批新的文化形态和文化业态。我国要借助这新一轮改革浪潮的契机，着力依靠科技创新支撑我国文化产业和文化事业发展，提升科技进步对文化创意产品的创作力、感染力，文化的表现力、传播力的影响，发挥科技对于文化创意产业的重要支撑和推动作用。

（一）科技创新与文化产业的关系

对文化产业尤其是文化创意产业而言，融合高新技术已经成为产业得以持续发展的必然选择。尤其一些高端的具有极大发展潜力的文化产业，其实是由科技直接推动的，例如数字文化等，这些新兴业态已经逐渐成为文化创意产业的重要组成部分，也代表着文化创意产业的核心竞争力，而恰恰是科技为这类产业的兴起提供了原动力。

反过来，如果科技创新没有承载文化的内容，不管生产出的产品多么完美也只能是机械的无精神价值的"躯壳"，难以唤起消费者灵魂层面的共鸣,达不到精神层面的满足感。以苹果系列电子产品为例,其最成功的地方就在于它为自己的产品注入了一种特殊的文化内涵,使其产品能够成为一种象征。如果没有带给消费者这种文化体验,"苹果"包含的也只不过是普通的一部手机、一台电脑而已。

因此,文化产业与科技创新好似一个硬币的两面,相辅相成。科技是硬实力,文化是软实力;科技创新优化产品价值功能,文化内涵提升产品附加值;科技创新要好,文化产品要美。文化与科技融合的力量不可小觑,文化创意与科技创新是跨行业、跨领域产品创新的两大动力,犹如一体两翼,跨界腾飞。

(二) 文化创意产业对科技创新的诉求

我国目前正处在经济结构优化和增长动能转换的关键时期,科技创新和文化创意则是发展的新动能源泉。伴随着物质生活水平的不断提升,人们的精神文化需求也呈现出多样化、多层次、多方面的新特点,迫切需要文化创意产品在内容、形式、传播手段以及服务模式等方面不断创新。只有加速科技创新在文化产业中的运用和转化,生产出更富表现力和吸引力的文化产品,提供更加优质的文化服务,才能更好地满足人民群众精神文化需求,提升文化产业的核心竞争力。

现代文化创意产业是一种知识密集、信息密集、技术密集的新兴产业,这种产业的"自生能力"来自文化与科技高度自觉的融合所开辟的"商业模式"。现代文化创意产业可理解为"文化的创意产业化",这就是要把自在的文化元素转变为在生产和传播方面拥有集约效应的文化产品。在这个方面,科技创新是核心因素,它是保证在不可避免的"机械复制"或同型批量生产社会化大生产过程中,不降格甚至还能增益文化属性与品质的关键,其中,文化创意产业对科技创新的诉求体现在以下方面:(1) 加强文化创意企业科技创新能力的水准建设和文化企业创意平台建设。不仅要鼓励发掘创意,还要不断形成"跨界创意"和"集成创新",打破文化理念生成的人为或科层制界限,据此不断优化产业结构,实现文化产业从"速度"向"效益"和"质量"的转变,使创意成为一个突出的生产要素，培育自生能力，突破经济增长的各种外在约束的瓶颈。（2）以文化产业技术创新体系建构作为现代文化产业发展的持久支撑。文化消费不同于具有迫切性和易满足性、缺乏弹性的一般"硬消费"，它是一种相对非必需的富有弹性的"软消费"。中国的文化消费虽然来势汹涌，但文化消费市场、环境以及习惯都才刚刚起步，尚需一个理性的探索和培育阶段，科技创新是帮助文化创意产业通过这个阶段至关重要的因素。（3）现代文化创意产业的发展离不开专业人才的培养和储备，其要求从业人员既有技术能力储备及创新性思维，也有对文化产品消费市场的敏锐判断力。

二、以税收政策支持科技创新

科技创新活动的投资规模大，周期长，特别是在研发活动的早期，需要大量的资金及人力资本投入，科技创新活动既有的风险性和不确定性既是其本身最大的特征，也是制约企业对科技创新投入的主要因素，税收激励机制通过一些税收优惠政策可以在一定范围内降低企业的研发风险，从而激发企业的科技创新热情。

科技创新是生产力的源泉，是产业不断向前发展的动力保障，近十年来为促进科技创新，我国政府从各方面给予了大力支持，税收作为国家宏观调控的有力工具，其针对科技创新的优惠政策涵盖了大多数税种，优惠方式包括直接优惠和间接优惠，优惠政策集中体现在所得税上，包括企业所得税和个人所得税。例如，为促进个人科技成果的转换，针对个人所得税也出台了较多股权激励、分期纳税等优惠措施。表3-6分税种总结了近十年来财政部、国家税务总局为鼓励科技研发出台的一系列税收优惠政策。

表 3-6　　中国支持科技研发的相关税收优惠政策

优惠税种	优惠事项
企业所得税	1. 国家需要重点扶持的高新技术企业，减按 15% 的税率征收企业所得税 2. 高新技术企业发生的职工教育经费按不超过工资薪金总额 8% 计算扣除 3. 企业为开发新技术、新产品、新工艺发生的研究开发费用，未形成无形资产计入当期损益的，在按照规定据实扣除的基础上，按照研究开发费用的 50% 加计扣除；形成无形资产的，按照无形资产成本 150% 摊销 4. 一个纳税年度内，居民企业技术转让所得不超过 500 万元的部分，免征企业所得税；超过 500 万元的部分，减半征收企业所得税 5. 以技术成果投资入股的企业或个人，投资入股当期可暂不纳税，允许递延至转让股权时，按股权转让收入减去技术成果原值和合理税费后的差额计算缴纳所得税 6. 高新技术企业亏损结转年限延长至 10 年 7. 依法成立且符合条件的集成电路设计企业和软件企业，在 2018 年 12 月 31 日前自获利年度起计算优惠期，企业所得税享受"两免三减半"政策
增值税	1. 纳税人提供技术转让、技术开发和与之相关的技术咨询、技术服务免征增值税 2. 自 2016 年 5 月 1 日起，对科技企业孵化器（含众创空间）、国家大学科技服务园向孵化企业出租场地、房屋以及提供孵化服务的收入，免征增值税
个人所得税	1. 高新技术企业转化科技成果，给予本企业相关技术人员的股权奖励，个人一次缴纳税款有困难的，可根据实际情况自行制定分期缴税计划，在不超过 5 个公历年度内（含）分期缴纳 2. 中小高新技术企业以未分配利润、盈余公积、资本公积向个人股东转增股本时，个人股东一次缴纳个人所得税确有困难的，可根据实际情况自行制定分期缴税计划，在不超过 5 个公历年度内（含）分期缴纳
房产税	自 2016 年 5 月 1 日起，对科技企业孵化器（含众创空间）、国家大学科技服务园向孵化企业出租场地、房屋以及提供孵化服务的收入，免征房产税
城镇土地使用税	自 2016 年 5 月 1 日起，对科技企业孵化器（含众创空间）、国家大学科技服务园向孵化企业出租场地、房屋以及提供孵化服务的收入，免征城镇土地使用税

资料来源：根据国家税务局网站整理，http：//www.chinatax.gov.cn/。

三、现行支持文化创意企业科技研发创新的税收优惠政策评价

我国现行支持企业研发创新的税收优惠政策种类繁多，但从整体上来看，这些政策尚未发挥出以税收促进产业创新的理想效果，仍存在值得改进的地方，下面以大部分研发创新税收优惠政策为分析对象，结合文化创意产业的发展规律，提出几点思考。

（一）支持文化创意企业科技创新的税收政策缺乏系统性

从文化创意产业的发展路径来看，文化创意产品形成初期需要高度的创新投入，而目前针对文化创意企业的研发创新的税收政策非常少，仅有的政策也分散在企业所得税、增值税等税种之间，尚未形成完整的政策体系，政策引导力度尚未有效发挥。主要原因是我国现有的支持科技创新的税收政策较为零散，没有统一的税收法律法规或文件对科技创新的税收政策作出明确的规定，政策不系统、不完善亦缺乏规范性，法律效力较低。一方面，各相关的税收优惠政策没有形成合力；另一方面，大多数政策规定了施行时限，一般为3—5年，缺乏稳定性，会导致企业产生观望心态；此外，个别税收政策激励目标针对性不强，例如优惠对象为高新技术企业而没有明确具体的科技研发项目，容易导致企业滥用税收优惠政策或为了达到高新技术企业的认定条件而进行寻租行为，不仅导致企业研发成本增加，也不利于税收优惠政策的预期效果的实现，达不到促进企业加大科技研发创新的目的。

（二）对科技创新的前期税收激励不足

科技创新活动具有高风险性、高投入性以及周期长的特点，而且具有一定的外部性，使得科技创新成果具备一定的准公共品特征，为了弥补市场失灵，补贴科技创新成果的正外部性，实施研发前期的税收激励已成为各国支持科技创新发展的必要选择。就我国支持科技创新的税收政策实施情况来看，侧重于前期激励的政策较少且政策支持力度较轻。总体上来说，我国的科技税收优惠侧重于自主创新成功的企业，给予其终端环节的奖励，而对于技术创新最艰难、最需要资金支持的初始阶段支持力度却较

小，对于当前技术创新最为艰难的研发起步阶段，特别是技术开发研究、科技企业孵化器等重要环节缺乏有力的税收支持，相关的优惠政策难以达到"雪中送炭"的效果。

（三）税收优惠政策欠缺行业多样性

现行支持科技创新的税收政策大多集中在电子科技行业，对软件研发方面支持力度较大，但创新应当不区分行业，任何一个行业要想取得长远发展，必须不断创新，所有有利于资源节约、社会发展的科技创新都应当被支持。电子信息业属于新兴科技产业，产品更新换代快，属于技术密集型行业；重工业是国民经济的命脉，具有一定的资源垄断优势，属于资金密集型行业。因此，电子信息业和重工业理应受到较多的税收优惠政策支持。而除了这两大产业类型，轻工业和服务业由于科技含量较低，一般难以享受到充分的税收优惠政策支持，但随着市场竞争的日趋激烈以及互联网科技产品的更新换代，轻工业和服务业也越来越重视产业科技创新，也唯有重视创新才有利于产业长远发展。尤其就文化创意产业来说，创新创意是其灵魂，没有推陈出新的创意，产品就没有卖点，产业就没有营利性，故税收政策应当适当给予轻工业和服务业以及重点扶持的文化创意产业以创新方面的优惠支持，从而激励其投入更多的人力财力从事创新活动。

（四）支持科技创新的流转税政策优惠力度不够

我国执行的是以所得税和流转税并重的税制体系，但在实际执行中，所得税的收入比重要低于流转税，而支持企业科技研发创新的税收优惠政策大多以企业所得税为主，涉及增值税的税收优惠政策的数量和种类远不及企业所得税。从税收优惠环节来看，所得税以利润总额为计税基础，属于事后优惠，并不能在企业研发活动进行过程中给予资金扶持，更多的可以理解为一种政府奖励行为；增值税是流转税，涉及产业增值的多个环节，其优惠可以看作是事中优惠，更有助于缓解企业在研发创新过程中面临的资金短缺问题。科技研发创新需要大量的资金投入，具有较高的风险性，如果只关注研发的结果而不注重过程，会导致资金不充足的企业在研发初始阶段投入过多自有资金或负担较高的融资成本，这样会制约企业的创新动力，而且对于初创期的企业，因暂时没有研发成果无法获利、享受不到优惠时，会减弱创新热情。

（五）文化创意产业从间接优惠的税收政策中获益效果不明显

现行支持科技研发创新的税收政策优惠方式包括直接优惠和间接优惠，直接优惠包括在税率、税基等方面的直接减免，间接优惠则通过加速折旧、准备金制度、税收抵免、盈亏相抵和延期纳税等方式。就目前政策推行的情况来看，以固定资产加速折旧为主要措施的间接优惠政策效果不是特别明显。固定资产加速折旧优惠政策的优惠体现为时间性差异，实际效果相当于给了企业一笔无息贷款，且前期折旧幅度越大，这笔无息贷款的数额越大。现行财务政策允许"税会差异"的存在，有业绩考核要求的企业在享受税收优惠政策时，往往采取税收和会计处理不一致的记账方法，长期如此会形成多年的税会差异，一旦出现错误便会造成涉税风险。再者，对于享受定期减免税的企业来说，加速折旧期如果与税收政策优惠期重合，则会造成免税期应纳税所得额减少，而正常纳税期间税负增加。

此外，就文化创意企业而言，由于其产业特性，购入的可加速折旧的固定资产一般情况下要远少于科技企业，所以能享受到的间接税收优惠政策也非常有限。

（六）支持文化创意产业创新研发的个人税收激励不足

文化创意产业创新发展的要旨在于创意性的想法，而想法来源于富有创造性的人才，我国目前尚没有专门鼓励创造性人才进行创意创新的税收优惠政策，对文化创意产业从业人员也没有额外的个人所得税优惠制度，对于支持创新成果转化、推广等方面税收优惠力度并不大，而且在投融资、股权激励、利润分配等个人参与的重要环节，目前均实行较高的个人所得税税率，导致我国个人的创业所得、从所投资新办企业分得的股息红利所得、股权激励所得、转增股本等方面均面临较高的税收负担，不利于激发个人参与创新创意的积极性。同时，目前我国对于企业给予创新人才的一般奖励性资金是不能适用个人所得税优惠税率的，只有省级以上科技部门给予的奖金才有资格享受个人所得税减免优惠，这些优惠政策的缺失都不利于激发文化创意企业从业人员参与创新活动的积极性。

四、促进产业科技研发创新的税收政策建议

我国的文化创意产业在经过了"十二五"时期的迅速发展之后，"十三五"时期将迎来全面升级的新阶段，而在这一过程中科技创新的独特作用优势不容忽视。我国文化创意产业快速发展带来的巨大利润空间，已经吸引了相当多科技型企业投身文化生产，在文化创意产品生产、相关生产设备制造等领域取得了可喜成果。但总体而言，传统的文化和科技融合表现为文化产业被动接受科技融入。从全球文化创意产业竞争格局来看，我国文化科技创新发展仍相对滞后。从税收优惠政策的角度来探究，针对我国文化创意企业发展的科技研发的税收政策在系统性、针对性、优惠环节、优惠方式、激励力度和操作性等方面还存在一定的问题，本章提出相应改进建议，期望针对文创产业的科技税收政策能够更好发挥刺激产业发展的杠杆作用。

（一）完善文化创意产业科技创新税收法律体系

我国现有的关于文化创意产业的税收优惠政策的颁布主要是以暂行条例、通知等形式，且政出多门，缺乏全面、系统的法律法规，缺乏总体规划，立法层次较低。相关的税收政策零星散布在企业高科技、软件、动漫等领域，而且主要涉及的税种是增值税和企业所得税。针对此问题，首先，应该将有关文化创意产业科技创新税收优惠政策方面的规定汇总归纳，尽快制定出一部专业化的《文化创意产业科技创新税收优惠实施办法》，把上位法（比如《企业所得税法》和《企业所得税法实施条例》）中比较可行的税收优惠规定结合文化创意产业科技创新的实际需求予以具体化。同时，尽可能消除现行法律法规、优惠政策之间矛盾、重复、缺乏系统性等弊端，统一规范全国范围内的文化创意产业科技创新税收优惠政策。这部法律规章要明确规定文化创意产业科技创新税收优惠的预期目标、指导原则、具体措施、申请条件、审批程序、征管方法等内容。其

次，还要协调中央和地方制定文化创意产业科技创新税收优惠政策的权限，中央可以统一对基础科学、国家重点开发项目及企业引进科技人才等方面给予税收支持，地方根据具体情况对有利于本地经济发展和效益较为明显的文化创意科技开发项目予以扶持。最后，通过在实施过程中及时观察反馈，不断积累经验，在发展到一定程度时，将其上升为《文化创意产业科技创新税收优惠实施条例》的行政法规，通过提高立法层次使其发挥更大的法律效力。

（二）加大间接税收优惠在文化创意产业创新流程中的作用

产业创新能力的提升需要具有核心技术的企业实现，企业的核心技术又需要研发资金及设备等资源的大量投入。目前，企业科技方面增值税优惠政策局限于研发设备的购置和技术转让，引进、培育科技人员的投入一般都作为费用处理，不能进行增值税抵扣。这样造成多数文化创意企业的科技创新项目在发展初期时投入巨大却回报很小，具有事后奖励特点的间接税收优惠的作用不够明显。而间接优惠具有较好的政策引导性，有利于形成"政策引导市场，市场引导企业"的有效优惠机制，因此，世界上大部分国家都采用了加计扣除、加速折旧、税收递延、税收饶让等方法来促进企业科技发展，如美国通过制定电影制作费税前扣除政策来吸引和鼓励社会资本对电影产业进行投资。间接税收优惠强调税前扶持，能调动文化创意企业科技创新的积极性，给予企业在科技创新的起步阶段以有力支持。因此，借鉴发达国家的先进经验，建议我国相关部门在制定《文化创意产业科技创新税收优惠实施办法》时，应当考虑有利于文化创意企业设备投入和资金收回的折旧政策，有利于文化创意企业科研经费投入的税前抵扣政策以及技术开发优惠政策等，调整对文化创意企业科技创新的具体税收优惠方式，改变以往过于偏重税额减免与低税率等直接税收优惠政策的适用状况，加大企业加速折旧、投资抵免、研发费用扣除、延期纳税等间接税收优惠力度，做到两种税收优惠政策相互协调配合。

（三）兼顾文化创意产业多元化、全产业链的税收优惠政策

我国向来非常重视科技创新在产业中所发挥的作用，而现阶段，我国

实行的文化创意产业税收政策中，与文化创意产业行业相关的较少，仅有高新技术、动漫、软件等行业，新闻出版业、文艺服务业、文化旅游业等行业。根据文化创意产业的多元化类别，还可进一步制定与图书、广播影视、文化设计、文艺演出等相关的税收优惠政策，这不仅符合我国的产业发展需要，同时也满足消费者高品质、多元化的精神需求。同时，建议对文化创意产业科技创新产业链每个阶段的税收优惠都予以明确规定，建立起文化创意产业科技创新的税收优惠体系，并将其涵盖技术创新的整个阶段，包括投入、研发、转化生产、销售等。以动漫产业为例，借鉴美国经验可以看到，其关于动漫产品研发的税收优惠及财政补贴覆盖了整个动漫产业链，促进了利润极高的衍生品销售环节发展，完整的动漫产业链税收优惠政策对美国动漫产业发展起了巨大作用。

（四）注重中小文创企业发展中科技创新的税收优惠力度

一般来看，中小文化创意企业具有灵活、专业化水平较高的特点，往往会出现对整个产业都有重大影响的创新成果。美国、英国、日本等发达国家和地区都非常重视中小企业的发展，采取种种税收鼓励措施扶持其发展。如日本为刚起步的动漫企业提供公益信托等融资渠道；韩国初步成立的小型动漫企业年营业收入额少于1000万韩元时，所得税税率按照9%的标准征收，同时免征不动产所得税等。而我国没有建立起规范的文化创意产业中小企业税收制度，政策优惠力度不足，需要进一步建立与完善有利于文化创意产业中小企业发展的税收政策体系，加大对中小企业的税收支持力度，促进其快速发展。例如，可以通过相关税收激励使中小文创企业增加在规定纳税年度中研发活动占主营活动的比例，认实现其延期纳税的效果，在保证税款征收不受损害的同时，帮助文创企业解决资金周转的困难，也为其科技发展提供了融资便利。

（五）优化文化创意产业科技创新人力资源税收激励制度

完善文化创意产业科技创新人力资源的税收激励机制，主要从企业所得税和个人所得税两个方面实施优惠措施，促进文化创意产业科技创新人力资源的培养和创新积极性的激励。在企业所得税方面，加大企业所得税对企业研发人力成本的优惠力度，降低人力成本。比如，继续提高文化创意企业科技创新中职工教育经费扣除比例，以鼓励企业对自主创新人才的培训和继续教育，对符合条件的创新性技术人员的工资，允许全额扣除，并鼓励企业设立免税的科研奖励基金，以促进企业加大研发活动的人力投入，激励企业增加研发人员的数量和支出金额，鼓励产业不断创新、不断发展。在个人所得税方面，建议文化创意企业中自主创新人员适用低个人所得税税率，或者针对从事研发活动的人员工资薪金，放宽其个人所得税扣除标准，对个人技术成果转让所得、提供技术服务所得以及获得的科技奖励等给予个人所得税的减税或免税优惠等激励措施，以调动研发人员的积极性。另外，对高等院校、文化组织、科研机构以股份或出资比例等股权形式给予科技人员个人的有关奖励，予以免征个人所得税，提高各类科技开发人才参与企业自主创新活动的积极性与创造性。这样，在文化创意产业科技创新的"政用产学研"合作过程中，科研机构、高等院校和文化科技企业中的科技人员都能享受到个人所得税方面的税收优惠政策。

（六）加强文化创意产业科技税收信息化平台建设

利用先进技术，与相关单位合作，开发出供税务局使用的先进信息系统，采集文化创意企业相关科技创新数据和注册信息，并对其进行统一规范和管理；加强税务、财政、海关等税收主管部门之间的信息交流合作，共同推进文化创意产业科技创新的优惠政策的建立；同时，辅以法律对税收优惠政策的审批以及监管程序的规范，适时加强科技税收优惠政策的宣传，对一些文化创意企业进行税务辅导，对文化创意企业办理科技研发的纳税培训予以免费，进一步提升其科技创新的主动性。

第三节 支持文化创意企业"走出去"的税收政策

当前经济一体化背景下，文化已经成为民族凝聚力的重要源泉和综合国力发展的核心力量。文化创意产业作为推动经济发展的新增长点，日益引起全社会的广泛关注，成为各国竞相争抢的战略目标，开始对世界格局产生巨大影响。我国文化部结合《国家"十三五"时期文化改革发展规划纲要》出台了《关于促进文化产品和服务"走出去"2016—2020年总体规划》，着重强调了作为中国文化"走出去"的主体——文化创意企业出口贸易对提升中国文化国际影响力的重要性，我国文化创意产业国际化发展面临着极大机遇。

一、中国文化创意企业"走出去"情况

党的"十九大"提出要"推动形成全面开放新格局"，要以"一带一路"建设为重点，坚持"引进来"和"走出去"并重，遵循共商共建共享原则，加强创新能力开放合作，形成陆海内外联动、东西双向互济的开放格局。文化创意产业因具有高附加值、高技术含量的特点，现已成为各国争相发展的新兴产业，也是各国在国际贸易出口中主要争夺的战略高地。在我国政府的大力推动下，我国文化创意产业发展取得了长足的进步，相关企业的产品、服务等在出口竞争中的优势逐渐增强，文化贸易结构不断优化，成为带动文化创意产业发展的重要动力。我国企业出口文化创意产品，不但增强了其他国家人民对中国文化和中国产品的认同感和认可度，而且有效带动了其他产业的出口发展。

（一）中国文化产品及服务出口基本保持稳步增长态势

根据我国商务部和海关发布的文化贸易数据进行分析，近些年我国文化产品的进出口总量呈逐年上升的趋势，且是贸易顺差，可见我国文化创意企业对外贸易取得的新成就值得肯定。如图3-2所示，我国文化产品的出口额保持稳步增长态势，从2010年至今我国文化产品出口额增长已超过4倍。2018年，我国文化产品进出口总额为1023.8亿美元，同比增长5.4%，其中，出口925.3亿美元，进口98.5亿美元，实现顺差826.8亿美元，比上年增长4.3%。可见，我国文化贸易主要依靠文化产品繁荣发展。

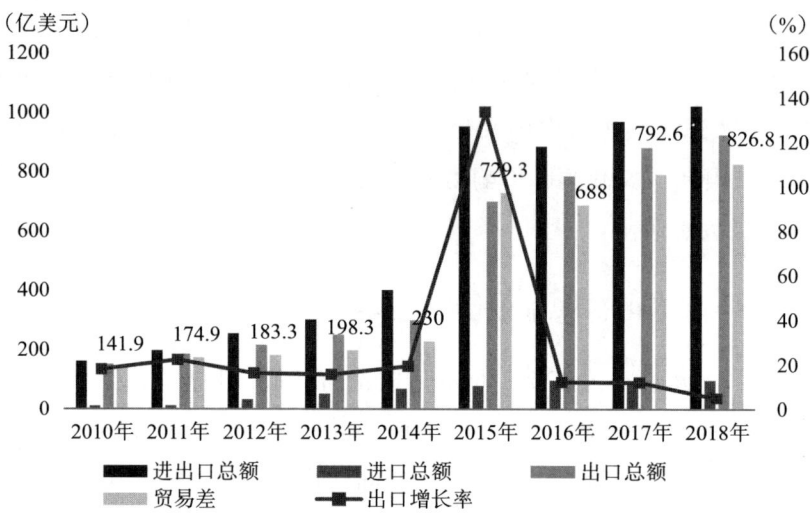

图 3-2 2010—2018 年我国文化产品出口情况

相比文化产品贸易，我国文化服务贸易的同比增速更快，但是出口规模太小。2018 年我国文化服务进出口总额 346.3 亿美元，增长 17.8%，占文化产品和服务进出口总额的 25.3%，比上年约提升 2 个百分点，这是我国文化贸易取得进步的重要体现。但是综合来看，文化产品贸易顺差，而文化服务贸易逆差的结构性特征是中国文化创意产业进出口的整体性现象。文化服务占总的文化产业的出口贸易规模较小，体现出其仍待发掘的极大空间，我国应该充分利用政策工具，抓住时代的机遇，推动我国文化企业更好"走出去"。

（二）文化产品及服务结构仍需优化

根据《我国文化产品进出口统计目录》（2015 修订）的标准对文化产品进行分类，并查阅中国文化及相关产业统计年鉴 2018 年的相关数据显示，我国 2017 年文化产品及服务贸易的出口结构趋于优化，但具有高附加值的文化产品和服务出口较少。如表 3-7 所示，文化用品出口排第一，较上年增长 2%，占比超过一半以上。能体现中华文化内涵的工艺美术品及收藏品、出版物出口增幅较高，分别比上年提升 12.4 个和 9.3 个百分点。文化专用设备出口占比达到 13.1%，比上年下降 0.1 个百分点。拥有技术含量的文化产品出口也有所提升,其中娱乐用品和广播电影电视设备出口同比增长19.4%。但是我国文化产品的出口结构与发达国家相比还有很大差距,我国出口的主要为附加值低的劳动密集型产品,而文化高附加值的核心文化产品如影视媒介、艺术展出、数字出版等出口占比很小。这体现出我国文化产品贸易市场缺乏科技创新力量的有效推动,需要政府加大对文化企业科技创新的支持和激励,提升其核心竞争力。

表3-7　　按商品分类我国文化产品2017年出口情况　　（单位：亿美元）

项目	进出口总额	出口额	进口额	贸易差额
合计	971.16	881.85	89.31	792.54
一、出版物	45.37	33.53	11.84	21.69
图书、报纸、期刊	22.69	16.45	6.24	10.21
音像制品及电子出版物	3.26	0.47	2.78	-2.31
其他出版物	19.42	16.60	2.82	13.79
二、工艺美术品及收藏品	286.72	273.43	13.28	260.15
工艺美术品	286.23	273.31	12.92	260.38
收藏品	0.49	0.13	0.36	-0.23
三、文化用品	477.32	458.81	18.51	440.30
文具	1.42	1.40	0.02	1.38
乐器	19.51	15.48	4.03	11.45
玩具	245.02	239.42	5.60	233.82
游艺器材及娱乐用品	211.37	202.51	8.86	193.65
四、文化专用设备	161.75	116.08	45.67	70.41
印刷专用设备	26.78	14.62	12.16	2.46
广播电视电影专用设备	134.97	101.46	33.51	67.95

资料来源：文化及相关产业统计年鉴。

而在文化服务贸易方面,根据商务部报告的数据显示,2017年我国文化服务进口 232.2 亿美元,同比增长 20.5%,而文化服务出口 61.7 亿美元,同比下降 3.9%,体现出文化服务贸易逆差的现状,说明我国文化服务的出口结构仍需优化。不过其中处于核心层的文化服务出口成绩值得肯定,比如更细层次的文化和娱乐服务、研发使用费、视听及相关产品许可费等三项服务出口 15.4 亿美元,同比增长 25%,高出整体增速,占比提升至 24.9%。我国文化服务进出口分类情况如表 3-8 所示。

表 3-8 我国文化服务进出口分类情况

名称	项目
文化服务进出口统计	核心层
	一、新闻出版服务
	二、广播影视服务
	三、文化艺术服务
	四、文化信息传播服务
	相关层
	五、文化创意和设计服务
	六、其他文化服务

综合来看,我国对外文化贸易中文化产品和文化服务的发展差距较大,其中文化产品贸易发展较好,但文化服务贸易总体体量小,且贸易逆差较大,虽然结构有一定优化,但是出口规模还达不到文化产业总出口量的 30%,与发达国家差距明显。这主要是由于我国文化服务涉及的内容创新度不够,吸引力不强。我们应提高对文化服务贸易中的科技创新投入,改变现有的结构性逆差局面,使其成为提升国家文化软实力的重要途径。

(三) 中国文化产品和服务出口地区发展不均衡

从出口地区分布情况来看,目前我国文化产品和服务发展布局较不均衡。据商务部数据整理,2018 年我国文化产品出口集中在东部地区,占文化产品出口总额的 92.9%;中西部地区出口增长较快,增速为 14.2%,占比提升至 6.6%。东北部地区出口下降 0.1%，占比为 0.5%。图 3-3 更加直观地体现出我国文化产品的出口非常集中地分布在我国东部地区，我国文化产品的出口发展需要政府进行引导，优化地区资源配置。

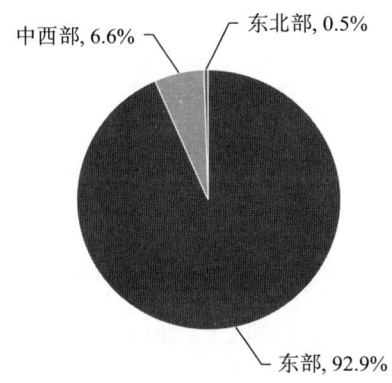

图 3-3　2018 年中国文化产品地区出口额占比情况

我国文化服务出口与文化产品情况类似，也主要集中在东部地区，但值得肯定的是文化服务在中西部出口增长迅速。东部地区文化服务出口增长 16.6%，占比高达 94.6%；中西部地区出口增长 60.6%，占比提升 1.3% 至 4.8%；东北地区增长 22.5%。

综合来看，目前我国文化产品和服务出口在国内地域布局十分不均衡，政府应该多加关注中西部和东北部地区的文化创意企业发展，加大投资的支持，对其进行政策倾斜，支持我国文化创意产业整体较好发展。

（四）文化创意民企成为出口贸易主力，国企出口乏力

在国家不断扩大对外开放水平以及大力培育文化市场主体的政策引导下，大量企业凭借其独特创意进入文化市场，积极参与国际文化贸易交流。我国文化对外贸易的民企、私企主体以腾讯、网易等数字型文化创意企业为龙头，积极带动文化创意产业对外发展。文化部也发布了《文化部关于推动数字文化产业创新发展的指导意见》等文件，从财政、金融等多个层面提出激励措施，在这些政策倾斜下，我国文化创意产业迅速发展，

目前爱奇艺、阅文集团等数十家文化创意企业已经先后在美国、中国香港等国家和地区上市,影响力不断扩大。但是相关数据显示我国文化创意国企出口贸易较少,还有待发展,如表3-9所示。

表3-9　　　　按企业性质中国文化产品2017年进出口情况　　（单位：亿美元）

项目	进出口总额	出口额	进口额	出口增长	进口增长
贸易总额	971.16	881.85	89.31	12.4	-7.6
国有企业	56.40	39.64	16.76	-5.0	6.7
外贸企业	416.08	362.27	53.81	8.2	-14.0
集体、私营和其他企业	498.68	479.94	18.73	17.5	2.1

资料来源:《中国文化及相关产业统计年鉴》(2018)。

二、"走出去"的税收政策梳理与评价

税收是企业需要考虑的重要利益因素。利用税收优惠,减少税收负担,企业可以保持更多的现金流,实现持续稳定发展的长远目标。目前,在我国"一带一路"倡议的背景下对企业不断加大对"走出去"的建设中,我国文化创意企业可利用的税收优惠政策主要体现在增值税、消费税、企业所得税、关税以及一些出口退税的政策上。

(一)促进文化创意企业"走出去"税收政策梳理

税收优惠政策,不仅能够引导产业发展方向,使社会资金加速流入文化创意企业,也使得企业可以将获得的税收优惠继续投入运营建设活动,加速自身发展。在国际化过程中,文化创意企业可以借助税收政策加快"走出去"的步伐,降低"走出去"的风险。税收政策作为鼓励文化创意企业"走出去"的关键因素,对促进我国文化进出口贸易、提升我国文化创意企业国际竞争力起到了积极作用。根据我国税法及相关规定,实行文化创意企业"走出去"战略相关的税收政策梳理如表3-10所示。

表 3-10　　　　　　文化创意企业"走出去"税收政策

税种	政策内容	政策文件
增值税	自 2018 年 1 月 1 日起至 2020 年 12 月 31 日，执行下列增值税先征后退政策： 一、对中国共产党和各民主党派的各级组织的机关报纸和机关期刊；为少年儿童出版发行的报纸和期刊，中小学的学生课本；专为老年人出版发行的报纸和期刊；少数民族文字出版物；盲文图书和盲文期等出版物在出版环节执行增值税 100% 先征后退的政策 （二）各类图书、期刊、音像制品、电子出版物等出版物在出版环节执行增值税先征后退 50% 的政策 （三）对少数民族文字出版物的印刷或制作业务，执行增值税 100% 先征后退的政策 自 2018 年 9 月 15 日起，将多元件集成电路、非电磁干扰滤波器、书籍、报纸等产品出口退税率提高至 16% 自 2018 年 1 月 1 日起至 2020 年 12 月 31 日，免征图书批发、零售环节增值税 自 2018 年 1 月 1 日起至 2020 年 12 月 31 日，对科普单位的门票收入，以及县级及以上党政部门和科协开展科普活动的门票收入免征增值税	《关于延续宣传文化增值税优惠政策的通知》（财税〔2018〕第 53 号） 《关于提高机电、文化等产品出口退税率的通知》（财税〔2018〕93 号）
	境内单位和个人向境外单位提供广播影视节目（作品）的制作和发行服务、技术转让服务、软件服务、信息系统服务等，适用增值税零税率政策	《关于影视等出口服务适用增值税零税率政策的通知》（财税（2015）第 118 号）
	对中国科技资料进出口总公司为科研单位、大专院校进口的用于科研、教学的图书、文献、报刊及其他资料（包括只读光盘、缩微平片、胶卷、地球资源卫星照片、科技和教学声像制品）免征国内销售环节增值税	《关于中国科技资料进出口总公司销售进口图书享受免征国内销售环节增值税政策的通知》（财税〔2004〕第 69 号）

续表

税种	政策内容	政策文件
增值税	动漫软件出口免征增值税	《关于延续动漫产业增值税政策的通知》（财税〔2018〕38号）
	出口企业对外援助、对外承包、境外投资的出口货物包括古旧图书、软件产品、以旅游购物贸易方式报关出口的货物等，实行增值税退（免）税政策	《关于出口货物劳务增值税和消费税政策的通知》（财税〔2012〕39号）
消费税	出口企业出口或视同出口适用增值税退（免）税的货物，免征消费税，如果属于购进出口的货物，退还前一环节对其已征的消费税；适用增值税免税政策的货物，免征消费税，但不退还其以前环节已征的消费税，且不允许在内销应税消费品应纳消费税款中抵扣	
	居民企业取得的境外所得已在境外缴纳的所得税税额，可以从其当期应纳企业所得税额中抵免。抵免限额为该项所得依照本法规定计算的应纳税额；超过抵免限额的部分，可以在以后五个年度内，用每年度抵免限额抵免当年应抵税额后的余额进行抵补	《企业所得税法》
企业所得税	以境内、境外全部生产经营活动有关的研究开发费用总额、总收入、销售收入总额、高新技术产品（服务）收入等指标申请并经认定的高新技术企业，对其来源于境外所得可以按照15%的优惠税率缴纳企业所得税，在计算境外抵免限额时，可按照15%的优惠税率计算境内外应纳税总额	《关于高新技术企业境外所得适用税率及税收抵免问题的通知》（财税〔2009〕125号）
	开发新技术、新产品、新工艺发生的研究开发费用，允许按税收法律法规的规定，在计算应纳税所得额时加计扣除	

续表

税种	政策内容	政策文件
企业所得税	自2014年1月1日起至2018年12月31日止,在国务院批准的服务外包示范城市(31个)实行以下企业所得税优惠政策:对经认定的技术先进型服务企业,减按15%的税率征收企业所得税。经认定的技术先进型服务企业发生的职工教育经费支出,不超过工资薪金总额8%的部分,准予在计算应纳税所得额时扣除;超过部分,准予在以后纳税年度结转扣除	《关于技术先进型服务企业有关税收政策问题的通知》(财税〔2014〕59号)
关税	为承担国家鼓励类文化产业项目而进口国内不能生产的自用设备及配套件、备件,在政策规定范围内,免征进口关税	《关于继续实施支持文化企业发展若干税收政策的通知》(财税〔2014〕85号)

(二)现行促进文化创意企业"走出去"的税收政策评述

在经济发展的新阶段,我国文化市场日益花团锦簇,文化创意产品琳琅满目,企业"走出去"规模逐渐扩大,国际竞争力不断提高,文化创意产业整体展示出欣欣向荣的景象,这都与我国目前实施的支持文化创意产业进出口的税收政策密切相关。但纵观我国现行支持文化创意企业"走出去"的税收政策可以发现,现有的文化创意产业"走出去"税收政策尚不完善,存在以下问题:

1. 缺乏系统性的文化创意企业"走出去"税收政策体系。面对不同产业、不同行业所处的不同情况,我国有针对性、计划性地颁布了一些税收优惠政策,但缺少针对文化创意企业"走出去"的系统性税收政策,税收的系统性将会直接影响其对文化创意产业对外发展的调节作用。目前,税收政策在文化领域的出口环节有着一定的缺位问题,税收政策又多以法律层次较低的部门规章和规范性文件的形式颁布,且大部分税收政策只针对某一个时期,缺乏接续政策,连贯性较差。税收政策零散地分布在各行业,这种过度分散性使得不同税收优惠政策之间难以协调,既增加了政府的管理难度,又无法实现税收政策的调节目标,最终导致其背离了促进文化创意企业"走出去"发展的初衷。

2. 缺乏吸引文化创意人才的税收激励政策。经过分析文化创意产业的本质，可以发现，它存在区别于传统产业的特殊性，即人力成本投入在其总成本中占比很重。文化人才的脑力创新活动是文化创意产业发展的关键。这区别于传统产业的有形资产，大量文化产品并不具备实体形态，如软件、商标等设计产品。要扶持文化创意产业发展就要注重文化人才队伍的培养，然而现行增值税的抵扣链条中并不存在人力的智力成本这一环，在销售过程中，大多也不能抵扣以商标、品牌等形式存在的文化产品所缴纳的税额，这在无形之中增加了企业的税收负担，不利于文化创意企业"走出去"。另外，相关税收政策中并没有直接涉及个人所得税的内容，这部分税收政策的缺失，造成我国文化创意产业先进人才严重流失，对我国文化创意产业"走出去"的发展十分不利。企业所得税部分相关的条例规定的有效期一般比较短暂，不符合我国大力支持文化创意产业在"一带一路"大背景下持续长久发展的期望。

3. 税收优惠政策涉及范围较窄。日本文化创意产业具有高额出口的原因在于政府制定了积极的财政政策支持国外市场的开发。如为扩大日本的动漫产品出口，日本政府除了运用财政补贴、政府担保等政策工具，税收方面更是采用了出口退税、再投资退税等综合税收优惠政策。对目前我国文化创意企业"走出去"的相关税收优惠政策梳理后，可以发现我国税收优惠的普及范围窄、门槛高，导致大量的中小微文化创意企业无法享受到政策所提供的优惠。此外，现行的税收优惠政策缺乏对文化创意产业的实际情况考虑，笼统地实行统一的优惠政策导致相关文化创意企业只有在充分了解税收政策规定及文化创意产业"走出去"认定标准的情况下，才有可能申请税收优惠，现实情况是企业收到的效益偏小。虽然我国文化创意产业发展不断提升，但因其属于稚嫩期，和发达国家相比产业实力和影响力都较弱，因此，新兴的文化创意产业和传统文化产业更需税收政策扶持，尤其是面对"引进来"和"走出去"过程，需要税收优惠政策在我国文化创意企业对外贸易的各流程中充分设计税收优惠制度，才有可能参与国际市场竞争，提升我国文化软实力。

4. 缺乏重点扶持文化创意项目的税收优惠政策。现行的全国范围内的文化创意产业税收优惠政策，没有体现出对民族特色文化创意产品和重点文化产品的保护。不同地区、不同文化产品各有不同，税收应该实现其导向作用，对侧重扶持的区域加大优惠力度，实现我国对外发展诸如民族特色产品等具有稀缺性的文化创意产业和重点文化项目的目的，进一步加速文化创意产业的发展。

总之，我国文化创意企业"走出去"的相关税收政策还需进一步完善，为文化创意企业开展对外贸易营造良好环境，增加中华优秀文化产品和服务的供给，不断提高文化贸易的质量和效益，向世界阐释推介更多具有中国特色、体现中国精神、蕴涵中国智慧的优秀文化。

三、政策思考与建议

从我国政府积极实施"走出去"战略以及颁布鼓励文化建设的相关政策以来，文化创意企业通过不断尝试，在"走向世界"的道路上呈现不断上升的态势，但其国际竞争力并不强，文化创意企业"走出去"的情况不容乐观。税收政策是有助于开拓文化产业对外贸易发展路径中很重要的一条渠道，不容忽视。为更好推进我国文化创意产业可持续发展，最终实现"把我们丰富而优质的文化内容创造性地融入作品、产品的审美之中，按照市场经济的规律将其传播、植入到文化产品中，进而传播到世界各地"的目的，结合目前文化创意产业"走出去"的税收政策存在的普遍性问题，提出政策建议如下：

（一）完善促进文化创意企业"走出去"的税收政策体系

我国现行的针对文化创意产业"走出去"的税收优惠政策过于单一，只给予了文化创意产品和服务出口税率上的优惠和文化创意企业国际贸易所得税收抵免制度的优惠，涉及的文化创意产业范围较小。在当前文化创意产业发展相对落后，需要迎头赶上的背景下，税收激励政策将起到重要作用。首先，要扩大文化创意产业的税收优惠政策范围。税收政策的服务对象应是各类文化创意企业，其效用要发挥在调整企业生产战略方面，切实扩大文化创意企业的利益格局。其次，突出税收政策的导向性作用。这种导向性应该从两方面体现，一方面是产业发展阶段差别，另一方面是地区差别。从发展阶段看，文化创意产业初期处于保护期，税收政策应当大力扶持其发展。当文化体制改革任务基本完成后，文化创意企业得到较好发展后要适时调整其对外发展的税收优惠政策。一是研究并实施税收优惠政策的退出机制。当文化创意产业摆脱困境、达到相当进出口规模以后，应遵循税收公平的原则，取消之前对特定文化创意企业及其相关产业执行的税收优惠政策。二是保持文化创意企业进出口税收政策的持续性。对特定文化创意企业的税收优惠政策被取消后，税收激励政策基本实现"普惠"，此后，应保持税收政策体系的持续性。从地域来看，我国东西部地区经济实力存在较大差异。西部地区拥有着丰富的文化资源，是"一带一路"倡议重要的发展区域。因此，应制定具有差异性的税收优惠政策，缩小东、西部经济差距，实现中、东、西部地区均衡发展，如给予西部地区文化创意相关行业更多税收优惠，从而促进西部地区经济发展。

（二）加大优惠力度，降低企业税负

完善文化创意企业"走出去"的税收政策，需要聚焦流转税和所得税中主要税种的优惠政策研究，加大优惠力度，同时逐步完善其他税种的税收优惠政策，最终实现向产业税收优惠政策的转变。

1. 增值税。首先，合理设计文化创意企业的增值税出口退税政策。可以通过适当提高文化创意产品的出口退税率，以及将包含在文化创意产品价格之中的初级加工品或附产品也列入退税范围等措施，鼓励和支持文化创意产品"走出去"。具体来看，一是合理设计文化创意产品加工出口的退税率。需要根据国家对外经济发展战略和文化创意产品加工生产特点等因素来制定退税率，以避免文化创意产品粗加工与精加工之间由于出口退税造成税负不均。二是实行差别出口产品税收政策。对国家限制及具有保护意义的产品进行征税；对那些以文化初级产品为原料，进一步加工的文化创意出口产品实行免（退）税；外贸企业收购的文化创意产品出口情形，具体性质需要报税务机关审批后实行免、抵税或者退税。其次，改变增值税目前部分行业先征后退的方式，转为采用即征即退的方式，这样可以为税务征管退税程序提供便利，及时反馈政策的实施效果，推动产业发展。最后，完善文化创意企业"走出去"的增值税优惠政策管理办法。我国不同的文化服务企业都具有自身特有的属性，因此，国家可以制定相应针对出口服务的认定申报办法。鉴于文化创意企业提供的服务涵盖面较广（包括知识产权服务出口业务、设计服务等），存在一定的税务监管难度，此时适用个案审批制度。要求相关单位或个人提供详细申报材料，切实让符合条件的文化服务单位和个人有权享受到相关税收减免优惠。

2. 企业所得税。第一，完善文化创意企业对外贸易的税收抵免方法与亏损弥补制度。我国目前实行的企业"走出去"税收优惠方法是抵免法而非免税法，相比采取免税法的法国等欧盟国家，或者采用企业在境外发展业务可以享受10年免缴所得税政策的韩国，我国的税收优惠力度显然不够。建议对于我国现在大力支持的具有独特性的文化创意企业，在"走出去"的一定阶段中采取免税法。另外，鉴于文化创意产业投资利润小、亏损风险大，可以尝试将纳税起点延后，从获利年度起开始纳税，最大限度地保障企业收益，提升国际竞争力。同时，相比国际通用做法，我国目前采用的"分国不分项"的抵免办法，且在亏损弥补上只允许向后在亏损发生国向后结转5年，不得向前结转，且境外亏损不允许抵顶境内盈利，境外盈利也不允许弥补境内以前年度亏损，加重了我国文化创意产业的税收负担。可以在我国文化创意企业直接抵免法计算中，采用综合限额抵免，使对外投资企业在不同投资目标国的盈亏相抵，抵免除限额互相抵补，减轻税负，便于征管。第二，增加文化创意企业投资的税收优惠政策。文化创意企业"走出去"过程中，融资难是其发展的一大瓶颈，针对这个问题，建议制定文化创意企业再投资的退税政策。文化创意企业中资本的投入对进出口业务的拓展是十分重要的。采取投资退税的政策，即全部或部分退还文化创意企业已缴税款，将企业税后利润转移到扩大生产规模或开发、再投资其他文化项目，从而扩大出口。第三，建立企业亏损准备金制度。可以借鉴美国、日本等国家在企业盈利年提取部分准备金的制度，对准备金予以免征所得税的优惠，将整体降低企业境外投资的税收负担来应对全球经济动荡时受到的经济影响，也能避免企业在亏损期间影响整体投资进度。同时，可以根据不同的投资项目或行业制定不同的计提比例，鼓励的产业可以适当提高计提比例和计提年限，提高企业的投资积极性，降低境外投资风险，实现宏观调控。

3. 个人所得税。文化创意产业的本质是知识密集型产业，知识密集型产业中最重要的生产要素是知识型劳动者，税收政策对于促进创意设计的创造者来说十分重要。目前，文化创意产业"走出去"过程中涉及的个人所得税部分留有很大的空白，为了吸引相关先进人才，更好拓展我国文化创意对外贸易的事业，可以在个人所得税方面加大优惠力度。第一，加大文化创意产业从业人员个人所得税优惠力度，对文化创意产业从业人员的个人所得税政策加以完善：提高职工教育经费提取比例，鼓励职工教育学习；对于创意人才的在外培训、工作所得适当减免其个人所得税；文化创意人才研究成果转让和技术服务等收入、以股票期权形式的个人奖励，在一定期限内给予减、免征个人所得税，并适当扩大对创意成果奖励个人所得税的免税范围；对文化创意企业高薪人才获得的收入，可以允许其在一定年限内平均摊销，计算个人所得税时提高费用扣除法的比例，适当扩大减征范围；对文化从业者的某些特定收入的免税范围实施扩围，建议将创作人员获得的某些奖项和特殊津贴都予以免税，以此来扩大文化创意企业人才队伍，增强其文化影响力，扩大文化作品出口规模；鼓励文化从业人员创作，扩大文化创意产业个人所得税减征税款的范围，即除了稿酬收入在20%比例税率的基础上减征30%，进一步再扩大特许权使用费所得、文化创意产品转让所得等范围，鼓励个人提高创作水平的同时也进一步推动我国文化创意产业"走出去"的发展。第二，对个人投资者投资文化创意企业的行为给予优惠。可以吸取美国等国家的经验，通过采用抵扣年限法对个人投资者征税，使得投资者能在某一年度内结转当年发生的投资损失，通过灵活选择向前或向后结转抵减部分所得税，减轻个人投资者的税负。此外，鉴于文化创意产业所得的长周期性，可采取年数平均所得的标准计征个人所得税，或者可以借鉴欧美发达国家的做法，将周期的年限设置为中、长期，但最长不得超过 5 年，以便吸引更多个人投资者参与文化创意企业的建设发展，扩大文化产品生产及"走出去"规模。

（三）完善国际税收协定

作为国家间税收合作的法律基础，税收协定是企业"走出去"的重要保障。首先，我们要加快税收协定的谈签工作，尤其是与"一带一路"沿线国家。"一带一路"沿线国家的经济发展水平良莠不齐，国家间税收政策存在一定的协调问题，这就对我国文化创意企业对外发展造成了安全隐患，因此要尽快加强与周边国家的谈签工作。截至 2017 年 4 月底，我国与 116 个国家和地区建立了双边税收合作机制，签订双边税收协定、安排和协议已达 106 个，其中属于"一带一路"沿线国家的有 54 个，形成了世界上第三大协定网络。税收协定的有力执行既助推了我国文化创意企业更好地"走出去"，也有利于吸引投资"走进来"。我国应该加快与剩下的国家的谈签工作，保证我国文化创意产业"走出去"的环境条件。其次，随着文化创意企业的发展，现有的税收协定内容已经不能满足其在国际市场上的需求，我国应积极建立多边的税收饶让条款。我国和发达国家签订的大多是单边饶让条款，我国应该考虑到自身文化资本输出国的身份，积极地与发达国家签订双边饶让条款，这是我国目前的重要工作之一。再次，我国要重视文化创意企业"走出去"中双重征税问题，需要加强国家间的合作，签订避免双重征税的协定，并且给予缔约国关税削减待遇，降低文化创意企业"走出去"的税收成本和交易成本。我国还要参与国际税收规则制定，在应对税基侵蚀和利润转移（BEPS）行动计划的制定过程中主动推进谈判工作，坚持打击国际偷逃税。这有利于文化创意企业"走出去"了解东道国的税收政策，有效防范税收风险，促进海外企业健康发展。最后，我国应积极建立税务国际争端处理机制，当面临国际税收问题时，能够及时有效地解决问题，保证我国利益。其中，积极将税收征管互助条款加入到税收协定中是我国政府的一个重要工作。在税收协定中完善情报交换机制，使我国与缔约国的管理部门能够相互提供所需信息。这样有利于税务机关充分掌握文化创意企业"走出去"的经营状况，及时反馈政策应用情况，有利于文化创意产业稳定发展。

（四）保护民族特色文化创意企业"走出去"

运用税收政策激励和保护民族文化创意产业发展，鼓励文化创意产品"走出去"。对于十部委在2010年联合发布《关于进一步推进国家文化出口重点企业和重点项目相关工作的指导意见》后，这些年我国逐步制定和完善地方支持文化创意产品"走出去"的税收优惠政策，但是没有突出民族特色文化创意产品的保护和扶持措施。首先，建议我国对一些高附加值的文化产品，提高出口退税率，对具有民族特色的文化艺术、展览演出在境外取得的收入给予一定程度的税收减免，以扩大我国文化产品与服务在国际市场中所占的份额，提升文化创意产业的国际竞争力及影响力。其次，完善对保护、投资民族文化产业的社会捐赠税收政策，鼓励社会对民族文化产业"走出去"的捐赠，给予所得税免征的优惠政策。再次，加强对宣传民族文化创意企业"走出去"的相关税收支持，落实宣传服务免税等优惠政策。最后，对"走出去"的民族文化产品和文化服务，实行出口退税或免税政策，利用"走出去"税收支持政策，鼓励民族特色文化企业推陈出新、大胆创意，进一步增强产品的社会认知度及市场占有率。总之，民族特色文化是我国的精神瑰宝，要充分利用政策环境优势，拓展对外贸易，加快地方民族文化事业和产业的发展。

（五）提高税收服务水平，完善税收征管体系

除了对文化创意企业"走出去"实施税收优惠政策，还需要提升跨境税务服务水平。文化创意企业需要建设复合型信息服务渠道。一是加强网站建设，针对文化创意产业结构、企业特色、对外贸易等特点，增加税收信息服务内容，设置单独栏目以及解答包括填写申报表、办理税款抵免等纳税方面疑难问题的信息服务平台。二是加强税务部门办税服务的建设，逐步增加文化产业境外经营发展方面的咨询辅导，采用宣传手册等多样化手段，介绍相关涉税事项办理流程、注意事项等。三是加强税务相关渠道

建设，逐步建立税务部门为文化创意企业"走出去"服务的专业业务团队，也可以成立单独的解决方案小组，组织专业能力强的人员协助文化创意企业进行涉税认定评判、减免税申报等业务，各级政府也应开展纳税咨询服务业务，尤其是针对一些中小企业或民营企业，提供相应的咨询服务增加对外贸易涉税事项的咨询。同时，设立文化创意产业"走出去"纳税服务热线，安排专门的税务从业人员解答"走出去"财税政策问题，可以提供"一带一路"国家的税收咨询服务，定期开展座谈会，收集文化创意企业税务从业人员的涉税问题，集体解答涉税疑问，解析涉税难点，为企业带去高质量的税务咨询服务。

作为文化创意产业的重要发展途径，促进其"走出去"的税收政策不容忽视。有效的税收政策将推动我国文化创意企业更好走出国门、走向世界，通过"文化+"的发展战略，促进文化与其他产业融合发展，增加各个产业的附加值，全面催生文化创意经济，实现推动中国制造走向中国创造的美好愿景。

第四节　支持文化创意产业发展的非营利组织税收政策

非营利组织是公共服务体系的重要组成部分，政府不能做、不便做和做不好的事情可以交由非营利组织来完成，可以有效弥补公共服务领域的政府失灵和市场失灵，充分发挥其作为第三部门的补充作用。就文化创意产业领域来说，非营利组织是实现社会效益和经济效益相统一的最佳载体，对于弥合文化发展的结构性缺陷、服务公共文化需求、调和文化价值冲突具有独特优势与价值。然而，我国针对文化创意产业类非营利组织的税收政策在税收优惠、征管等方面还存在问题，一定程度上阻碍了非营利组织在促进文化创意产业发展中的重要作用。因此，有必要进一步完善相关税收政策，以税收来激发非营利组织在促进文化创意产业发展中的活力。

一、非营利组织介绍

根据世界银行的定义，非营利组织是指在特定的法律系统下，不被视为政府部门一部分的协会、社团、基金会、慈善信托、非营利性公司或其他法人，且不以营利为目的；即便有利润赚取，也不可以将此利润分配。因此，非营利组织又名第三部门、非政府组织、公民社会、志愿者组织、慈善组织和非政府公共组织，与政府部门（第一部门）和企业界的私人部门（第二部门）共同形成影响社会的主要力量。非营利组织涉及的领域非常广，包括艺术、慈善、教育、学术、环保等，具有非营利性、民间性、志愿性、非政治性、非宗教性等重要特征。

二、文化创意产业类非营利组织

作为非营利组织的一种重要类别，文化创意产业类非营利组织的发展对促进文化创意产业市场日趋完善，提升社会大众的消费需求有十分重要的意义。具体包括以下几个方面：

第一，文化创意产业类非营利组织是提供公共文化创意产品的重要主体。随着经济的发展，人民的生活水平不断提高，对物质和精神的消费需求日益多元化，按照传统文化创意产品的生产供应方式，社会和民间力量参与不够，容易导致供给与需求不匹配的现象。而以软要素推动的文化创意产业在发展模式和路径上与硬要素推动的有形产业具有显著的差异，"其价值的创造依赖于创意阶层的崛起，其价值的实现有赖于消费者的认同"，文化创意产业的发展离不开社会群体的支持，"创意生活圈""创意阶层""创意社群"等一系列有关文化创意产业"社会化"的表现，表明积极培育、扶持和引导具有旺盛生命力的"民间团体"是发展文化创意产业的有效之举。故非营利组织应该成为消除供求双方信息不对称、推动文化创意产业供给多元化发展的重要抓手，形成市场主导、政府引导、非营利组织积极参与的新格局。

第二，培育文化创意产业类非营利组织是深化文化体制改革的内在需求。现阶段我国已经基本上完成了文化体制改革的阶段性任务，但从国家要将文化创意产业打造成为国民支柱产业的战略方针和进一步完善公共文化服务体系建设的角度来看，文化创意产业的发展和文化市场的建设仍存在巨大的挑战，改革建设的重点在于政府的职能转变，要明确政府参与经济活动所扮演的角色，既不能"越位"，也不能"缺位"。坚持市场在资源配置中起决定性作用的同时，做好政府的引导、支持工作，积极吸引和鼓励更多的社会资源参与到文化创意产业建设中来，一方面更有利于文化创新、激发文化创造活力，另一方面，能使供给方更直接地了解需求，推动文化创意市场更好更快地向供求平衡发展。

第三，培养非营利组织是保护特色民族文化的重要抓手。我国拥有丰富瑰丽的民族文化，也流传下来许多独特的民间手工艺品，但近年来，很多优秀的传统文化手工艺正在逐渐淡出人们的视野，部分优秀的传统文化面临着失传的风险。因而，鼓励组建民间组织对珍奇的民间创意文化进行探寻和保护有十分重要的意义，在政府不方便直接管理，或者管理效果不如民间非营利组织的情况下，由政府出资支持，非营利组织代为管理的方式可为民间创意文化的传承发展提供更多土壤和养分。

三、非营利组织的税收优惠政策评价

我国现行的关于非营利组织的税收优惠政策主要面向两种群体，一种是非营利组织自身，即政府对非营利组织的收入进行选择性税收征免，以此来激励非营利组织特定社会职能的实现；另一种税收优惠政策是面向对非营利组织进行捐赠的主体，即政府通过税收优惠措施鼓励社会企业、个人及国际组织向特定的非营利组织捐款。具体的优惠政策主要体现在所得税方面，包括企业所得税和个人所得税，流转税和财产税政策力度较小。

在实际施行过程中，针对非营利组织自身的税收优惠政策存在以下问题：一是税收征管欠缺力度。许多非营利组织认为其自身本就享受免税优惠，没有纳税义务，故没有进行税务登记的意识，游离在税务机关的征管之外，且税务部门很难对非营利组织的活动进行有效的税源监控，故容易

造成税款流失。二是税式支出易被滥用。根据非营利组织过往发展的情况来看，由于非营利组织的税收征管较为宽松，导致免税优惠政策被滥用的情况较为普遍，主要体现在三个方面：第一，本不符合免税条件的非营利组织的收入及财产享受免税待遇；第二，一些享受税收优惠的收入并没有投向社会公益事业，而是用于提高雇员的福利待遇，造成职工的待遇支出大大高于非营利组织实现社会职能的合理支出；第三，假借公益之名，进行投资经营活动，却不将所得用于社会公益事业。

针对向非营利组织捐赠的税收优惠政策则存在以下缺陷：第一，特许制有失公平。根据现行的捐赠制度，可直接接受捐赠的非营利组织（即符合《企业所得税法》规定的公益性社会组织）需要财政部、国家税务总局以文件的形式加以特许，目前已获得特许的非营利组织只占很小的比例，若其他非营利组织直接接受捐赠，则捐赠方的捐赠支出不能在所得税前扣除，特许制进一步加强了非营利组织与政府部门的联系，削弱了非营利组织的非官方性。一方面，特许制不利于非营利组织自己进行筹资；另一方面，特许制有碍税收公平，从制度上加强了非营利组织与政府的联系，为"寻租"创造了可能性，不利于税收公平。第二，捐赠扣除制度有待完善。我国企业符合条件的公益性捐赠的税前扣除额为年度利润总额的12%，个人公益性捐赠扣除限额为纳税义务人申报的应纳税所得额的30%，12%和30%的扣除比例与发达国家相比还有一定差距。此外，按照我国税法规定，企业以实物进行公益性捐赠，符合条件的可以按照公允价值在所得税前扣除，享受所得税优惠，但在流转税的处理上，以实物捐赠，按照视同销售处理，需要缴纳增值税，故以实物进行捐赠的税收优惠制度还有很大的改进空间。

四、以税收撬动非营利组织促进文化创意产业发展的政策建议

（一）严格区分营利性活动与非营利性活动

在非营利组织数量日趋增多、财政补贴无法满足其发展的情况下，商业化运作对非营利组织筹集资金以及开展公益性活动已成必然。我国的税

收政策规定非营利组织从事商业活动，其所得全部要纳税，这一政策实际上没有考虑非营利组织商业化运作的实质，如果非营利组织将商业活动所得用于发展公益性事业和实现社会职能，对其征税显然不符合鼓励非营利组织发展的宗旨。但如果非营利组织凭借免税的身份，从事商业活动并且将所得用于职工福利待遇提升或私自谋利等不当用途，则不仅会导致国家税收收入的损失，而且不利于非营利组织社会公益形象的树立。所以，在税收实践中，征管部门要严格区分非营利组织的营利性活动与非营利性活动，设立商业活动申报制度，原则上所有商业活动需要纳税，但对于将商业运作所得用于社会公益事业的商业行为在据实申报收入用途之后，确定其所得用于社会公益事业的，允许享受税收优惠；而对于拒不申报或者将商业活动所得用于社会公益事业之外的其他情况的，一律按章征税。

（二）拓宽公益性捐赠的渠道

拓宽公益性捐赠渠道，鼓励更多的社会资本流入非营利组织，有利于推动非营利组织公益职能的更好实现。首先，可以逐步将现行的"特许制"向"审核制"转化，扩大可直接接受捐赠的公益性社会团体数量，降低"特许制"下的限定条件。特许制有妨害税收公平之嫌，而审核制的重点在于监督核查，更有利于社会公平的实现，在审核制下，企业或个人向非营利组织捐赠，要求提供非营利组织的资质证明，受赠财物的具体使用计划，以及受赠财物的使用落实情况。相比于"特许制"，"审核制"更侧重于事后监督，操作也可以更方便快捷，可以降低捐赠人前期为达成捐赠扣除的成本损失。其次，提高公益性捐赠的税前扣除比例。现行12%和30%的扣除比例过低，就个人捐赠来看，申报的应纳税所得额的30%这一比例可以提高至50%，甚至更高，企业公益性捐赠的扣除基数为年度利润总额，而一些其他国家，针对公益性捐赠的税收优惠力度都要大于我国，例如，加拿大税法规定，企业向非营利组织的捐赠，如果在其应纳税所得额的75%以内，则可以在所得税前予以扣除；印度税法则规定，企业向农村发展工程捐赠，可全额在所得税前扣除。为了鼓励企业及有能力的个人向非营利组织捐赠，推动更多的社会资本流入非营利组织，我国应当借鉴国外经验，提高公益性捐赠税前扣除比例。最后，优化实物捐赠的税收政策。我国税法对实物捐赠的税收制度较为严格，但实物捐赠对企业和公民来说更为便捷，成本也更低，建议我国在未来的改革中，降低甚至减免企业实物捐赠的流转税税负，鼓励更多有能力的企业参与到社会公益事业当中，加大公益性捐赠的税收优惠力度，降低公益性捐赠的制度门槛。

（三）侧重对文化创意产业非营利组织的税收政策扶持

文化创意产业的发展离不开非营利性组织的参与和引导，为了加大对文化创意产业非营利组织的扶持力度，政府可以在税收政策制定方面给予更多的偏向和支持。例如，允许文化创意产业非营利组织进行商业活动，对于其商业活动所得70%以上用于公益性目的及自身发展的，可以免征其各项税收；同时，提高企业和个人对文化创意产业非营利组织公益性捐赠的税前扣除比例。多管齐下，共同促进文化创意产业非营利组织发展，推动文化创意产业市场繁荣。

第五节　以动漫产业税收政策为例

动漫产业作为文化产业三大支柱产业之一，不仅促进了国家文化"软实力"的提升，动漫作品、动漫衍生品的生产销售也为一国带来了经济收入。从动漫产业发展历程来看，动漫产业受到自身特点和外部环境的影响，其发展需要良好的税收政策和税制环境的引导。下文以动漫产业为例，具体说明税收政策在促进文化创意产业发展中的重要作用。

一、中国动漫产业政策演进与税收政策的影响

（一）中国动漫产业政策演进

动漫属于文化创意产业之一，其内容不仅包括了图书、漫画、音像制品，更包括玩具、服装、展览等衍生品行业。在我国，动漫早在宋代就初现端倪，而真正把"漫画"一词提出是在2004年。这一年国家广电总局颁布的广发编字〔2004〕356号文件正式把我国动漫产业列为重点扶持产

业，并对我国动漫产业发展进行了详细阐述，在政策措施、市场管理等方面提出了较为具体的意见。此后我国政府对动漫产业的内涵界定、发展内容等诸多方面进行了确立和规范。

2008—2011年，为增强相关措施的可行性，国家提出了更为具体的细则性措施。一方面深化财税改革，对符合资质的动漫企业减免进口税收，另一方面规范管理，明确各类动漫游戏会展交易活动的审批程序。此外，政府也不断鼓励市场推进，对动漫产业的扶持政策也逐步由资金财税转变为金融扶持，通过政策引导企业提高自身创新意识和自主创新能力，推出受观众追捧的动漫作品，成为真正市场主体。

2012年至今，我国动漫产业财税政策实施开始向纵深发展。一方面，优化产业布局，提出产业结构调整是未来动漫产业发展的主线，另一方面，政府开始着力打造骨干动漫企业和动漫品牌，并不断强调动漫产业链在动漫产业发展过程中的重要性。目前我国动漫产业格局发生了很大变化，在我国多个地区均有布局，动漫产业化已经基本成形。其中广东省的动漫产业产值遥遥领先，形成了很多诸如奥飞动漫的龙头企业，支撑着国产动漫产业链的运作，也激活带动了周边的小型动漫企业。

近年来，我国动漫产业快速发展，据中商产业研究院的数据显示：我国动画行业总产值整体呈不断增长趋势，动画总产值从2012年的760亿元增长至2017年1572亿元，年均复合增长率为15.6%，《西游记之大圣归来》《白蛇：缘起》《哪吒之魔童降世》等优秀动漫作品也不断涌现。纵览我国动漫产业十几年来的变化，我国政府不断加深认识、更新观念、调整策略。但我国与动漫大国的差距还很明显，因此通过政策引导我国动漫产业良好发展显得尤为重要。

(二) 税收政策对动漫产业的影响

第一，恰当的关税政策有利于保护本国动漫产业。一个国家为削弱进口动漫产品的竞争力、保护国内动漫产品的发行及销售，可以设置较高的进口关税来提高进口商品价格，即发挥关税的壁垒作用。

第二，税收政策在动漫产品各个周期中发挥着重要作用。在动漫产业的初创阶段，产业还没有成型，开发费用较高，人才缺乏，相关技术也尚不成熟。此时政府应该重点推出鼓励动漫人才的培养及动漫技术研发的税收政策。在动漫产业的成长阶段，动漫企业同质化现象严重，此时政府应出台相关税收政策以加强市场资源配置。动漫产业进入成熟阶段后容易滋生模仿及盗版现象，所以在动漫产业的成熟阶段，政府应对动漫版权予以保护和监督，并实施税收优惠政策，创造促进动漫产业发展的良好氛围。

第三，税收优惠对动漫产业具有微观激励效应。对动漫企业而言，动漫产品的税收优惠降低了动漫企业的生产成本，提高了动漫企业的价格竞争优势；动漫企业所得税的税收优惠增加了动漫企业的利润，进而增加了动漫企业的流动资金及再投资的垫支资本，改善了其财务状况，有利于动漫企业综合实力和综合竞争力的提升。对动漫从业人员而言，实际收入水平的提高，对从业者起到激励作用，同时还能够提高从业者的社会公平感及责任感。

第四，税收优惠对动漫产业具有宏观刺激效应。对特定动漫产品的税收优惠政策在一定程度上具有乘数效应，还有助于改善产业结构，增强文化导向作用，这种乘数效应主要表现在供给方面。对动漫企业所得税采取税收优惠政策，还会增加企业的投资意愿，在需求方面产生了乘数效应。

第五，税收优惠对动漫产业具有矫正效应。动漫企业的研发是正外部性活动，其社会效益远远大于个人回报。但如果没有政府的介入，动漫企业会出于逐利的本性而选择个人回报率高的项目，不会积极投入研发，也不会产生更高的社会效益。而对动漫企业和动漫产品实行税收优惠有利于减少动漫企业的税收支出，降低成本，增加收益，从而在一定程度上刺激动漫企业的研发投入。

二、中国动漫产业相关税收政策存在的问题

（一）动漫企业税收政策存在的问题

我国动漫企业的税收政策存在许多问题。首先，动漫产品生产制作及销售的周期一般很长，有时可能需要花费三到五年的时间，而相关文件的

有效期限一般为两到三年。虽然动漫产业政策十年内并无太大变化,且相关政策也有一定连续性,但对于起步较晚、规模较小的企业来说还需要较长时间来适应政策的变革。其次,对于动漫企业的认定范围过于狭窄,且对动漫企业的营业收入、研究开发经费、动漫从业人员的专业性及自主开发情况等都有严格规定。这些门槛使得一些动漫企业难以进入,从而无法享受相关的税收优惠政策。此外,企业所得税虽有较大优惠幅度,但尚未形成完整的政策体系,只在动漫创作的源头给予税收优惠,相关的动漫衍生产品还尚未普及。

除了税收政策,国家的一些扶持政策也落实不到位。一些刚起步的动漫企业达不到国家动漫企业认定标准,无法享受动漫企业应享受的优惠政策。除此之外,这些动漫企业还面临融资难的问题。它们既享受不到税收优惠,同时又面临资金缺乏、技术落后等问题,使得这些动漫企业没有良好的发展环境。

此外,我国动漫产权的保护也不到位,使得很多正版厂商由于成本问题不得不被淘汰,形成了"劣币驱逐良币"的现象。同时,我国动漫衍生品仍面临着发展困难的局面。缺乏相应的筹资渠道、缺乏品牌保护、产业链不健全、相关技术不成熟等问题是我国动漫衍生品发展的一大阻碍。

(二) 中国动漫从业人员税收政策存在的问题

动漫从业人员不同于传统从业人员,动漫从业人员大致可分为两类。一类是没有固定的雇主,以在家或工作室自主创作,再向各大网站平台投稿的形式赚取收入;另一类是固定某动漫企业或平台的员工,为此平台进行动漫创作。两者收入形式有很大差别,前者没有固定的收入,只赚取投稿时的稿费,会在作品出版的月份或年度出现一次性收入畸高的现象,且其涉及的税种较多,难以衡量其所得税税负;而后者每月有固定的收入,自己创作的作品出版后还可能会有奖金和分红。这两种动漫从业人员同是创作,但待遇可能天差地别。用稿酬收入或雇员收入都难以衡量其实际所得税负担情况。另外,动漫从业人员收入大部分来自稿酬,我国关于稿酬征税并没有严格的划分,动漫、小说、杂志等都征收相同的税率。

动漫产业的发展应以创意为核心，因此需要培养相关的动漫人才。而我国现行的税收政策基本都是面向整个动漫行业的，缺乏对自主创新的动漫人才的激励措施。

(三) 中国动漫产业园税收政策存在的问题

我国的动漫产业虽然起步较早，但由于未得到高度重视，使得我国动漫产业发展在很长一段时间里停滞不前。2004年之后，国家为了推动我国动漫产业的快速发展，出台了一系列的文件和政策，比如《关于发展我国影视动漫产业的若干意见》《关于扶持我国动漫产业发展若干意见》等等，才将我国动漫产业发展推到了相对繁盛时期。随后，我国动漫产业开始如雨后春笋一般迅速发展，上海、北京、广州等城市先后成立了国家动画产业基地以及动漫游戏产业振兴基地，2005年还提出了每年要举办国际动漫节。

我国目前关于动漫产业园的税收政策缺少孵化刚起步的动漫企业的条件，动漫产业园的高壁垒使得很多小规模动漫企业望而却步。不仅如此，动漫产业园的政策大多由地方政府制定，其地域性因素明显，政策规定方面也有所差异。这容易导致一个动漫企业在一动漫产业园享受税收优惠后转而进入另一动漫产业园继续享受税收优惠。

三、促进动漫产业发展的税收政策建议

(一) 完善动漫产业链税收政策

狭义的动漫产业链包括动漫的设计、制作、宣传和销售，广义的动漫产业链在此基础上还包括了动漫衍生品的发行销售环节。即广义的动漫产业链包括三个环节：动漫的设计与制作环节、发行与播映环节、衍生品的发行与销售环节。

动漫的设计与制作环节是以动漫设计与制作公司为主的动漫产品生产环节，是动漫产业链的支撑。动漫的发行与播映环节指动漫设计制作企业自己代理动漫版权或将动漫版权授权给版权代理公司，根据作品的形式，通过动漫发行公司在各种媒体渠道进行推广发行，这是动漫产业链中的过

渡环节。而动漫衍生品的发行及销售环节是指动漫作品播出后，制作具有此动漫形象的服饰、用具、食品、游戏等，这是利润率最大的一个环节。

1. 完善动漫设计与创作环节税收政策。在"营改增"之后，由于动漫创作企业主要经营成本为人工成本，可抵扣的进项税额较少，改征增值税后反而加重了税收负担。本书建议将智力成本纳入增值税的抵扣范围，并考虑地区的收入差距因素。以员工实际薪酬为标准，根据当地同类企业员工平均薪酬，将员工福利换算成薪酬的一定比例，允许企业在缴纳税费时抵扣实际薪酬和福利的总额。同时为避免企业虚报职工工资以骗取抵扣额，需要当地税务局的实时考察，确定同地区同类型企业的平均薪资水平，从而设置动漫企业员工的工资抵扣额度，超过额度则不予抵扣。

此外，由于目前对享受税收优惠政策的动漫企业认定审批标准过于严格，对营业收入、自主开发能力、研究开发经费以及员工构成都有要求，导致很多动漫企业尤其是刚起步的动漫企业无法通过审批，不能享受相关优惠政策。因此，建议国家有关部门根据动漫企业的经营状况及内在规律，适当修改享受税收优惠政策动漫企业的认定审批标准，确保大部分动漫企业能够通过审批享受优惠政策。同时，本书认为，在扩大动漫企业税收优惠惠及范围的同时，要加强动漫市场监管，避免一些新创立的动漫企业享受完优惠后退出市场。

2. 完善动漫发行与传播环节税收政策。动漫的发行与传播环节是动漫产业链中的过渡环节，承担着承上启下的作用。应扩大享受税收优惠动漫企业的范围。在分析奥飞动漫的主营业务收入中电视媒体类的毛利率后，我们可以看出其电视媒体类业务的毛利率不高，而且该类业务的前期投入成本大，而这类型的企业却无法视同动漫企业享受相对应的税收优惠。建议将动漫发行和传播企业纳入享受税收优惠动漫企业的范围内。

3. 完善动漫衍生品发行及销售环节税收政策。动漫衍生品的发行及销售是动漫产业链的下游环节，其盈利能力不可低估。在日本、美国等动漫产业大国，动漫衍生品的收入一般占动漫产业总收入的70%—80%，而中国衍生品收入只占动漫产业总收入的30%不到。

本书认为，要提高企业对动漫衍生品研发的积极性可从以下几个方面着手：首先，延长研发费结转年限，对于经认定为高新技术企业的动漫衍生品制造企业，准予按照收入的比例提取技术开发准备金，并规定此准备金可在应纳税额中扣除。其次，通过企业所得税税收优惠的形式引导设备的更新和研发。企业购入研发设备后，可根据其消费金额的一定比例抵扣应当缴纳的税额，不仅如此，为了鼓励企业注重长期设备的使用，设备的年限越长，可抵免的税额越高。最后，鼓励动漫衍生品生产销售企业对研发费用进行合理的税收筹划。在不违背法律的基础上，最大限度地拓宽时间界定范围，以享受最高的研发费用扣除基数，并对研发费用进行界定，将研发项目与日常项目的研发费用合理分摊。此外，还建议对属于增值税一般纳税人的动漫企业销售动漫衍生品适用9%的低税率或按6%征收率征收增值税，降低动漫衍生品企业的流转税负担。

（二）完善动漫产业人才培养的税收政策

日本动漫之所以原创性较强、动漫形象深入人心，很大程度是因为日本十分重视动漫人才的培养。日本设立了专门培养动漫人才的工作室，而较为专业的动漫从业者都是从动漫工作室—动漫创作助理—漫画家一步步走出来的。而我国目前缺少培养专业动漫人才的院校，国内多数动漫从业者很大程度是因为自身爱好或其他原因投身于动漫行业，并未接受过专门的培训。因此，政府应当开设动漫培训学校，或增加与动漫相关的专业。国家也可以出台相关税收政策，可以对培训院校或工作室的专业人才培训免征增值税，对于培训需用的动漫相关专业器材免征增值税。并鼓励员工自主学习并提高职工教育经费的比例，或允许在计算个人所得税时扣除教育培训支出。

同时，我国应当进一步拓宽个人所得税减征范围，逐步提高税费扣除比例，吸引并留住动漫人才。对动漫从业者的某些特定收入进行减征，例如，目前对稿酬所得可减征30%，可以将特定收入的范围扩大，即对知识产权、版权、专利技术等特许权使用费也可实施同样的规定。此外，因从业者薪酬体系相对特殊，应当综合稿酬、薪酬、版权收入等多方面因素，进行综合考量，个人所得税采用分类与综合相结合的方法，以减轻动漫从业人员的纳税负担。动漫从业人员除了薪资组成复杂的特点外，还具有收入不均的特点。当作品刚刚发布时，很大概率会出现收入突然变高的情况，在其他年份或月份则收入较少甚至没有收入。这就可以采取所得税平均法，即对超出当年限额的收入可以在之后几年进行结转，这样一年的税负经过平摊，也可以减轻动漫从业人员的税收负担。

（三）完善动漫产业园的税收政策

动漫产业园是产业发展与经营的载体，也是实现产业规模化和一体化的必要因素。当产业聚集到同一区域后，不但能够对附近小型动漫企业的发展提供助力，而且其技术及资源集中，可充分利用资源配置，更有利于促进动漫产业这种专业性产业的发展。

虽然我国动漫产业园及相关税收政策已初具规模，但与动漫大国相比还有很多不足。本书建议，首先，对动漫产业园区内的企业享有的税收优惠应遍及所得税、增值税、房产税等多税种。对于拥有国家重点项目的企业依具体情况给予财政补贴或其他奖励。其次，动漫从业人员收入具有不稳定的特点，可依据不同园区的实际情况，对园区内动漫从业人员采取平滑的税收政策，以保证动漫从业人员不同时期的收入稳定性。此外，对于优秀的动漫人才，可采取培训费、学费适当减免的税收政策。

（四）促进中国动漫产业全球化发展的税收政策

当今社会形态下，"全球—本土"一体化深刻地影响着每一个国家。在全球化背景下，既要做到与世界格局进行一定趋同，又强调国家、民族自身特色。而处在当下意识形态的动漫企业，也受制于"动漫产业全球化竞争"这一事实。

针对动漫产业全球化，本书认为可从如下方面拓展市场，缩短我国动漫产业与动漫大国间的差距。首先，为学习国外优秀动漫产品开发经验，对于引入国外动漫开发技术和设备的企业，可免收其进口环节的关税与增值税。其次，我国应充分发挥对外开放的市场优势，聘请国外动漫大师进行讲座培训，可对在我国国内进行动漫讲座的大师实行个人所得税的优惠政策。最后,我国应鼓励国内动漫企业"走出去"。对参加境外举办的动漫展览、技术推广等国内动漫企业,给予经费补助等政策,也可根据情况适当减免企业所得税,以使得我国动漫企业逐渐走向国际市场。

除此之外,政府应提供相应的国际税收服务。目前我国动漫企业尤其是刚起步的动漫企业没有了解国外动漫产业政策的相关人才,这样我国动漫企业出口时可能面临巨大税收风险,可能因触犯国外法律造成巨额罚款甚至被逐出国外市场等。

第四章　文化创意产业发展与金融政策

《国家"十一五"时期文化发展规划纲要》指出，要完善文化要素市场，充分利用国内外资本市场，拓展文化产业投融资渠道。规范文化产权交易，重点发展版权和其他无形文化资产市场。文化创意产业的发展离不开金融政策的支持，投融资问题已经成为制约文化创意产业发展的关键因素，因此，想要充分发挥文化创意产业对文化产业的引领作用，体现文化创意产业对经济的贡献，金融支持政策必不可少。本章主要探讨金融支持政策在促进文化创意产业发展中的重要作用，分析中国文化创意产业的金融政策现状与问题，在立足本国国情并借鉴国际经验的基础上，提出促进我国文化创意产业发展的相关政策建议。

第一节　文化创意产业发展金融支持政策的作用

一、调节文化资源供需结构，促进社会资源公平配置

文化创意产业是一种重要的社会资源形式，同时，文化资源配置不仅是对社会物质资源的分配，而且是对社会文化资源配置的一种重要形式。合理的文化创意产业金融政策可以调节社会文化经济资源和个体对社会文化资源的供求结构，从而保证社会文化资源的公平配置。

二、优化文化创意产业结构，提高文化创意产业生产力水平

金融政策可以调节并优化文化创意产业的产生结构，提高其生产力水

平。本质上，文化创意产业的竞争力取决于一国的科技水平，因此，文化创意产业的成功与国家文化创意产业技术创新推动政策密不可分。

三、促进文化创意市场机制完善，营造健康的文化创意产业生态环境

文化创意产业金融政策能够通过旨在鼓励反对垄断、促进竞争、发挥规模经济和完善市场秩序等方面的政策优化文化创意产业市场机制，遏制文化创意市场畸形发展，打击文化创意产业的恶性竞争，为文化创意产业营造良好的生态环境。

四、发挥文化创意产业对经济的促进作用，促进经济高质量发展

文化创意产业作为文化、科技深度融合的产物，有强大的资源整合能力。比较而言，文化产业能创造更多的附加值。创新是文化创意产业的核心，文化创意产业自主创新能力高、知识含量高、附加值高，发展文化创意产业，可以改变一国产业结构，实现产业结构的优化升级，促进经济的可持续发展。

第二节 中国文化创意产业发展金融政策现状与问题分析

一、中国文化创意产业发展金融政策现状

（一）信贷融资

作为间接融资的一种，银行信贷融资是产业发展获取资金支持的重要来源，其对于文化创意产业发展亦是如此。然而长期以来，由于文化创意产业本身的特点——资产以无形资产为主，难以估值，即缺少信贷融资所要求的有效抵押物，导致文化创意产业银行信贷融资难度较大。近年来，

随着我国文化创意产业的发展，文化创意企业与银行之间的关系越来越密切，银行信贷已逐渐成为金融政策支持文化创意产业发展的主要工具之一。

从担保贷款到版权质押，再到打包贷款，我国影视行业的融资模式逐步完善、成熟，虽然缺少传统担保贷款所需的抵押物，但其独特的版权、收益权、著作权等无形资产正逐渐得到银行等信贷机构的认可（见表4-1）。此外，随着各级政府对文化创意产业的重视，各级政府纷纷出台银行等信贷机构支持文化创意产业发展的政策，鼓励其积极与文化创意产业合作，通过政府的鼓励，银行对文化创意产业的信贷支持也更具信心（见表4-2）。

表4-1　　中国影视业部分项目银行信贷融资情况

年份	项目	银行	贷款额度	贷款方式
2002	《英雄》	外资银行	3000万美元	担保抵押
2004	《夜宴》	深发展	5000万元	中信保保险、海外销售版权抵押
2006	《集结号》	招行	5000万元	版权质押、公司合伙人承担连带责任
2008	《兵圣》等十四部电视剧	北京银行	1亿元	打包贷款、影片的版权质押
2009	《唐山大地震》等四部电影	工商银行	1.2亿元	打包贷款、版权质押、公司合伙人承担连带责任
2009	《十月围城》等三部电影	工商银行	5500万元	打包贷款、版权质押、公司合伙人承担无限连带责任
2010	《龙门飞甲》等影片	北京银行	1亿元	打包贷款、版权质押
2010	《金陵十三钗》	民生银行	1.5亿元	版权质押

资料来源：叶朗. 中国文化产业年度发展报告[M]. 北京：北京大学出版社，2012.

表4-2　　中国政府、银行文化创意产业合作情况

年份	政府	银行	信贷额度
2009	文化部	进出口银行	5年内提供200亿元资金
2009	上海市政府	国家开发银行	5年内提供300亿元资金
2010	北京市广电局	北京银行	3年内为企业提供100亿元授信

续表

年份	政府	银行	信贷额度
2010	湖北省文改办	中国银行、工商银行	提供 220 亿元授信
2011	江苏省文化厅	北京银行	提供 100 亿元授信
2012	广西北海市政府	中国银行	提供 20 亿元高效金融服务
2012	湖南省政府	中国农业银行	3 年内提供 1000 亿元以上信用额度
2013	甘肃嘉峪关市政府	甘肃银行	2 年内提供 10 亿元信贷资金

资料来源：通过相关政府网站资料整理所得。

（二）产业基金

文化产业投资基金作为产业基金的一种，以非上市中小企业为重点投资对象，着力投资于增长潜力大的新兴文化创意企业。经过多年的探索，我国的文化产业投资基金已初具规模（见表 4-3）。文化产业投资基金推动了文化创意产业的发展，然而，由于我国文化创意产业基金发展起步较晚，目前还存在许多的问题，例如，当前我国缺少针对文化创意产业投资基金的专门性法律法规，导致文化创意产业基金运行过程中存在较多漏洞，很多文化创意产业基金存在不合规运作的问题。此外，由于我国独特的区域分割特色，我国现存的文化创意产业投资基金区域划分较为严重，多数文化创意产业基金仅仅在某一区域服务，这导致其服务能力受到较大限制。未来，随着新时代我国经济的稳中向好，我国文化产业基金的发展也会不断成熟。

表 4-3 　　　　中国部分文化产业投资基金情况介绍表

时间	基金	规模
2009	华人文化产业投资基金	50 亿元
2010	江苏紫金文化产业发展基金	20 亿元
2010	陕西文化产业投资基金	22 亿元
2011	广东文化产业投资基金	50 亿元
2012	山东省文化产业投资基金	10 亿元
2012	海峡文化产业投资基金	30 亿元
2013	贵州省文化产业发展基金	4.5 亿元

资料来源：通过相关政府网站资料整理所得。

(三) 债券融资

债券融资也是金融政策支持文化创意产业发展的工具之一,与其他金融支持工具相比,其融资成本较低,优势明显,但对市场制度和公司质量要求较高。因此,在我国文化创意产业领域,债券融资主要集中于个别大型文化创意企业,而众多中小文化创意企业债券融资受到较多限制(见表4-4)。一般而言,企业通过债券融资可合理地避税,同时也可以发挥财务杠杆作用,在资金有限的情况下,取得更好成绩,因此,文化创意产业应进一步推广债券融资。虽然债券融资具有众多优点,但我国对于文化创意产业的债券融资仍存在很多问题。首先,政府对文化创意产业企业干预过多,导致文化创意企业债券融资受到许多限制;其次,文化创意产业以中小企业为主,在债券市场,中小企业债券融资难度更大;最后,企业发行债券对市场环境和企业质量均有较高要求,但我国金融市场发展仍存在很多问题,其中一个明显不足就是中介机构运行机制不够完善,缺乏必要的监管,这也给我国文化创意产业债券融资带来了许多困难。

表4-4　　　　中国部分文化创意企业债券融资情况表

时间	公司	额度	券种
2007	中国电影集团公司	5亿元	企业债券
2008	华侨城	400亿元	企业债券
2009	江苏凤凰集团	40亿元	企业债券
2010	背景超炫广告公司等	4800万元	中小企业集合票据
2011	西安曲江文化产业集团	10亿元	短期融资券
2012	扬州工艺美术集团、大贺文化传媒集团	1.5亿元	中小企业集合票据
2014	陕西省洛南县大禹文化产业园区	200万元	秦岭文化产业项目建设债券

资料来源:通过中国证监会网站资料整理所得。

(四) 上市融资

经过长时间的摸索,随着我国股票市场的发展与企业上市制度的完善,上市融资作为我国文化创意产业获得金融支持的一个重要工具也在不断完善。上市制度可以使企业在短时间内筹集到大量资金,解决企业资金短缺问题。但企业上市受到各方面的制约,其中最为重要的就是各国证监会对企业上市的规定,当前,我国对文化创意产业还比较保守,文化创意企业要通过上市融资还存在一定困难。我国部分文化创意企业上市情况如表4-5所示。

表4-5　　中国部分文化创意企业上市情况简介

时间	公司	地点
1999	程度博瑞传播	上证
2008	时代出版传媒	上证
2006	新华传媒	上证
2010	浙江华策影视	深创业
2010	博纳影业集团	纳斯达克
2010	宋城股份	深证

资料来源:通过中国证监会网站资料整理所得。

除上述政策工具外,风险投资、私募和公募基金等也是金融政策支持文化创意产业发展的常用工具(见表4-6)。

表4-6　　金融政策支持文化创意产业发展的其他案例情况

企业	行业	时间	机构	金额(万美元)
追光动漫	动漫行业	2013	IDG资本	500
		2014	纪源资本、成为资本、高领资本、IDG资本	2000
剧角印画	广告行业	2013	同创伟业	122
		2014	天星资本、同创伟业	977
摩登天空	影视行业	2013	富坤创投	440
		2014	中国文化产业投资基金	326

续表

企业	行业	时间	机构	金额（万美元）
博纳影业	影视行业	2013	复星集团	2080
		2014		4920
沃捷传媒	广告行业	2013	金鑫祥泰、基石基金、启迪创投	523
		2014	金鑫祥泰、基石基金、启迪创投、启迪东湖创投	519

资料来源：通过投中集团网站资料整理所得。

二、现存问题分析

（一）政府扶持力度不够

不论何时何地，文化创意产业的发展都离不开国家政策的支持，其主要包括资金投入和政策两个方面，二者相互作用，缺一不可。多数情况下，政府虽然制定了促进文化创意产业发展的政策规定，但忽略了资金投入方面的方针，导致政策不落地，文化创意产业发展仍面临资金短缺问题，而无法得到充分的发展。就政府出台的促进文化创意产业发展的政策而言，仍存在许多不足之处，例如政府政策对社会资本关注不够，无法改善社会资本的资金供给和文化创意产业的资金需求失衡的局面。此外，政府扶持政策的不完善直接加大了文化创意产业的经营风险，面对这种情况，投资者难以进入，进一步增加了文化创意企业融资难问题。同时，我们也需要注意，一个产业的发展有其自身的生命周期，需要不断地自我完善推进，我国文化创意产业虽然是在政府帮助下设立，但如果政府过多参与，也会束缚文化创意产业的发展步伐。

（二）政府融资服务模式不健全

政府的一系列政策，如设立文化创意产业投资基金、直接增加资金支持和架设文化创意产业投融资平台等，虽然对文化创意产业发展起到了一定的作用，但是作用并不十分显著。这是因为政府政策多是在体制层面，宏观的把控较多，但缺少具体的实施政策，因此仅仅停留在文字层面的政策很难取得一定成效。此外，政府制定的政策大多直接面对企业，对于文化创意产业发展中的其他作用主体关注较少，使得这些主体对文化创意产业的信贷积极性不高，加深了文化创意产业资金短缺问题。

（三）资本市场融资困难

资本市场融资对于市场制度和企业质量要求均较高，因此，现阶段我国文化创意产业使用资本市场融资的情况多发生在龙头企业和大企业中，对大多数中小企业而言，资本市场融资较难实现。一方面是因为中小企业较难达到资本市场融资所要求的企业质量标准，另一方面也是因为我国资本市场现阶段还不成熟。然而，任何产业要快速发展都需要直接面向资本市场进行融资，因此，未来需要大力提升文化创意产业借助资本市场融资的能力。

（四）缺乏完善的法律法规支持保障

目前，我国对中小企业的立法还不完善，例如，我国现有法律中虽规定了中小企业的权利，但实际执行中却由于各种原因未能落实到位，同时，对中小企业的各项立法还存在严重缺失的问题。我国文化创意企业现阶段多数是中小企业，因此其发展一般缺乏完善的法律支持保障。

三、国内实践的案例分析——以北京市为例

为解决文化创意企业融资难问题，加大金融政策对文化创意产业的支持，北京市相继出台了《北京市推进文化创意和设计服务与相关产业融合发展行动计划（2015—2020）》《关于进一步鼓励和引导民间资本投资文化创意产业的若干政策》《北京市"十三五"时期文化创意产业发展规划》等一系列促进产业发展的政策措施，对文化创意产业进行扶持。在文化创意产业金融支持政策方面，主要包括以下四个方面：

（一）与金融资本对接，开辟贷款绿色通道，开展文化创意产业无形资产质押贷款试点工作

建立快速审批机制，对重点企业及项目，优先给予信贷支持。商业银

行每年增设一定规模的贷款额度，专项用于文化创意企业融资。推动建立文化创意产业无形资产评价机制，实现版权、著作权、销售合同、收益权、设计创意等无形资产质押。在文化创意产业专项资金中安排专款用于支持金融机构参与文化创意产业发展，实行银行贷款贴息政策，贷款贴息包括全额贴息、部分贴息等多种方式。

（二）建立并推出北京市文化创意产业贷款担保工作机制

2009年《北京市文化创意产业担保专项资金管理实施办法（试行）》出台，其中规定，北京市文化创意产业担保资金主要采取对合作担保机构的再担保保费进行补贴、对担保业务进行补助等方式，引导担保机构为符合北京市文化创意产业发展总体规划和相关政策的项目提供担保服务。担保资金来源于北京市文化创意产业发展专项资金。

（三）鼓励民间资本进入文化创意产业领域，支持民营企业健康快速发展

《关于进一步鼓励和引导民间资本投资文化创意产业的若干政策》规定，鼓励民间资本进入文化艺术、广播影视、新闻出版、艺术品交易等文化主导行业，发展内容创作、交易传播等重要环节。引导民间资本在设计服务、广告会展、动漫网游等创意主体行业实现规模化发展、品牌化运营。促进民营文化创意企业和机构在增加投资、引导消费、扩大出口等领域发挥更大作用。鼓励和引导社会资本参与公共文化服务、非遗传承保护、文化交流、文创小镇建设等。探索文化领域政府和社会资本合作（PPP）模式，推进一批合作示范项目，形成可复制、可推广的示范案例。

（四）设立北京文化发展基金

对实现文化科技融合关键技术突破的示范项目，以及文化与旅游、体育、教育、农业等业态融合项目，给予相应奖励支持。《北京市文化创意产业发展专项资金管理办法实施细则》规定，专项资金的管理和使用必须遵守国家有关法律、法规和财务管理制度，遵循"公开、公平、公正"的原则，实行公开征集、诚实申请、集中受理、择优评选。专项资金支持方式分为贷款贴息、项目补贴、政府重点采购、奖励、贷款担保、创业投资

引导基金。专项资金支持的项目要符合公共财政和 WTO 的原则，并不得用于基本建设投资。对于应由其他财政专项资金支持的项目，本专项资金不予支持。同一项目重复申请市财政资金的，一经发现，取消其申报本年度专项资金的资格。

第三节　文化创意产业发展金融支持政策国际经验借鉴

一、伦敦经验

作为首个明确"创意产业"定义的国家，英国有着"文化创意产业摇篮"之称，其首都伦敦更是以"创意之都"闻名全球。在英国中央政府的指导下，伦敦政府采取了一系列有效的金融政策促进其文化创意产业发展，主要有如下方式：

（一）中央政府推动

资金支持方面，首先，政府加强资金支持的机制建设，逐步构建以奖励投资、建立风险基金、提供贷款和减免税等为主要举措的创意产业财务支持系统，如英国政府在 2012 年追加 2500 万英镑的创意产业资金支持。其次，英国政府在融资上独辟蹊径，创造性地提出了"国家彩票基金"和"政府陪同资助"的新模式。新型的融资模式极大地调动了全民和企业从事文化创意产业的积极性，弥补了政府文化投资的不足，释放了巨大的投资潜力，促进了英国文化创意产业的蓬勃发展。最后，政府建立创意产业工作组，推动地方政府与各类艺术机构合作，并成立促进文化创意产业发展的金融机构，如在首都的哈姆雷特堡设立文化产业发展推介中心，该机构为各个文化创意企业提供创业、管理、培训和融资指导等间接性的金融服务，推动文化创意企业快速发展。在中央政府及地方政府相关政策的支持下，伦敦文化创意产业获得了积极发展。

（二）健全融资支持体系

在中央政府提供政策支持的同时，为促进伦敦市文化创意产业的持续高效发展,伦敦政府也从资金支持方面健全伦敦市的创意产业融资支持体系。伦敦发展创意产业的资金来源方式多种多样,其中最主要的来源是财政拨款,伦敦发展局每年投入3亿多英镑直接用于投资伦敦文化创意项目,极大地弥补了市场融资的不足。2010年,伦敦文化创意产业发展中财政拨款占46.1%,地方政府拨款占31.1%,还有彩票、信托基金、赞助、欧盟等其他方式的资金支持。此外,为加强政府、银行金融业、创意企业之间的联系,伦敦创新设立了多种多样的创意产业支持基金,如著名的伦敦创意种子基金、2005年设立的创意优势基金等,只要是有潜力或创新力的文化创意企业都可以申请这些基金。

二、纽约经验

作为文化创意产业头号强国的美国近年来文化产业持续增长,而纽约作为美国的经济中心,文化创意产业发展更是迅速。与伦敦模式不同,纽约更重视自由竞争市场的作用,主要采取以下措施推动文化创意产业发展:

(一)政府的"金字塔式"资金支持

纽约政府十分重视创意产业的发展,其对文化投资的支持力度大且呈"金字塔"分布。数据显示,2013年,纽约政府在支持文化创意产业方面投入的资金最多,达到1.5亿美元。纽约政府的文化投资呈"金字塔"分布形态:位于"金字塔"顶端的是私人机构主办的晚会、演出和已经具有成熟商业运行模式的文化组织,这些文化活动的资金主要或全部由主办方自己承担;凸显民族特色和推动城市发展的社会公益性文化活动采取政府和私人合作的资助方式;而事关国家信息文化安全的文化行业、凸显民族特色的优秀文化组织等非营利性的基层公益项目和草根文化团体等是政府的重点资助对象。

(二)融资方式和投资主体多元化

纽约创意产业的发展也主要以市场调控为主,政府干预为辅。纽约政府尽量减少对文化创意产业的直接资助,主要将公共政策作为杠杆来鼓励和引导各行各业对文化产业进行金融资助，使创意产业呈现投资主体和融资方式多元化。其中主要的融资方式如下：第一，设立基金。为促进文化创意产业发展，纽约政府和企业设立了大量基金，如著名的纽约艺术基金会、艺术家团体联邦信贷联盟、美国演员基金等。数据显示，每年纽约艺术基金会为纽约170多个个体和组织提供大约1100万美元的拨款，资金支持力度超过任何私人组织。第二，财团支持和慈善融资。众所周知，纽约作为美国的经济中心，同时也是财团财阀的聚集中心，如洛克菲勒基金会、福特基金会的全球总部、德意志银行基金会等企业总部均集中在此，这些财团对纽约文化创意产业的发展功不可没，如美国人生活中不可或缺的《纽约时报》与洛克菲勒财团关系匪浅。此外，慈善融资对纽约文化创意产业发展也非常关键，据《纽约时报》统计，全美国的捐赠资金约11%集中在纽约。第三，其他融资渠道。纽约除了基金和财团、慈善融资外，政府也通过财政补贴、税收减免等手段来吸引大量的投资银行、风险投资公司和金融家来纽约发展，为纽约创意产业发展创造良好的金融环境。多元化的融资方式不仅解决了纽约文化产业发展的资金短缺问题，促进了资本的循环利用，而且促进了企业间的竞争，更好地满足人们的多样性文化消费需求，同时引导全民参与服务文化产业，促进了文化产业的发展。

三、东京经验

近年来，东京文化创意产业发展迅猛，其成就与政府政策引导有密切关系，主要金融政策如下：

（一）多种资金支持措施助力中小企业发展

在东京，中小型的文化创意企业居多，与工业企业发展不同，它们更具效率和灵活性。结合中小文化创意企业的生产特点，为促进文化创意中小企业的持续发展，东京对文化创意企业经营的各个环节都有资金支持，如产品研究开发、员工教育培训、市场开拓、文化知识产权保护等环节。在对文化创意产业进行直接资金资助的同时，政府联合银行、企业构建多层级资金网络，吸引民间投资，创新和实施多种形式的融资与融资担保制度，形成了中小企业融资债券市场。在东京政府的推动下，多种资金支持措施的实施在很大程度上解决了中小文化企业发展的资金短缺问题。

(二) 整合多方市场资源的融资模式

首先，东京政府充分发挥大企业的先锋示范作用。研究表明，日本大企业抗风险能力强，有着企业转型升级、品牌宣传建设的强烈动机，在文化创意产业资金支持中占比越来越大。东京政府根据这个特点，鼓励广大大型企业积极举办文化创意产业活动，取得了非常显著的效果，如闻名世界的"丰田杯"足球赛就是由丰田公司举办的。其次，积极探索东京特色文化创意融资模式。东京根据本国文化和间接融资特点，结合具体的需求和判断，选择最佳的融资组合方案。风险高的电影投资可以通过多头投资、资产抵押等方法筹措；风险较小而且需要大量资金的电影制作投资则可用吸引投资或者最终收益分红等方式进行筹措。最后，阶段化、具体化文化创意产业融资问题。文化创意产业发展的不确定性，使得各个阶段的发展特点和问题复杂，因此在进行文化创意融资时尽量将问题阶段化、细节化，通过战略会议、审议会、听证会等将问题解决，使有限的资源和政策在计划的各个阶段发挥最大作用。

第四节　中国文化创意产业发展金融政策对策建议

一、加强信贷支持

(一) 建立文化创意企业信用平台建设

文化创意产业的迅速发展导致对信用的要求越来越高，为了解决借贷双方的信息不对称问题，应该积极建立文化创意企业信息系统，现有的"中小企业金融服务平台"的征信查询模块，明显信息不完整、实际运用效率较低。为了建立一个高效的文化创意企业信用平台，可以参考国外的做法，由政府出面协调，整合银行、小贷款公司、中介、担保公司的信用信息，扩容"中小企业金融服务平台"。除此之外，也可以再加快建立一个中小企业信用信息库。文化创意企业信用信息平台能使银行提高信息掌控能力,甄别企业风险,降低信贷风险,也能促进文化创意企业建立诚信意识,加快自身能力提升,还能发挥市场机制的作用,自动甄别企业质量,避免市场失灵,使信用良好的文化创意企业更易获得贷款,提高文化创意企业竞争力。在文化创意企业信用平台建立之后,要进一步做好三方面工作,首先要及时更新信息,确保信息真实有效;其次要不断升级信用平台,增设新功能,方便用户使用,提高使用效率;最后要确保信息安全,维护信息平台的权威。

(二)开发文化创意产业的信贷产品

开发文化创意产业的信贷产品,在金融政策推动文化创意产业方面将起到较大作用。目前,不少银行已围绕这一目标推出了一系列新型信贷产品,丰富了文化创意企业信贷产品市场,为企业提供了更多选择,例如,中行针对电影制作公司的权益类贷款项目。银行等信贷机构应进一步发挥创造力,借鉴国外优秀经验,设立更多更具针对性的文化创意产业信贷产品。一要继续加大对文创企业融资的支持,在保证风险可控的前提下,简化贷款审批程序,放宽资格条件,积极扩大银行信贷业务范围,为文化创意企业融资提供最大便利;二要积极创新,开发拥有市场效益的信贷项目;三要灵活应对市场变化,一事一议,不局限于既有产品,敢于创新。除银行体系之外,还要积极利用小额贷款公司进行融资。由于小额贷款公司的放贷条件低于银行放贷要求,从而为文化创意企业资金周转又提供了一个新的渠道。同时应注意到,小额信贷融资也有其劣势所在,即融资金额较少,易陷入流动性危机。但即使小额贷款公司存在先天不足,其在解决文化创意企业融资难问题中也扮演着不容忽视的角色,应合理加以应用。

二、鼓励企业直接融资

(一)推动文化创意企业上市融资

随着中国经济转型,企业兼并重组不断深化,形成了一大批具有较大市场竞争力的文化企业，这些企业规模大、实力强，能够充分利用上市直接融资解决资金难题。此外，随着证券市场的完善，创业板市场的发展为中小文化创意企业的融资问题提供了解决思路。然而，上市融资对企业自身要求很高，满足条件的企业毕竟数量有限，而且目前上市的文化企业一般是实力较强的大型文化创意企业，对众多中小文化创意企业而言，上市仍遥不可及。因此，政府在企业上市方面应给予引导，一方面适当逐步放宽上市条件，另一方面也可以不断鼓励企业整合，通过兼并重组做大做强。

（二）支持文化创意企业债券融资

随着我国债券市场的不断规范，债券融资成为我国文化创意企业解决资金问题的重要手段，文化创意企业通过在债券市场发行公司债、集合债等募集资金。各债券中介机构应政府政策要求，积极应对市场变化，主动与文化创意企业合作。之后，政府应进一步鼓励文创企业在债券市场的直接融资，鼓励中介机构积极为文化创意产业服务，调低收费，对中短期票据融资给予优惠资费。此外，要利用好新三板市场。新三板本身就定位于中小企业，尤其是为科技创新企业提供股权交易，新三板市场为解决文化创意企业资金问题带来新的思路，新三板扩容的逐步推进，为文化创意企业融资提供了一个新的融资方向。

三、拓展企业融资渠道

（一）引导规范民间借贷

民间借贷是中小企业融资的主要手段，因此，民间借贷也是中小文化创意企业常用的融资手段，应积极探索民间借贷规范化机制，降低借贷风险，保证民间借贷长久健康发展。一方面要惩戒不规范的民间借贷，完善法律法规和制度建设，明确借贷方式、利率和期限等，另一方面要提供信息支持，避免借贷企业盲目投资，将债权人风险降到最低。

（二）设立文化创意产业基金

虽然文化创意产业的发展离不开政府政策和财政资金的支持，但财政资金是有限的，只有设立产业基金，大量引入私人资本，才能发挥财政资金的杠杆作用，实现可持续发展。未来，应不断扩大产业基金规模，按行业设置职能部门，进行针对性的投资。此外，国有企业、民营企业、各团体组织都可尝试发起文化创意产业基金，带动相关社会资本共同支持文化创意产业发展，实现各方互利共赢。

（三）积极发展文化保险市场

在国外，保险市场对文化创意产业的融资支持已相当成熟，许多专门针对文化创意企业的险种为企业发展提供了充足的资金保障。然而我国的保险市场还未涉及文化创意产业。因此，为了发挥保险市场在文化创意产业融资中的作用，应做到以下几个方面：第一，创新险种。考虑文化创意产业的自身特点，为其量身定制险种，如"杀青险""审核险""上映险"。第二，弥补信用不足。通过为文化创意产业的无形资产投保，提高文化创意企业融资能力和信用等级，解决其融资难题。第三，降低贷款风险。与银行、小额贷款公司等贷款机构合作，为文化创意企业贷款投保，提高信贷主体对文化创意产业贷款积极性。第四，直接为文化创意企业提供融资服务。

第五章 文化创意产业发展与人才政策

创造与创新是文化创意产业发展的根本手段，人才则是其中最重要的生产要素之一。文化创意产业要求具备高创新性、高创造力的从业者，因此从教育和人才培养的角度，探讨如何促进适应我国文化创意产业发展需要的高端人才的培养是人才政策的重要组成部分。而具备高创新性、高创造力的劳动力被培养出来后，如何利用公共政策将这些高端劳动力引向文化创意产业，从而激发其从业热情，最终达到优化文化创意产业中的劳动力配置这一目标，则是人才政策的另一个重要部分。因此，这一章节主要从人才培养政策和就业政策两方面研究文化创意产业中的人才政策问题，以期优化文化创意产业中的劳动力配置，进一步推动文化创意产业的发展繁荣。

第一节 文化创意人才的概念

一、概念源起

美国学者理查德·弗洛里达（Richard Florida, 2003）在《创意阶层的崛起》一书中指出，对创意的经济性需求已经催生一个新阶层——"创意阶层"。创意阶层的显著特点就是其成员从事着旨在"创造有意义的新形式"的工作。

创意阶层包括一个"超级创意核心"，由"从事科学和工程学、建筑与设计、教育、艺术、音乐和娱乐的人们"构成，诸如，科学家与工程师、大学教授、诗人与小说家、艺术家、演员、设计师与建筑师,他们的经济职能是创造新理念、新技术和新的创意内容。围绕这个核心,创意阶层还包括一个更为广阔的"创造性专业人员"群体,或称"创新专家",他们广泛分布在知识密集型行业,如商业、金融、法律、卫生保健等相关领域。这些人员主要负责解决复杂问题,需要作出大量的独立判断,所以具备较高的教育背景或者较优的人力资本,诸如医生、律师、经理等。

创意阶层思想独立,不受制于任何人,他们热爱他们所从事的工作,直到最终实现自我价值。他们的财产来自他们的创意,他们拥有非常相近的品位、愿望与偏好。创意阶层喜欢在选择具有包容力、多样性、开放性、自我存在感等一系列特质的地区聚集,因此,要吸引创意人才必须打造上述"人文环境"。

本书认为,文化创意人才指文化产业、文化创意产业、创意产业的相关从业人员,其概念更多是从产业上划分,产业性质不同,对该产业人才要求不同,这区别于装备制造业人才、能源化工人才等其他产业人才,同时区别于文化事业人才。可以看出,弗洛里达描述的创意阶层与本书对文化创意人才的描述有一些区别,前者认为创意阶层涵盖的人群更多,后者则专指从事文化创意产业的人群。二者的共同之处在于:文化创意人才的特点、价值观以及适于人才生存的"人文环境"。

二、文化创意人才的特点

文化创意人才,按照其在产业链或价值链上分工的不同,可以分为创意的生产人才、创意生产的引导人才和创意产品的经营人才。与传统意义上的人才不同,文化创意产业人才具有许多独特的地方,概括起来主要有以下方面:

(一)富于创造力

文化创意人才最突出的特征是头脑灵活、异想天开,很少循规蹈矩,敢于突破条条框框的限制,所以勇于打破常规,拥有更多的创造力。他们对周围事物充满好奇心,自信自主,敢于承担风险,喜欢独立思考,有时显得争强好胜。

（二）流动性强

文化创意产业门类庞杂，各门类之间既有区别又存在很大的交融与共生关系，这为各门类之间的人员流动提供了客观可能性。加上文化创意产业处于发展上升期，广大中小型企业的存在也为创意人才的流动提供了机会，并且文化创意人才自身年轻、敢于创新的特点也使他们具有流动的意愿。

（三）价值观独特

文化创意人才追求一种工作（Laboring）、学习（Learning）、生活（Living）三位一体的"3L"生存方式。相比创造利润，他们更看重在创作过程中的快乐体验；更倾向于自我管理，而排斥传统科层制；更强调独立自我的表达和对差异的包容，而非集体一致性；更强调多面手，而非专业。

（四）注重软激励

与传统观念中"更多考虑财务""前往发财机会最多或经济最有保障的地方"不同，文化创意人才往往更注重自身价值的实现，因此，他们很难满足于一般事务性工作，更热衷于具有挑战性、创造性的任务，并全力追求完美的结果，渴望通过这一过程充分展现个人才智，实现自我价值。对于他们来说，成就激励和精神激励大于金钱与物质激励。

（五）工作与生活休闲化

文化创意人才不是传统意义上的"白领""金领"而是"无领"（Non-collar），穿T恤上班意味着他们更看重休闲，而非工作本身。他们总是"在该工作的时间玩耍，却在该休息的时间工作"。带有文化气息的户外休闲活动是文化创意人才极为看重的生活内容，露天音乐会、街舞、大排档等"街头或社区文化"形式更受他们的青睐。

第二节　文化创意人才的分类及素质和能力要求

一、文化部对文化产业人才的分类

2010年8月，文化部制定并颁布实施《全国文化系统人才发展规划

(2010—2020年)》(以下简称《文化人才规划》)。《文化人才规划》提出加强七支文化人才队伍建设，主要是抓好文化党政人才、文化经营管理人才、文化艺术专业技术人才、公共文化服务人才、高技能文化人才、文化科技人才、文化外交人才七支人才队伍建设。

"十三五"期间，文化部实施"文化产业人才培养工程"，重点培养七支文化产业人才队伍：一支高素质的文化产业行政管理人才队伍、一支善于市场运作的文化企业经营管理人才队伍、一支具有创新思维的文化创意人才队伍、一支文化资源开发推广与传播人才队伍、一支掌握先进技能的专业技术人才队伍、一支熟悉金融市场的文化产业资本运营人才队伍、一支有创新能力的理论政策研究队伍。其中，要着力加强领军人物和各类专门人才的培养。

上述人才分类及素质能力要求是文化部对文化系统工作人员的规划要求，与本书"文化创意人才"侧重于产业差别的论述有所不同。

二、基于文化产业价值链的"七类文化产业人才分类"

(一) 文化产业内部价值链

运用查尔斯·兰蒂（Charles Landry）的价值生产链分析法（Value Production Chain Analysis），可将文化产业从创意到完成最终端的消费过程概括为以下五个过程：(1) 创意的形成（作品形成的过程）：表现了创造性过程本身，从知识产权的角度看，创造性过程必然是与专利、版权和商标联系在一起的；(2) 从创意到产品（产品的形成过程）：推动生产过程的角色——经理、生产商、编辑、设备供应商、电影和照片实验室、技师等；(3) 流通（商品的形成过程）：文化产品如何被传播——代理商、发行人及各种参与促进流通的中间人；(4) 发行机构：发行的结构因素——剧院、电影院、书店、音乐厅、电视频道、博物馆、杂志；(5) 最终消费者的接受：涉及批评家、市场营销和公关行业，如图5-1所示。

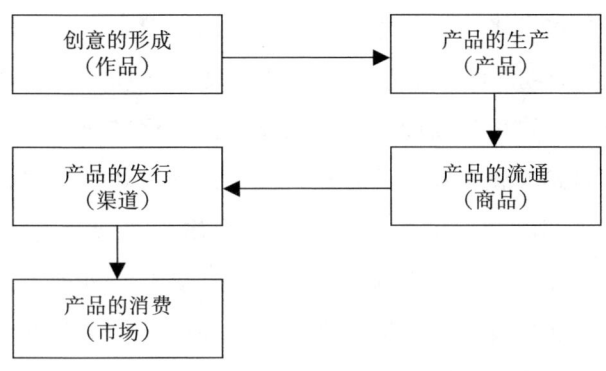

图 5-1 文化产业价值链

（二）文化产业人才的分类

文化产业人才的生存基础是文化产业的价值链条体系，文化产业链的相应环节也对应着相应的人才。文化产业人才可分为以下七类：（1）文化产业创意人才。主要从事内容的创作、设计，是整个产业链条的起始点，也是文化产业价值体系中的核心部分。这部分人的代表职业是服装设计师、工艺美术设计师、编剧、导演、音乐家、演员、彩铃制作者等。（2）文化产业技术人才。指文化产业中把创意人才已完成的设计、规划等付诸实施，使其转化为物质形态的产品。代表职业是游戏（软件）程序编写员、媒体美工、音乐制作人、电影制作人、灯光师、音响师等。（3）文化产业经营人才。这类人需要对产业环境进行评估和把握，制定企业发展战略，选拔人才，对策划、设计、生产、包装、销售等各环节进行规划、统筹和运作。代表职业是各报纸、杂志的社长，各唱片公司、网站、演出公司的首席执行官，演出场所的经理以及相关企业的职业经理人等。（4）文化产业营销人才。这类人才体现了文化产业的经济属性，他们是文化产业价值链条中的宣传队和播种机。代表职业是报刊发行总监、网站营销总监、电影市场推广总监、剧团负责市场推广的副团长。（5）文化产业渠道经营人才。这类人才是指文化产品分销企业（包括制造企业、代理企业、批发商及零售商）中，协调渠道成员关系、与渠道上下游进行有效沟通、对产品的销售及客户的开发起首要作用的人才。代表职业是影院的经营者、影视网络的经营者、报刊分销商、票务网经营者、艺术品拍卖行的经销者等。（6）文化产业管理人才。主要指政府体系中文化系统的管理人员，既包括文化、广电、新闻出版系统及各类文化产业行业组织中的相关管理人员，还包括文化企业中的管理人员。代表职业是电视台台长、广播电台台长、广告部经理、出版社总编、各类作为企业领导者的职业经理人、公司财务总监、人力资源部总监等。（7）文化产业研究人才。主要为政府、企业提供相应的智力支持，进行学术性研究。主要以大中专院校的相关研究机构从业人员、政府下属研究中心及各类咨询公司、行业协会为主。代表职业是高校文化产业专业任职教师、各类研究所研究员、各大媒体文化产业领域的专栏记者、咨询公司从业人员等。

（三）各类文化产业人才的素质与能力要求

1. 文化产业创意人才的素质与能力要求。文化产业创意人才应该具备宽阔的知识结构，不仅有广博的知识体系，还应具有专业知识，包括艺术知识（从艺术史到艺术的表现方法，艺术是创意人才灵感的重要源泉）、市场知识（掌握市场营销知识，将艺术创作与市场特征、需求紧密结合起来）、心理学知识（了解消费者的审美心理、消费心理）、信息学知识（文化产品的传播性，通过媒体、媒介传播）等。此外还需要有灵活的思维方式，穿越时空，不拘泥，不刻板；丰富的生活经验，生活是创意的源泉；关键能力包括创新能力、思维能力、研究能力、表达能力等。

2. 文化产业技术人才的素质与能力要求。文化产业技术人才应具备通用素质能力，包括专业技术能力、综合的知识与能力、团队工作能力、创新思维、顾客导向、法律意识和国际意识（文化产业有时也被称为版权产业）；同时还需掌握特殊的知识和技能。文化产业有多种行业，技术人员除了拥有专业技术知识外，还应掌握各行业的特点和特性。

3. 文化产业经营人才的素质与能力要求。文化产业经营人才可分为高层经营人才和一般经营人才。高层经营人才是企业的最高决策者或最高决策者之一，主要负责制定企业的整体战略，并在企业范围内进行资源配置，掌控企业发展的大方向。一般经营人才包括事业部的主要负责人（对事业部内的整个流程进行统筹规划、经营运作）和产品经理或项目经理。高层经营人才需要具备多种素质，如专业知识和技能（行业相关知识和经济管理相关知识，一方面是经济学、管理学以及市场营销、财务、人力资源、法律、生产等领域的知识和技能，另一方面是有关本行业管理的知识和技能），还应具有创新能力、战略管理能力、决策能力、沟通协调能力、资源配置能力、危机处理能力以及关于文化产业的特殊知识和能力，如文化产业中具体行业的特殊业务知识，行业政策法规，深厚的文化底蕴、美学素养、艺术功底。一般经营人才需要具备决策能力、创新能力、应变能力、沟通能力和凝聚能力等素质。

4. 文化产业营销人才的素质与能力要求。文化产业领域的营销人才应具备复合、多样性的能力，包括良好的文化产品营销能力、一定的艺术创造力、良好的语言沟通和书面表达能力、一定的组织能力、较强的团队精神、较好的社会交往能力等。

5. 文化产业渠道经营人才的素质与能力要求。文化产业领域的经营人才应具备现代经营意识、较强的经营能力、一定的知识储备以及良好的职业道德。

6. 文化产业管理人才的素质与能力要求。文化产业领域的管理人才必须具备符合公共部门人才能力的通用素质，同时还应具备文化产业管理人才的突出素质，比如一定的研究能力、规划能力、较强的敏锐性、沟通协调能力等。

7. 文化产业研究人才的素质与能力要求。文化产业研究人才主要分布在高等院校和科研院所，其素质应符合社会科学研究人员和教学人员的一般要求，还应有超强的跨学科学习和思维能力。

三、"十三五"以来中国文化创意产业人才需求的变化

"十三五"以来，在文化产业迅速发展背景下，我国文化产业处于从粗放式增长向内涵式发展的阶段性转变过程，人才要素越来越成为决定文化产业未来发展的关键性因素。首先，我国文化产业发展的阶段性特征决

定了以创新为基础的高品质文化产品和文化服务将成为我国文化产业未来发展的方向。文化产业结构转变与升级，带来了生产要素结构转变和内涵提升的要求，特别是对文化产业从业人员的素质和层次提出了更高的要求。近年来，国内文化产业资本积累发展迅速，全国各地大规模创建文化产业园和文化新区，文化资本不断壮大，文化基金如雨后春笋般不断涌现。但与资本投资方兴未艾形成对比的是，作为文化产业核心竞争力和内在驱动力的人才积累问题在一定程度上被忽略，加上人才培养，特别是高端人才的形成有长期性和时滞性特征，当前文化产业培养人才的数量和质量都不高，导致文化产业快速发展所需的人才积累瓶颈不断凸显。其次，文化消费者的需求变化导致创新型人才需求增大。我国人民群众对文化产品的需求正处于快速转变过程。人口年龄结构不断老化，教育层次不断提高，家庭与社会结构变动，国民收入水平不断提高，导致人民群众对文化的内涵、理解与欣赏层次发生巨大变化，进而导致民众文化产品需求的内容和层次向更高水平发展演变。最后，文化"走出去"战略催生了对国际文化人才的大量需求。当前国际文化产业间的竞争日趋激烈，虽然近年来我国大量商品打入国际市场，大量资金进入国际投资领域，但多属于物质商品市场领域，文化方面的投资和产品较少，也缺乏有影响力的中国文化品牌，国际市场占有率不高，这与缺乏国际文化产业人才密切相关。

第三节 文化创意人才队伍建设的国际经验

英国是世界上最早明确提出发展文化创意产业的国家，也是当前世界上创意人才最为丰富的国家之一。日本的文化产业在 20 世纪 90 年代就已经超越汽车等产业，成为日本经济效益最好的产业。韩国的文化产业主要包括游戏、漫画、音乐、动画、电影、电视、卡通形象等，从 1998 年提出"文化立国"战略至今，韩国文化创意产业发展的目标已经初步达到。

一、英国文化创意人才队伍建设

2007 年，英国创意经济项目组设计的"创意轮盘"（The Creative

Hub，又译"创意集群、创意中心"，由多个同心圆组成，每个同心圆的不同扇环表明了创意产业的不同部分和相关机构在创意产业中的分工），形象地表明了英国政府和教育机构等在扶植创意产业发展中的目标、策略、责任和方法。

作为最早提出文化创意这一主题的英国，其主要做法是：第一，英国在小学中就设置了丰富的艺术类课程，主要目的是培养学生的艺术素养，为今后的全面发展奠定基础，到了中学阶段就开始有意识地培养学生的创新能力。第二，伦敦从当地生活或工作圈选拔和树立创新典型，对于他们投身创新并取得成功的佳绩，给予"创新人"荣誉称号。第三，英国的创意教育非常注意中学、学院和大学之间的衔接。不仅在升学环节进行了相关设置，将文化创意产业相关专业的技能作为"14-19证书制度"，渗透到中学生学习中，赋予其高考的资质，并且在实施时，积极探讨在日常教育和管理中这些不同层级学校之间的联系。第四，英国的创意教育非常注重对年轻人在文化创意产业就业方面的引导，提出了"把天赋投入工作"（Put Your Talents into Jobs）的口号，并推行相关措施使其得以落实。

二、日本文化创意人才队伍建设

20世纪90年代中期，广义动漫产业在日本GDP中的比例就已经超过10%，整个文化产业就业人口超过600万人，超过就业总人口数的9%。日本在创意文化领域能有今天的成绩得益于他们秉承独特的创意人才培养的理念。

首先，日本人在文化发展上强调"重技更重道"的理念，这种符合当代创意文化发展规律的教育观，是形成当代日本设计风格与创意文化的根本保障。其特点是不仅注重技术的培养，更注重人文素质及创意理念的培养。其次，注重学校与企业的合作。日本学校很早便开始实行企业实习制度，让学生在校学习期间提前到企业进行实践。学校与企业建立通力合作的项目，让学生通过企业实习强化实践性学习，产学研相结合的教育方式在日本深受重视。最后，发展创意产业作为国家繁荣发展的策略而备受重视。日本是目前全球范围内最大的动漫生产和出口国。因此，日本政府非常注重这一产业的发展，并制定政策给予扶持，为产业发展提供充足的资金保障。

日本为实现其文化创意人才的集群化和国际化，从提高本土优秀创意人才水平和吸引海外优秀人才两方面入手。在培养文化创意人才方面采取的具体措施包括：第一，与设有文化创意学科的国内大学合作，探索建立新型文化创意人才的培养模式；第二，在相关大学设立文化创意人才教育认证系统；第三，强化与国外大学联合培养人才的模式；第四，建立实习和见习制度，培养能够担任制片人的人才；第五，讨论对动漫以及游戏开发人才的技能认定、标准认定和制度建设的建议；第六，探讨海外人才表彰制度；第七，组织亚洲国家创意人才和制片人等掌握知识产权的人才进行研修。

三、韩国文化创意人才队伍建设

由于韩国多年来对文化产业发展的重视和扶持以及民间相关文化企业的不懈努力，韩国文化产业取得了丰硕的成果。韩国在2014年达沃斯论坛提出要通过发展创意经济，解决困扰全球的结构性失业问题。韩国的电影、电视剧等影视文化产业作为韩国文化产业的"领头羊"逐步进入国际市场，在全球，尤其是在中国、日本、泰国及新加坡等地刮起了"韩流"风潮。

韩国作为新近崛起的文化产业强国，在相关人才培养方面十分成功。其主要做法包括：第一，由文化产业振兴院建立文化产业专门人才数据库，申请登录入库的人才来自学界、机关、企业等多个领域；建立"文化创意产业人才培养委员会"，该委员会负责人才培养计划的制定、协调；设立"教育机构认证委员会"，对文化创意产业教育机构实行认证制，给予其中的优秀者奖励并提供资金支持。

第二，设立专业院校或在大学开设相关专业，培养文化产业专门人才。近年来，韩国先后成立的院校包括首尔游戏学院、全州文化产业大学、清江文化产业大学、大邱文化开发中心、网络信息学院、传统文化学校等，同时在一些大学开设了80多种与文化产业相关的专业，在校学生已超过5000人。目前，韩国有近300所高校设置创意产业相关专业，其中政府指定资助游戏专业的大学与研究院就有100多个。为支持人才培养，韩国政府做了大量工作。2000—2005年，投入2000多亿韩元整合高校资源，促进产学研联合，重点培养影视、动漫、游戏、广播等产业中的复合型高级人才。

第三，利用网络和其他教育机构进行文化产业人才培训，截至2006年开设的专业达到21个，培养急需实用型人才4500多名。

第四，加强国际人才交流与合作，培养具有世界先进水平的专业。

第四节　中国创意文化人才培养存在的问题

近年来我国文化创意产业呈现快速发展的态势，2014年实现增加值2.4万亿元，占GDP的3.77%，2015年增加至3.97%，按照"十三五"规划，到2020年，增加值要达到5%以上。文化创意产业发达与否，人才是决定因素，我国创意人才已经逐步呈现出不断增长的态势，然而，在当下中国，创意人才的发展问题越来越成为制约该产业发展的一大瓶颈。

一、创意人才总量不足，缺乏高端人才

发达国家或地区创意产业之所以能够蓬勃发展，主要得益于其培养了大量创意人才。美国专业创意人员数量超过500万人，而整个创意阶层总数达到3850万人，占总就业人口的30%以上；日本目前有超过5万人受过创意培训，占总就业人口的比例超过15%。而在我国，创意人才的供给面临着难以满足我国文化产业发展需求的困境。以北京为例，创意产业从业人员在总就业人口中所占的比例不过千分之一。据近年数据显示，我国文化相关领域就业人数多年出现负增长，其中2013年和2014年连续两年出现较大幅度的负增长，分别减少了5.9%和5.32%（注：2005年因事业

产业分列统计、2009 年受全球金融危机影响出现下降）。如表 5-1 所示。

表 5-1　　2000—2015 年中国文化相关领域就业变化情况

年份	从业总人数（万人）	增幅（%）
2000	147.2	—
2001	141.9	-3.60
2002	168.3	18.60
2003	167.2	-0.65
2004	232.54	39.08
2005	191.84	-19.15
2006	189.93	1.03
2007	195.63	3.00
2008	199.87	2.17
2009	198.42	-0.73
2010	210.79	6.23
2011	221.4	5.03
2012	229.0	3.43
2013	215.49	-5.90
2014	204.02	-5.32
2015	229.44	12.46

资料来源：中华人民共和国文化部编.《中国文化文物统计年鉴》，北京：国家图书馆出版社，2000—2016.

创意人才总量缺乏尤体现在新兴文化产业上，如会展业、网络游戏业、动画制作业、版权业等。以版权业为例，面对我国 500 多家出版社、200 多家电子音像出版社、9000 多家杂志社、2000 多家报社、数百万网站和其他版权相关产业，不到 30 家的版权代理机构难以支撑起文化产业链中的一环。

二、创意人才结构不合理

我国文化产业的发展不仅受到创意人才总量短缺的制约，结构不合理的问题也阻碍着其进一步的发展。文化产业相关从业人员主要集中在传统文化业，新兴文化产业从业人数较少。段莉（2017）对近年我国文化产业就业情况进行了深入分析，发现我国文化产业中将近50%就业岗位集中在文化市场经营单位。文化市场经营相关岗位属于我国发展最早的文化产业领域，其对从业人员的专业技能要求较低。文化产业就业结构中，从事编辑、策划和设计等传统文化行业人员较多，而动漫游戏、工艺时尚等新兴创意产业从业人员较少，整体从业人员结构比较单一，至于精通管理、法律和外语复合型经营管理人才或者是高端创意人才更是凤毛麟角。例如，目前国内从事网络游戏产业的专业人才缺口巨大。《中国游戏产业报告（2012）》显示，我国的游戏动漫及周边等产业链行业中，编导、造型、美术设计等前期创意人员与策划运营等后期商业人才缺乏，而中期生产人员过剩；缺乏能开发动画引擎、设计系统的人员，只懂操作软件应用的技术人员过剩；有思想有创意的原画艺术人员缺乏，只能模仿的制作人员过剩。

以黑龙江省为例，目前省内绝大部分创意产业是从传统行业转型而来的，相关从业人员对创意知识的理解和创意实践技能都比较薄弱，整体素质偏低。从学历上看，黑龙江省创意产业从业人员学历水平主要集中在高中和大专，具备本科以上学历的群体不足；从技术等级看，绝大部分从业人员仍处于初级水平，具有中级、高级技术等级的人员不足；从区域分布看，主要集中在哈尔滨、佳木斯、大庆等地区，其他地区尤其是城乡结合地带和乡镇相关从业人员不足，创意人才流失现象日益加剧，专业结构单一，高端创意人才极其缺乏。

三、创意人才的教育与培训机制滞后

高校既是传播先进文化的重要基地，也是培养高素质创意人才的主要场所。美国自1947年麻省理工学院开设创意课程以来，迄今已有数百所大学开设了与创意相关课程，培养了数千万名创意人才。

由于国内绝大部分与创意产业相关的院校或专业都是近几年来才刚设立起来，处于起步阶段，且主要集中在北京、上海、广州等大城市，而其他地区的相关专业与学科建设处于滞后阶段。以福建省为例，福建省内高校创意类专业和创意学科建设滞后，无论是在学校规模、创意类专业的师生人数还是创意专业设置方面，省内高校远远无法满足福建省创意产业发展的需要。另外，传统教育理念的束缚和师资力量不足等问题的存在导致福建省内高校的创意课程或创意类专业设置无法紧跟创意经济发展需要和时代要求，仅局限在专业理论灌输方面，缺乏原创思维、创新能力和创意实践技能的培养，更忽略了艺术素养、沟通协作和价值取向等隐性素养的提升。在动漫行业，福建省内动漫企业高薪难觅良才和动漫业毕业生就业屡屡受挫的现象屡见不鲜，更是凸显了目前我国创意人才培养的尴尬。时下我国的文化创意产业行业和企业不重视对创意员工的培养和培训，使得接受过文化创意专业培养、具备一定创意基础知识和能力的员工，进入文化创意企业就是"吃老本"，企业并没有对其进行定期或不定期的培训，从而导致员工创新能力停滞不前甚至倒退。因此，我国文化创意人才开发和培养机制还不健全，仍有很长的一段路要走。

四、创意人才管理方式粗放，激励机制不健全

创意人才是特殊的人力资源，在人格特质、心理需求和行为方式等方面与普通员工有所差异。传统的管理手段显然已经不适用于创意人才。目前我国大部分创意企业比较重视招聘、薪酬福利等事务型工作的管理，处于管理的中低端阶段，而对员工发展、企业文化、团队建设等人力资源高端模块的重视不够，且管理手段比较粗放。从绩效管理来看，目前绝大部分创意企业未能充分考虑创意工作的特殊性，仍沿用硬性的财务指标来衡量业绩，对员工的激励方式较为单一，大都集中在物质奖励、薪酬激励，没有建立起一种长期、有效的激励机制；从薪酬福利来看，企业仍热衷于传统的工资加奖金薪酬模式，简单用学历、资历等指标计算薪酬；从培训模式来看，员工的培训由于缺乏系统设计，仅注重短期技能的提升而忽略创意能力的培养，培训内容教条化、无创意，且时间较短，培训效果不理想。

第五节　文化创意人才开发的对策

创意人才的开发是一个复杂的过程，因此必须基于一个不断完善优化的开发模式，才能确保企业、产业甚至是国家的创意源泉经久不衰、创意人才实现由量变到质变的转化。根据上述的研究分析，笔者认为，创意人才开发的框架体系必须在把握创意人才的基本特征与借鉴发达国家成功经验的前提下，建立以政府为指导、以企业为主体、以高校为支撑、以科研机构为载体的政产学研战略联盟，通过共建创意平台，开展合作教育等方式，最终共同培养具有广阔国际视野和较高创意能力的中国式创意人才队伍。

一、构建符合中国国情的创意人才培养模式

（一）充分发挥创意人才市场的配置人才资源的决定性作用

党的十八届三中全会指出，要使市场在资源配置中起决定性作用。创意人才市场同样也应承担创意人才配置的基本功能，为此，政府应从市场机制有效运转的领域中退出，作用于市场未能顾及、作用失灵的领域。对我国政府而言，当前需要抓紧建设和完善人才市场的基础设施。第一，推进我国知识产权的立法和保护工作，让创意人才能得到合理的报酬，打击市场上那些盗版和侵权行为。第二，建设宽松多元开放的人文环境。这在目前的中国尤其重要，因为所谓的创意都是一种求异求新，一种个性张扬，这和我们的传统教育不尽相符。全社会要形成一种包容失败、鼓励冒险的氛围，充分尊重创意人才的性格特征和工作特征。纽约、伦敦等创意城市和社区的实践显示，在同等吸引创意人才的条件之下，人文环境往往比其他基础环境更重要。第三，政府要创建文化产业就业统计和人才质量评估的数据基础和预警指标体系，以提高人力资源监控和引导的科学性。第四，政府应加快构建以信用为核心的市场监管体系，设置有效的市场行为监管指标，特别是在"双创"和网络环境的文化创作实践中，需要不断

优化个体文化生产者的权益保障和社会资助渠道和机制等，不断提升使文化人才市场健康有序的执法能力。

（二）进一步优化国民教育体系，增加对青少年的创新意识和能力的培养

近些年，"素质教育""通识教育"等教育理念越来越深入教育者人心，书院培养制也已成为全国高校教育模式改革的新动态。然而，在对创新人才的培养上，我国国民教育体系还存在着进一步优化和改进空间。第一，应注重将创意人才和复合型人才的培育目标纳入教育体系。初等教育体系中的艺术、体育等课程，以及高等教育体系中通识课程等均应受到高度重视，让中小学生有更多的机会参观地方文化馆、博物馆或文化创意产业园区，使青少年能接触社会和企业中的创新产品。虽然《2015 年全球创新指数》报告显示，近年来中国在大学表现、学术论文影响力和专利申请等指标的得分不断升高，但与美国等发达国家相比仍有很大差距。因此在大学阶段，应鼓励学生跨专业、跨学院选修课程，在教学中要强调操作技能的训练，充分重视艺术创作和创意设计。在艺术院校和开设创意专业的高校中，鼓励其与社区和创意企业结对，建立艺术实习基地，支持学生参与校园、社区文化建设，拓宽人才培养途径。第二，政府可以通过设立创意作品、创意人才的各类及各层次奖项来鼓励教育体系的重构。第三，培养一支高素质创新型的教育人才队伍是提高国民创新意识和能力的基础，为此，需要鼓励教职工通过研修培训、学术交流、项目资助等方式，选拔一批优秀人才，到国外进修观摩学习深造，多渠道提升教师的创意意识、素质和创意能力。

（三）增强行业协会的独立性，充分发挥其培训创意人才的独特优势

2017 年 5 月，中共中央办公厅、国务院办公厅印发《关于加强文化领域行业组织建设的指导意见》，要求文化领域行业组织要当好桥梁纽带，服务会员单位和广大文化工作者，促进文化事业全面繁荣、文化产业快速发展、优秀传统文化传承弘扬。因此，为了充分发挥各类文化协会和组织在培养创意人才方面的优势，我国应鼓励民间成立相关协会，并且要增强

其独立性，改变其对各级政府的依附，通过协会组织各类锻炼和培训创意人才的活动和平台，争取短期内提升我国文化创意产业整体人员水平。目前，我国文化创意产业不仅在人才总量上短缺，在人才质量方面也呈现缺口，缺少复合型和创新型人才。而美国、英国及日本这些文化产业发达的国家，依靠人才市场、教育体系和行业协会等积聚、培养和训练了大批创意人才。政府应建设和完善我国创意人才市场的基础设施和监管手段，发挥市场在人力资源配置中的决定性作用。同时加大对学生创意意识和能力的培养力度，增强我国各类文化协会的独立性，发挥其在政府和市场之间的纽带作用，充分利用其培养人才的独特优势。

二、政府要完善创意人才规划，健全创意人才管理政策

创意人才的培养是个"深耕"的过程，数量庞大、结构合理的创意阶层的兴起有赖于国民创造力的普遍提升。

（一）实行创意人才投资优先政策，形成多元投资主体机制

20世纪60年代，美国经济学家舒尔茨和贝克尔创立人力资本理论，该理论认为物质资本是物质产品上的资本，包括厂房机器、设备、原材料、土地、货币和其他有价证券等；人力资本则是体现在人身上的资本，即对生产者进行教育、职业培训等支出及其在接受教育时的机会成本等的总和，表现为蕴含于人身上的各种生产知识、劳动与管理技能以及健康素质的存量总和。人力资本投资，是指投资者通过对人进行一定的资本投入（货币资本或实物），增加或提高人的智能和体能，这种劳动能力的提高最终反映在劳动产出增加上的一种投资行为。要将人力资本投资理念导入创意人力开发全过程，构建包括政府、创意企业、投资银行等多元主体在内的多元创意人才资本投资主体框架，拓宽创意人才资本投资渠道。要明确政府在创意人才开发过程中的投资主体角色和职能，在政府投入中，要确保财政预算中的人才培养经费投入与经济发展保持同步比例，并随着创意产业的发展而稳步增加；政府优先保证对人才发展的投入，确保国家教育、科技支出增长幅度高于财政经常性收入增长幅度。

(二）实施创意人才胜任力发展专项计划，大力培育高端创意人才

创意产业的成长、发展和繁荣，离不开政府部门的支持。早在 2006 年 2 月，国家人事部出台专项政策扶持信息技术人才的知识更新与继续教育，以软件、网络、信息安全、数据库、动漫、游戏等紧缺人才领域为着眼点，确立 10 个重点专业，建立适合我国国情并与国际标准接轨的信息技术人才职业能力培养与测评体系，重点培养中高级专业技术创意人才。国家中长期人才发展规划纲要（2010—2020 年）部署人才队伍建设主要任务，包括突出培养造就创新型科技人才、大力开发经济社会发展重点领域急需紧缺专门人才等，这无疑为创意人才培育和开发指明了方向。在发展创意产业过程中科技、教育、人事管理等相关部门要加强协调，实施创意人才专项发展计划，紧紧围绕海峡西岸经济区的建设目标和发展规划，结合本地区创意产业发展对创意人才的实际需求，制定和实施切实可行的创意人才专项发展计划，大力培育高端创意人才。例如，近年来，在推进《福州市文化创意产业发展"十二五"专项规划》过程中，福州市高度重视创意人才长期与可持续发展，通过深入实施"四批"人才培养工程、"闽都文化名家带动工程"、"高层次人才培养工程"、"海内外优秀人才集聚工程"等重点人才工程，培养和引进一批高层次专业技术人才、经营管理人才、复合型文化人才等急需人才；推进青年文艺家发现计划，扶持资助优秀中青年文化人才主持重大课题、领衔重大项目，有重点地推介成长中的优秀青年人才；推进"台湾创意人才 100"计划，引导和扶持一批文化骨干企业、重点园区建立海外高层次文化人才引进平台，以项目引才、产业聚才、以才引力等方式，吸引高层次人才、创新团队和高端人才实体进驻，重点扶持带技术、带项目、带资金创办的文化实体。

（三）完善创意人才管理政策，加大创意人才发展资金投入力度，保障创意人才发展重大项目的实施

鼓励和支持企业和社会组织建立创意人才发展基金。在重大建设和科研项目经费中，应安排部分经费用于创意人才培训。适当调整财政税收政策，提高创意企业职工培训经费的提取比例。通过税收、贴息等优惠政

策，鼓励和引导社会、用人单位和个人投资创意人才资源开发，健全与规范社会捐助等创意人才基金的筹集管理制度。加大各地区的财政转移支付力度，引导加大创意人才开发投入。利用国际金融组织和外国政府贷款投资创意人才开发项目。在用人单位投入中，要设立专项资金用于创意人才引进、开发、培养与职业发展。创新创意人才引进形式，通过建立"绿色通道"、"智库"、咨询委员会等形式，选聘一批国内外顶尖人才担任文化发展顾问，依托文化社团组织、文化人才中介机构，拓宽人才引进渠道，鼓励以岗位聘用、项目聘任、客座邀请、兼职、定期服务、项目合作等形式，引进高层次人才。

三、实施三区联动，搭建创意人才培育战略联盟

作为科教兴市与构建和谐社区并举的重大战略，上海市所推行的覆盖大学校区、产业园区、公共社区的"三区联动"机制旨在打破行政区域隶属界限，整合政府、社区、大学、产业园区的优势科技创新资源，进而激发区域创新潜力，推动全系统创新。上海市委、市政府出台了《关于推进杨浦国家创新型试点城区建设的指导意见》，市区共同制定了《落实〈关于推进国家创新型试点城区建设的指导意见〉的配套措施》。2002年以来，上海交通大学及其所在区政府开始探索三区联动机制，其核心是产业园区、大学及公共社区三区融合，联动发展。自2010年9月，杨浦区被科技部列入首批"国家创新型试点城区"以来，杨浦区以国家创新型试点城区建设为主线，勇于先行先试、集聚资源要素、激发创造活力，深化"三区联动"。杨浦区集聚创新人才，汇集市场要素，活跃创新主体，完善创新服务，形成了设计产业集聚发展的环同济知识经济圈和杨浦特色的"创业苗圃—孵化器—加速器"的科技成果孵化体系、创新创业模式和创意人才培养模式。2014年，杨浦区整合各方资源，深化与大学、科研院所、企业、国际资源等的合作，深化联动体制机制创新；调整产业结构，发挥中国工业设计研究院、国际设计场、上海国际设计和贸易促进中心等重点项目的辐射带动作用，吸引国内外更多优秀设计师、设计企业和项目落户，

推动创新资源向重点产业集聚；继续加强科技金融创新，打造上海国际金融中心的"科技金融功能区"；强化科技资源共享，完善创新服务体系和政策体系；大力鼓励创新创业，营造良好的创新文化氛围，进一步增强政策的有效性、针对性，全力扶持一批高技术、高成长、高产出的海外人才和创业企业。

作为一种区域创新模式和创意人才培育模式，"三区联动"具有一定推广价值。基于三区联动的创意人才培养模式与 Florida 倡导的 3T 理论（Technology、Talent、Tolerance）有异曲同工之妙。大学校区是培养和造就创意人才的摇篮，为产业园区源源不断地输送创意人才；产业园区是创意人才的孵化器，是将创意知识、技术、思想转化为生产力和财富的载体，将大学校区的先进创意理论和创意技术转变为创意产品，为创意人才提供了施展拳脚、创造价值的机会；公共社区是酝酿创意思想、驱动创意经济发展的后花园，为大学师生、创意人才提供了便利、宽容、和谐的社区生活环境，并为其提供舒适、周全的后勤服务。企业是培育创意人才的实践中心，是创意人才培养与开发的重要主体，是推动区域协同创新的生力军。

"创意产业园区"要健全创意人才管理制度，降低交易成本、生活成本，引进聚集创意人才；建立不求所有、但求所用，户口不迁、关系不转、双向选择、自由流动的人才柔性引进机制；建立多种形式的"创意人才驿站"，鼓励用人单位以项目聘用、岗位聘用、任务聘用和人才租赁等多种方式引进人才；积极鼓励创意企业到人才聚集的国外发达创意城市创办研发机构，直接吸引利用当地创意人才资源；发挥各类涉外机构和中介机构的作用，提升对海外创意人才的感召力。

四、加大创意文化宣传力度，营造创意氛围

党的十八届三中全会指出，建设社会主义文化强国，增强国家文化软实力，必须坚持以人民为中心的工作导向，坚持把社会效益放在首位、社会效益和经济效益相统一，以激发全民族文化创造活力为中心环节，进一

步深化文化体制改革。在创意人才胜任力开发与提升过程中，有必要加大创意文化宣传教育力度，利用多样化、人性化传播手段，向全社会弘扬创意文化知识和创意精神，传播创意理念，增进社会大众尤其是创意阶层对创意文化的认知、理解和心理认同，点燃创意阶层的创意梦想和激情。各地方政府要结合区域文化特色，将创意文化融入城市形象建设，以创意品牌带动创意城市建设，营造多元、开放、宽容、竞争、自主的创意人文社会氛围，健全文化创意生态系统，构筑爱才、敬才、惜才、用才的创意人才成长与发展社会文化环境。要紧密结合本地经济社会发展的实际情况，因地制宜，形成彰显本土特色的创意文化。

五、企业要加强创意人才开发，提升创意人才胜任力

创意企业既是创意产业的主体，同时也是创意人才的主要使用者。创意企业应该注重把握创意人才的个性特征和成长规律，着眼于创意人才自我价值的实现和创意平台的搭建。如：树立人本理念，实现创意管理；推动组织变革，改善领导方式；改善利益分配机制，搭建创意人才职业发展平台；加大创意知识与技能培训力度等。

六、建设创意型大学

大学周边容易形成知识经济圈，是创意人才的主要汇聚地。高等院校是培养文化创意人才的主力军。高校要积极主动承担创意教育、创意型人才培养的神圣使命，将学生的人文艺术修养教育与创意教育渗透于日常学习生活及校园文化环境建设中，激发、培养学生的想象力和创造力。高校应根据创意产业人才市场需求，有针对性地加强紧缺人才的培养，鼓励学科交叉融合，及时调整相关专业设置、课程设置方案，扩大创意人才培养规模，提高人才培养质量。应明确创意人才培养的目标，以培养熟练掌握专业技能、全面而深刻地理解创意产业的创意精英人才为目标，重点培养厚基础、宽口径、高素质的创意人才，并根据产业需求变化及时调整人才培养目标，保证创意人才链的完整性，适应创意产业的高成长性及高融合

性。高等院校必须从战略发展的高度出发，健全与行业企业联合培养教师机制，采用培养、引进、聘用多管齐下的办法，构建一支以创意型教师为主体的"双师型"教师队伍，由知识的传递者变为创新项目的开发者和学生的职业引领者，由模式化的职业训练员变为个性化的创意指导员。高等院校还应提高人才培养质量，提升社会服务能力的关键是要主动适应区域经济社会发展要求，对接产业，主动走出校门与行业企业紧密合作，将企业需求、标准、师资和设备等资源引入人才培养全过程，通过构建"合作办学、合作育人、合作就业、合作发展"的双主体育人模式，实现办学目标。

七、营造和谐的社会环境

创意经济时代，创意人才的培养呼吁一种宽松、开放和多元的社会环境。知名的文化馆、杰出的博物馆、形形色色的图书馆和丰富多彩的文化节既是传播文化的主要平台，也是激发创意源的重要基地。政府首先要考虑的就是加大文化投入，塑造文化氛围。政府需要营造健康向上的人文环境、营造优美温馨的人居环境、营造廉洁高效的政务环境以及营造公平公正的法制环境。

八、借鉴发达国家成功经验，加强国际创意人才交流

创意产业发源于英国、繁荣于美国、盛行于发达国家，这些国家在创意人才开发上的成功经验值得我们学习和借鉴。英国政府从发展创意产业以来就十分重视培养和提升全民的创造力，如通过制定"新经济中的新天才计划"设立"产业人才再造工程"和"创意人才培养基金"以及举办创意产业教育论坛等项目。新加坡除了在小学设置创意理念课程、开展艺术化教学以外，政府在公众场合和节假日中积极采用市民优秀的艺术和文化作品来装扮城市，以提升全民创意热情。作为创意产业的龙头，美国政府通过政府、企业、文化团体和私人捐赠等多元投资主体设立了人才开发基金，培养了大量创意核心人才和创意专业人才，为美国创意产业的繁荣

与发展提供了人才支持。韩国政府在短短的五年之间，共投资 2000 多亿韩元集中用于创意产业人才的开发，资助设立游戏专业大学与研究院、设置文化产业相关专业与扩大招生规模、外派学习与国际交流等。新加坡政府在全国多数地区建立"创意社区"，通过汇聚教育、商业、艺术人才，整合创意资源，为创意人才的创业与发展提供了理想的实践平台。我国应该加强国际创意人才交流：构建与国际接轨的人才管理机制，创新人才兼容机制，建立与国际接轨的人才管理机制，使外来人才与本地人才合理搭配、相互兼容，避免以往外来人才与本地人才之间存在技术相互封闭、各自为政的现象，使创意人才的能力得到充分发挥；建立符合各类创意人才成长规律和积聚特性的多种管理模式。

九、完善创意人才激励机制

加强创意人才激励力度，首先，改变对创意人才的绩效考核方式，设计合理的科学的薪酬体系制度。企业在对创意人才实施绩效考核时，要充分尊重创意人才工作性质和内在规律，薪酬体系的设计也应该充分考虑到创意人才的工作性质、工作成果和对企业创造价值的贡献度，从而设计出一套科学合理的绩效考核体系和薪酬体系。其次，提高创意人才的收入水平。要进一步提高创意人才收入水平，促进文化创意产业快速发展。除物质激励外，创意企业应该进一步探索多种激励形式，留住创意人才，例如畅通员工晋升渠道，对员工进行股权激励，改善员工工作和生存环境，对员工进行精神鼓舞和激励等多种激励方式，提高创意企业管理水平，增加文化创意产业生产总值，提升其在我国总 GDP 中的占比，推进我国文化创意产业快速、高质量发展。

第六章　文化创意产业发展与国有文化资产管理

国有文化资产以国有文化出资企业为主要运营载体，可以与文化创意产业有机结合，对文化创意产业产生巨大推动力。本章从管资产、管资本、管人、管事、管导向五个方面总结近年来我国企业国有文化资产管理体制改革的重要成就，并结合鲜活案例，指出其对于文化创意产业发展的重要作用。同时探索国有文化资产与文化创意产业互促发展的路径，提出全面提升国有文化企业国际化经营水平的相关政策建议。

第一节　国有文化资产出资人制度与文化创意产业发展

国有文化资产是由国家所有、被用于提供文化产品和文化服务的一切财产和财产权利的总称。国有文化企业是我国国有文化资产投资、运营的主要载体，也是发展文化创意产业、建设社会主义先进文化的重要力量[①]。"出资人"是企业法人制度中的概念，是指向企业投入资金、设备等资产，并依据出资额度享有资产收益、参与重大决策和选择管理者等出资人权益的自然人和法人。

我国的国有文化企业由全民所有，以国家为出资人。为了避免所有权"缺位"，国家授权政府部门或专门的国有文化资产监管机构作为出资人代表，享有出资人权益，履行出资人职责，这就是国有文化资产出资人制度。

---

① 考虑到国有文化资产的经营主体以国有文化企业为主，本章所涉及的国有文化资产监管体制及制度，除特别声明外，均特指国有文化企业的国有文化资产监管体制及制度。

一、国有文化资产出资人制度发展历程

新中国成立后,我国对所有国营文化单位实行主管主办制度,由各级政府按照文化类型成立文化行政管理部门,对国营文化单位实行直接管理[1]。在此背景下,国有文化资产管理体制也呈现出高度集中的特点:文化行政管理部门同时拥有国有文化资产的所有权、经营权和管理权,"既代表政府行使公共管理职能,又代表政府行使国有资产出资人的职能"[2]。

20世纪90年代,我国文化市场不断发展,广播影视、新闻出版等领域的一批经营性文化事业单位改制为具有一定经营自主权的国有文化企业和文化产业集团[3],"管办分离"趋势凸显。

21世纪以来,国有文化资产出资人制度建立与完善步伐加快。

2005年,中共中央、国务院印发《关于深化文化体制改革的若干意见》,指出要"理顺文化行政管理部门与所属文化企事业单位的关系,推进政企分开、政资分开、政事分开、政府与市场中介组织分开……实现由办文化为主向管文化为主转变"。

2007年印发的《关于在文化体制改革中加强国有文化资产管理的通知》进一步提出:"财政部门要切实履行对国有文化资产的监管职责。文化行政主管部门在党委宣传部门的指导下,按照部门职责对所属企事业单位的国有文化资产实施具体管理。党委宣传部门要进一步做好宣传文化企事业单位主要领导干部的监督管理、文化体制改革的组织协调和宣传业务的指导工作。"

2009年,国务院授权财政部作为中央文化企业出资人代表,并于2010年成立中央文化企业国有资产监督管理领导小组办公室,承担由财政部履

---

[1] 傅才武. 国有文化企业管理体制改革:从主管主办制度到出资人制度[J]. 华中师范大学学报(人文社会科学版),2014(3).
[2] 傅才武,宋丹娜. 我国文化体制的缘起、演进和改革对策[J]. 江汉大学学报,2004(2).
[3] 傅才武. 国有文化企业管理体制改革:从主管主办制度到出资人制度[J]. 华中师范大学学报(人文社会科学版),2014(3).

行出资人职责的中央文化企业资产、财务、国有资本经营预算等工作[①];全国各地在建立国有文化资产出资人代表方面也做出了诸多有益探索(如表6-1所示)[②]。随着改革的不断深入,全国有望建立统一的国有文化资产出资人制度。

表6-1 各地建立国有文化资产出资人代表模式一览

模式名称	方法	采用省份(部分)
"中央模式"	在财政部门设立文化企业国有资产监督管理办公室,党委宣传部门与财政部门合署办公	四川、甘肃
"上海模式"	在党委宣传部门设立国有文化资产监督管理机构	上海、广东、湖南、湖北
"北京模式"	设立国有文化资产监督管理办公室,作为独立的政府直属机构	北京
"重庆模式"	政府出资成立国有文化资产经营管理有限责任公司,授权其经营、监管所属国有文化资产[③]	重庆
"山东模式"	成立国有文化资产管理理事会,整合党委宣传部门、财政部门、文化行政管理部门等的监管职能,实行统一监管	山东

二、国有文化资产出资人制度有利于文化创意产业发展

国有文化资产出资人制度的发展历程表明,国有文化资产监管机构[④]

---

① 中华人民共和国财政部. 文化司(中央文化企业国有资产监督管理领导小组办公室)主要职能 [EB/OL]. [2018-07-21]. http://whs.mof.gov.cn/pdlb/gywm/zyzn/201111/t20111118_608924.html.

② 和讯网. 创新国有文化资产监管,打造"山东模式" [EB/OL]. (2016-03-25) [2018-07-28]. http://news.hexun.com/2016-03-25/182963236.html.

③ 据了解,重庆市已参照中央做法,于2014年7月成立市文化企业国有资产监督管理领导小组,领导小组办公室(简称"市文资办")为财政局内设机构,"代表市政府对市属文化企业履行出资人职责"。但重庆市国有文化资产经营管理有限责任公司依然存续,故此处仍保留"重庆模式"。资料来源:重庆市政府网. 咨询重庆市国有文化资产管理模式 [EB/OL]. (2017-09-21) [2018-07-28]. http://www.cq.gov.cn/publicmail/citizen/ViewReleaseMail.aspx?intReleaseID=925203.

④ 无论国有文化资产出资人代表由何种形式的机构充当,其管理内容均围绕对国有文化资产的监督管理展开。故本书中"国有文化资产监管机构"与"国有文化资产出资人代表"概念可以等价。

和国有文化企业之间应为出资人与被投资企业关系,而非原有国有文化资产管理体制中的行政隶属关系。这有利于充分发挥国有文化资产对文化创意产业发展的促进作用。

(一)有利于国有文化企业更好支持文化创意产业

国有文化资产出资人制度促进了经营自主权的下放,将使国有文化企业的市场运作更为灵活,有利于为文化创意产业发展提供必要的资金、技术支持。同时,国有文化资产出资人制度有利于进一步做强做优做大国有文化企业,充分发挥其规模优势和品牌效应,结合文化创意产业需要,设立多样化的中介机构和合作平台,增强对文化创意产业的拉动作用。

(二)有利于合理引导文化创意产业发展

国有文化资产出资人制度明确了出资人代表与政府部门之间的权责边界,改进和克服文化创意产业发展过程中政府"缺位""越位"等现象。同时,国有文化资产出资人制度能够将政府对文化产业的发展要求与国有文化企业管理相结合,发挥国有文化企业在实现社会效益和经济效益相统一过程中的"正外部性",积极引导文化创意产业发展,引导相关从业者履行社会责任,从而提升文化创意产业的发展效益。

三、落实国有文化资产出资人制度面临的挑战

(一)国有文化资产监督管理机构不统一

如表6-1所示,各地在建立国有文化资产出资人制度的实践中,围绕"谁是出资人"这一问题做法不一。有的国有文化资产监督管理机构作为财政部门内设机构存在,有的是宣传部门内设机构,有的则是相对独立的政府直属机构。不同组织形式各有优缺,管理效果参差不齐,对于中央的统一管理也造成了困难。

(二)政出多门,国有文化资产监管工作协调难度大

有学者指出[①],我国国有文化企业长期处于多重管理之下:党委宣传

---

① 李媛媛.国有文化资产管理体制改革:问题与对策[J].中国党政干部论坛,2015(2).

部和组织部门负责"管人",宣传部门负责"管事",国资委或财政部门负责"管资产"。受这种"多头管理"现象影响,国有文化资产也分散在多个部门,集约化程度低。显然,这增加了监管机构之间的沟通成本,而且容易产生监管的"灰色地带",不利于国有文化资产汇集力量支持文化创意产业,也不利于国有文化资产管理工作的有效开展。

（三）政府部门对国有文化资产经营活动干预过多

就国有文化资产经营活动的重要载体——国有文化企业来看,许多国有文化企业仍没有真正成为自主经营、自负盈亏的法人主体；许多国有文化企业的经理、董事甚至独立董事由政府直接任命,董事会没有独立的人事权；某些地方政府干预国有文化企业兼并、重组行为,把本该由市场淘汰的企业与优势企业强行"拉郎配",降低了国有文化企业整体绩效[①]。

四、更好完善和发展国有文化资产出资人制度

（一）建立统一的国有文化资产监督管理机构

统一的国有文化资产监督管理机构有利于上下贯通地开展国有文化资产监管工作,避免不同国有文化资产监管模式在监管标准、监管权责、经费来源等方面的不一致。建立统一的国有文化资产监督管理机构,应当从明确机构性质、人员构成、机构隶属关系入手,充分结合中央和地方试点经验,在权衡中作出调整。

（二）明确国有文化资产监督管理机构权责边界

明确国有文化资产监督管理机构权责边界,有利于正确定位政府在国有文化资产管理中的角色,保证国有文化资产经营主体充分的自主权。近年来,《北京市文化企业国有资产监督管理暂行办法》制定了北京市国有文化资产出资人权力清单和责任清单,从监管事项、实施依据、适用范围

---

① 廖红伟,梁鑫,周海金. 产权视角下国有文化资产管理体制改革与创新 [J]. 江汉论坛,2015（6）.

及情形、办理时限等方面，对所监管文化企事业单位和出资人双方的权责范围进行了明确界定。未来，建立权力清单和责任清单将成为国有文化资产监督管理工作中不可或缺的制度安排。

（三）加强对国有文化资产监督管理工作的绩效评估与报告

国有文化资产是全体人民的共同财富，国有文化资产监督管理工作必须受到人民监督。一方面，应当建立针对国有文化资产监督管理机构的绩效评估体系，在国有文化资产保值增值考核基础上，重点考核国有文化资产监督管理机构在促进国有文化资产经营主体把社会效益放在首位、实现社会效益和经济效益相统一方面的作用；另一方面，应当适时要求国有资产监督管理机构向同级人民代表大会报告国有文化资产监督管理情况，允许各地根据本地区实际，将支持文化创意产业发展纳入国有文化资产管理工作议程，切实履行出资人职责。

第二节　发挥国有文化资本对文化创意产业的支持作用

一、"国有文化资产"与"国有文化资本"的异同

近年来，我国国有资产管理体制正在从"管资产"为主向"管资本"为主转变；相对应地，国有文化资产管理体制也将面临同样的调整。那么，"国有文化资产"与"国有文化资本"的异同在哪里？

从相同点来看，无论是"国有文化资产"还是"国有文化资本"，国家作为出资人，始终拥有资产或是资本的终极所有权。所不同的是，"国有文化资产"侧重于运用资产开展实际生产经营活动的权利，即资产经营权；而"国有文化资本"侧重于在股票、债券等资本市场开展投资、融资活动的权利，即资本经营权[①]。

---

① 谢志华，胡鹰. 国有资产管理：从管资产到管资本 [J]. 财务与会计（理财版），2014（7）.

在现实生活中，无论是抽象意义上的国家，还是政府以及国有资产监督管理机构，都无法或者不应直接行使资产经营权和资本经营权，需要授权特定的市场主体代为经营。一般来说，资产经营权主要授予国有（文化）企业，而资本经营权主要授予国有（文化）资本投资、运营公司。

可见，"国有文化资产"和"国有文化资本"之间的不同，更多体现在资金用途上的不同，以及由此延伸出的经营主体、经营范围等的不同。从监管要求看，"管资产"强调对资产经营权的管理，而"管资本"强调对资本经营权的管理。以"管资本"为主加强国有文化资产监管，有助于优化国有文化资本布局结构，促进国有文化资本投融资模式创新，放大国有文化资本市场功能。就文化创意产业发展而言，这有助于撬动更多社会资本注入文化创意产业，为培育和发展文化创意产业积累更多资源。

二、国有资本授权经营制度概况

发挥国有文化资本对文化创意产业的支持作用，必须培育与之相应的投资主体。国有文化资本授权经营制度是指国有文化资产出资人代表（政府或国有文化资产监管机构）授权国有文化资本投资运营机构、直属国有文化企业或企业集团等作为国有产权代表，对所属文化企业国有资产进行经营管理的制度安排。目前，一般国有企业的国有资产授权经营制度改革正在推进，但国有文化资产领域的改革相对滞后。本部分主要介绍国有资本授权经营制度，作为建立健全国有文化资本授权经营制度的参考。

（一）国有资本授权经营制度的政策依据

我国国有资产授权经营制度改革的政策依据主要包括：2013年《中共中央关于全面深化改革若干重大问题的决定》、2015年9月《中共中央、国务院关于深化国有企业改革的指导意见》、2015年11月《国务院关于改革和完善国有资产管理体制的若干意见》，以及2018年7月《国务院关于推进国有资本投资、运营公司改革试点的实施意见》等内容。

（二）国有资本授权经营制度的主要模式

目前，我国实行两种模式的国有资产授权经营制度，一种是国有资产监管机构授权模式，采用的是"政府—国有资产监管机构—国有资本投资、运营公司—国家出资企业"结构；另一种是政府直接授权模式，采用的是"政府—国有资本投资、运营公司—国家出资企业"结构。

具体来看，国有资产监管机构模式是指政府授权国有资产监管机构（一般为各级国有资产监督管理委员会）对国有资本投资、运营公司履行出资人职责，国有资产监管机构授权国有资本投资、运营公司对授权范围内国有资本履行出资人职责，考核其国有资本投资、经营绩效，并定期向政府报告。政府直接授权模式是指政府直接授权国有资本投资、运营公司对授权范围内国有资本履行出资人职责，并直接考核其国有资本投资、经营绩效①。由国有资本投资、运营公司出资、产生国有资本净流入的企业为国家出资企业，主要包括国有资本控股公司、国有资本参股公司及国有独资企业和国有独资公司②。国家出资企业应依法自主开展经营业务，承担国有资本保值增值的主体责任。

（三）国有资本投资、运营公司的产生方式及主要职能

国有资本投资、运营公司一般为国有独资公司，其定位为国有资本市场化运作的专业平台。无论采用哪种结构，国有资本投资、运营公司始终是国有资本的直接出资人代表，也是资本经营权能否得到规范、高效使用的关键。

从产生方式看，国有资本投资、运营公司一般通过三种方式建立：由

---

① 有研究指出，采用政府直接授权模式是为了将不由国有资产监管机构监管的企业纳入国有资本授权经营制度试点范围，有利于国有资本投资、运营公司数量的进一步增加。参考文献：新华网. 国资投资、运营公司新增政府直接授权模式［EB/OL］. (2018 - 08 - 01) ［2018 - 08 - 03］. http://www.xinhuanet.com/2018 - 08/01/c_1123204635.htm.

② 国有资本控股公司和国有资本参股公司的主要区别在于，国有资本控股公司要求国有资本持股占公司股权总数的比重达到绝对或相对多数，即国家拥有公司控制权和股东表决权；国有资本参股公司不要求拥有上述权利。国有独资企业和国有独资公司的主要区别在于，国有独资企业为非公司制企业，企业主要负责人由政府行政主管部门任命；国有独资公司为公司制企业，由国有资产监管机构行使股东会职权，并派遣董事会和监事会成员。

国有资本经营预算注资新建、通过划拨现有商业类国有企业国有股权组建，以及由有条件的国有企业改建。随着中央和地方试点工作的不断推进，国有资本投资、运营公司的产生方式将日益多元。

从主要职能看，国有资本投资、运营公司对所出资企业依法行使股东权利，承担国有资本保值增值责任，除资本运作外不从事具体的生产经营活动。其中，国有资本投资公司侧重于对国民经济重要行业和关键领域的产业投资，经营目标主要是服务国家战略、优化国有资本布局、提升产业竞争力等；国有资本运营公司侧重于在股票、债券、基金等资本市场开展资本运作，经营目标主要是提高国有资本回报，促进国有资本高效配置、有序进退。

三、建立国有文化资本授权经营制度

在国有文化资产出资人日益明确的制度背景下，可以参考国有资本授权经营制度，建立健全国有文化资本授权经营制度，建立若干国有文化资本投资、运营公司。对此，本书主要提出如下建议：

（一）明确国有文化资本投资、运营公司职能定位

如果建立国有文化资本投资、运营公司，那么其与既有的国有资本投资、运营公司应当如何分工？由于文化与其他产业融合度较高[1]，国有文化资本投资、运营公司的投资方向不会也不应局限于文化产业，国有资本投资、运营公司也可以在文化产业开展经营活动。因此，必须确保国有文化资本投资、运营公司在发挥文化的社会效益方面具有足够激励，突出其在"管导向"方面的特殊性。

为此，可将国有文化资本投资公司的职能定位为在新闻出版、报刊等涉及舆论引导、道德教化、意识形态教育等工作的重要行业和关键领域开展投资，通过控股核心业务等方式，将社会主义文化的建设要求体现到国有文化出资企业的经营管理之中；可将国有文化资本运营公司的职能定位

---

[1] 戚骥. 支持文化产业发展的财政支出政策探析 [J]. 宏观经济管理, 2018 (7).

为运用国有文化资本开展投资,在实现国有文化资本保值增值的基础上,推动文化产业与其他产业深度融合,提升国民经济整体竞争力和影响力。

(二)鼓励国有文化资本投资、运营公司以多种形式支持文化创意产业

文化创意产业作为文化产业中的战略性发展方向,其发展离不开国有文化资本投资、运营公司的深度参与。从具体方法来看,可以在国有文化资本投资、运营公司的国有资本经营预算中,加大与支持文化创意产业发展相关的国有资本金投入等;可以支持、鼓励国有文化资本投资、运营公司设立文化创意产业发展基金,或将现有的文化创意产业发展基金整合进国有文化资本投资、运营公司的经营范围;可以仿照北京"文创板"(文创企业股权转让平台)[①]等做法,设立文化创意产业金融服务平台,鼓励国有文化资本投资、运营公司进场交易,更好地满足文化创意企业在融资、创业孵化等方面需求;在绩效管理方面,可以在对国有文化资本投资、运营公司的考核中,重点考察国有文化资本对文化创意产业盈利能力、文化影响力、节能减排效应等的促进作用,提高国有文化资本经营效益。

第三节 在成果转化和产学研合作中激发国有文化资产潜力

成果转化与产学研合作之间密不可分。成果转化侧重于文化科技成果实现从理论研究阶段到产品开发应用阶段的转变,从而发挥其对社会生产力的促进作用;产学研合作侧重于企业、高校、科研机构开展交流合作,促进知识和信息流动,实现多方优势互补。可见,产学研合作是成果转化的必由之路,成果转化是产学研合作的现实需要。

---

① 北京文化产权交易中心. 文创板信息系统[EB/OL]. [2018 - 08 - 18]. (2018 - 10 - 12). https://www.ccee.cc/staticpage/gywm/index.html.

就文化创意产业来看,《国务院关于推进文化创意和设计服务与相关产业融合发展的若干意见》指出:"鼓励企业、院校、科研机构成立战略联盟,引导创意和设计、科技创新要素向企业聚集,加大联盟知识产权管理能力建设,推行知识产权集群式管理。"我国事业单位性质的高等院校和科研院所是财政教育资金及国有资产的重要投入地。只有做好成果转化和产学研合作,才能更好发挥其文化科技创新能力和创新效益,更好促进文化创意产业发展。

一、成果转化和产学研合作的经济理论分析

由经济学家保罗·罗默(Paul M. Romer)和罗伯特·卢卡斯(Robert E. Lucas)[①]等开创的内生增长理论从经济学理论视角解释技术进步在经济增长中的作用。其中的"两部门模型"有助于我们理解成果转化和产学研合作的重要性[②]。

(一)模型内容

假设一个经济体由两个部门组成:制造业企业(以下简称"企业")和研究型大学(以下简称"大学")。其中,企业生产产品和提供服务,这些产品和服务被用于消费和物质资本投资;大学生产知识,知识作为生产要素被两个部门免费使用。因此,在这个经济体中,企业的生产函数为:

$$Y = F[K, (1-u)LE] \tag{6.1}$$

其中,Y 为企业的产出;K 为企业所使用的物质资本量;u 为大学的劳动力比例,$(1-u)$ 即为企业的劳动力比例;L 为企业所使用的劳动力数量;E 为知识存量,也是每个劳动力的生产效率,一般把 L 和 E 的乘积 LE 称为"劳动力的有效数量"。该模型假设企业生产函数是规模报酬不变

---

① 罗伯特·卢卡斯于 1995 年获得诺贝尔经济学奖,而保罗·罗默于 2018 年获得诺贝尔经济学奖。

② N·格里高利·曼昆. 宏观经济学(第七版)[M]. 卢远瞩译. 北京:中国人民大学出版社, 2010.

的，也就是说，当 K 和 $[(1-u)LE]$ 按相等倍数扩大时，Y 也按相等倍数扩大。

大学的生产函数为：

$$\Delta E = g(u)E \tag{6.2}$$

其中，ΔE 为知识（或者劳动效率）增量；$g(u)$ 为知识增长率，它受大学的劳动力比例 u 影响。

资本积累方程为：

$$\Delta K = sY - \delta K \tag{6.3}$$

其中，ΔK 为物质资本增量；s 表示储蓄率，sY 表示该经济体产出中由国民储蓄起来的部分是进行新的物质资本投资的资金来源；δ 表示折旧率，δK 表示该经济体的物质资本存量会按照一定比率折旧。从而，该经济体在任一时点上的物质资本增量，是该时点上新的物质资本投资与物质资本存量折旧的差值。

（二）模型启示

"两部门"模型意在说明：如果把"资本"广义地定义为物质资本和知识，那么该经济体的资本收益不变。也就是说，当 K 和 E 按相等倍数扩大时，Y 也按相等倍数扩大。这样，该经济体即使是在生产函数没有外生变化（或者说没有上述公式中未涉及的变量作用）的情况下，仍然能够实现内生的持续增长，因为大学的知识创造活动是永不停息，甚至是不会放慢的。此外，如果大学的劳动力比例 μ 保持不变，那么知识存量或者劳动效率仍将按照不变速度 $g(u)$ 增长，这种增长依然是内生的。

该模型给我们的启示在于，知识创造是经济持续增长的内生动力，这对于特定的产业来说同样成立。我们还要认识到，知识必须有效地转化为可以为生产过程所用的"无形资本"，才能真正发挥对生产力的促进作用。成果转化和产学研合作的意义在于打破企业、高校与科研机构间的知识（也就是模型中的 E）壁垒，促进更多知识和信息流入实际生产过程中，促进高校与科研机构的知识生产与市场需求相对接，增强知识的应用价值。

二、高校成果转化和产学研合作案例

（一）美国：斯坦福大学科技成果转化的经验①

资金方面，斯坦福大学每年的科研经费约为 16 亿美元，其中约 82% 来自政府拨款，主要用于研究周期长但对产业发展具有全局性影响的基础科学研究，其余部分主要由企业赞助；硅谷相对完善的风险投资体系，则使这里的科技型初创企业的融资难度降低。

人才方面，斯坦福大学重视高水平人才引进，其中很多人都有创业或在国际知名企业工作的经历，在产学研合作方面有大量实践经验。

机构方面，斯坦福大学技术许可办公室（Office of Technology Licensing, OTL）是美国最大的技术许可办公室之一，也是斯坦福大学的首创。OTL 具备专业性强的管理团队，可为校内科研工作者提供科技成果确权、知识产权价值评估、商业计划制定等服务，同时积极促成与校外企业的知识产权交易。

制度方面，根据美国 1980 年《拜杜法案》，由联邦政府资助的科研项目的发明成果属高校所有，故斯坦福大学拥有较大的科技成果转化自主权；OTL 也在知识产权保护政策等方面做了大量工作。

文化方面，斯坦福大学努力营造鼓励创新创业、宽容失败的文化氛围。例如，斯坦福大学允许教授"一周花一天时间在公司上"，斯坦福大学材料系华人教授崔屹就利用其在纳米材料方面的研究创办了安普瑞斯（Amprius）、4C Air 等科技企业。

此外，斯坦福大学还积极推进学生课程改革。在由斯坦福大学设计学院牵头的《斯坦福大学 2025 计划》中，斯坦福大学提出"自定节奏的教育"（Paced Education）、"轴翻转"（Axis Flip）、"有使命的学习"（Purposed Learn-

---

① 该案例主要根据以下资料整理：刘梅，刘乐，罗梦娜. 斯坦福大学科技成果转化经验及启示 [J]. 中国高校科技，2017（11）；李铭霞，吕旭峰. 美国斯坦福大学技术许可办公室的使命与专业化管理 [J]. 世界教育信息，2015（11）；搜狐网. 美国斯坦福大学的产学研之路 [EB/OL]. (2017-06-19) [2018-10-18]. http://www.sohu.com/a/150138245_165955.

ing）等理念，强调学生在安排学习计划方面的更大自主权，按照学生的不同能力重新划分院系，提高学生职业规划能力和行动力。这些改革举措无疑将有助于在更大程度上释放学生的创新创业潜力，为科技成果转化"提速"。

（二）以色列：以色列理工学院等加强产学研合作①

以色列理工学院是一所历史悠久的研究型大学，素有"以色列的麻省理工"的美誉。以色列理工学院注重知识的应用价值。在课程体系中，以色列理工学院建立了对学生的个人指导体系，除学习成绩之外，还对学生开展跨学科课题研究的能力十分重视。

在成果转化机制上，以色列理工学院建立了著名的企业孵化器，同时也是该学校的技术代理公司T^3（Technion Technology Transfer）。T^3的服务模式主要包括三种：一是邀请企业入驻，发掘具有商业潜质的技术；二是注册专利并成立公司；三是与天使投资孵化器中拥有学校技术专利的公司合作。在此过程中，T^3拥有专利技术的使用权，而所有权属于学校，专利成果转化所得利润由学校、企业、投资者分享。

值得注意的是，政府积极而有限的参与，是包括以色列理工学院在内的以色列高校开展产学研合作的重要特点。以色列政府部门在产学研合作中的作用主要体现在提供低租金的"众创空间"、引导成立风险投资基金、提供税收优惠等方面。政府也可以为创业项目拨款，但基于尊重市场的目的，创业项目应由风投机构自行决定。在大学生创业孵化方面，一种常见的政府资助形式是：政府资助大学生的创业项目，如果项目成功，那么政府撤资，联系新的风险投资公司"接盘"；如果项目失败，那么政府承担损失。

事实上，以色列已形成了"政产学研"的合作机制。例如，在以色列贝尔谢巴市 Gan‐Yam Negev 高科技园区的股权结构中，市政府提供土地

---

① 该案例主要根据以下资料整理：搜狐网. 以色列理工学院科技创新模式研究［EB/OL］.（2018‐06‐15）［2018‐10‐18］. http：//www.sohu.com/a/235927674_ 468720；搜狐网. 以色列如何促进产学研创新［EB/OL］.（2017‐12‐28）［2018‐10‐18］. http：//www.sohu.com/a/213496178_ 275304；IT思维. 以色列:"创业国度"的傲娇与隐痛［EB/OL］.（2016‐1‐30）［2018‐10‐18］. http：//www.itsiwei.com/14038.html；田玲. 以色列创业型大学文化构建对我国创业教育的启示——以以色列理工学院为例［J］. 现代营销（下旬刊），2015（8）.

并给予税收优惠,园区建设和物业运营由 Gav – Yam 地产公司负责,园区科研、咨询服务等由该市本古里安大学提供,KUP 投资公司负责为园区筹措资金。这种合作机制在优化以色列创新创业环境方面发挥了重要作用。

(三)中国:清华大学文化创意发展研究院积极探索产学研合作①

清华大学文化创意发展研究院(以下简称"清华文创院")成立于 2016 年 12 月,是由清华大学新闻学院联合清华大学艺术博物馆及相关院系建立的跨学科研究平台,其目标是搭建"高层次、高水平的文化领域重大理论研究、人才培养和产业实践平台"。

自成立以来,清华文创院充分发挥学科优势,在先进影像、全域旅游、时尚文化等方面作出前瞻性探索,促进文化创意与科技相融合。与此同时,清华文创院重视利用校友资源。2016 年 4 月,清华大学校友总会成立文创专业委员会,集聚了包括完美世界、爱奇艺等文化创意企业创始人以及法国"雨果奖"得主郝景芳等在内的清华校友,为文化创意成果的产业化提供机遇。清华文创院还积极达成校企合作,促进优势互补。2017 年 4 月,清华文创院与华夏幸福基业股份有限公司达成合作协议,将清华文创院的 3 项成果转化项目——清华文创院成果转化中心、先进影像成果转化基地和时尚文化集合空间落户河北省大厂县大厂影视小镇。其中,清华文创院成果转化中心每年将有至少 4 个文创项目实现产业化;先进影像成果转化基地将联合北京电影学院未来影像高精尖创新中心等机构,与国内优秀公司开展合作。

三、国有文化资产参与成果转化和产学研合作中面临的问题

(一)科技成果所有权仍不明确

科技成果所有权在与科技成果相关的产权体系中居于核心地位。它可

---

① 该案例主要根据以下资料整理:中国青年网. 清华大学文创院:文创成果转化带来新动力 [EB/OL]. (2017 – 04 – 01) [2018 – 10 – 18]. http://edu.youth.cn/jyzx/jyxw/201704/t20170401_9402582.htm;唯象网. 清华成立"文创院":中国文化产业向哪里去?[EB/OL]. (2016 – 12 – 12) [2018 – 10 – 18]. http://www.wixiang.com/news/26608.html.

以被理解为由著作权、专利权等多种知识产权构成的复合权利①。对于我国具有事业单位性质的高校及科研机构而言，使用国有资产形成的科技成果从所有权角度看属于国有资产，而从知识产权角度看可能同时适用于知识产权管理制度中有关"职务科技成果"的规定。

关于"科技成果谁所有"问题，我国法律法规事实上规定了"国家所有""单位所有"和"个人所有"三种主要情形，但明确科技成果所有权的难点在于，上述情形之间还存在着众多"中间情形"②，这些"中间情形"涉及的科技成果所有权分配问题尚缺乏全国性的明确规定③。有科研人员在接受采访时坦言："一个科研成果做出来了，但大家觉得这个权益比较难界定，科研人员就不太愿意过多地去努力推广科技成果，单位也是一样，导致对科技成果转化积极性不高④。"

（二）国有文化资产管理制度与成果转化和产学研合作要求存在"不兼容"问题

我国现行国有资产管理制度⑤与成果转化和产学研合作要求"不兼容"的问题主要体现在三个方面。其一，国有资产管理制度中的一些规定与知识产权管理制度存在矛盾。《中华人民共和国促进科技成果转化法》等法律法规允许自主决定的成果转化事项，仍需按照财政部《事业单位国有资产管理暂行办法》等要求进行国有资产评估、审批、备案等程序，使得相

---

① 搜狐网．吴寿仁：科研人员科技成果所有权探析［EB/OL］．（2018－07－21）［2018－10－19］．http：//www.sohu.com/a/242558521_660408.

② 吴寿仁（2018）总结了与科技成果所有权分配相关的三个因素，即"科研是谁决定的（体现谁的意志）"、"科研失败的风险由谁承担"和"谁能更好地开展科技成果转化及其应用推广"。依据某个因素的主体是"科研人员"还是"科研单位"，可以划分出各种不同情形。参考资料：搜狐网．吴寿仁：科研人员科技成果所有权探析［EB/OL］．（2018－07－21）［2018－10－19］．http：//www.sohu.com/a/242558521_660408。

③ 新浪网．谁的科研成果所有权：依然缺乏全国性明确规定［EB/OL］．（2016－07－16）［2018－10－19］．http：//finance.sina.com.cn/roll/2016－07－16/doc－ifxuaiwa7018735.shtml.

④ 澎湃新闻．什么阻碍了科研人员"获得感"？科技成果所有权有了顶层认定［EB/OL］．（2018－03－26）［2018－10－19］．https：//www.thepaper.cn/newsDetail_forward_2042897.

⑤ 现有文献主要探讨国有资产管理制度中存在的共性问题，对于国有文化资产管理制度同样成立。

关知识产权管理制度的改革目标未能充分实现①。其二，国有资产管理制度中的部分规定不利于高校及科研机构开展成果转化和产学研合作。例如，国有资产管理制度要求的国有资产价格第三方评估、将科技成果转化方案报财政部备案等工作依然存在"走过场"、流程复杂、耗时过长的问题②，国有资产管理"分级审批"的制度安排可能拉长科技成果转化周期等。其三，现行国有资产管理制度难以消除科研人员对国有资产保值增值责任的顾虑。科技成果转化及产学研合作属于高风险行为，使得高校及科研机构负责人难免心存顾虑。而现行国有资产管理制度在控制科技成果作价入股的市场风险、明确免责相关规定等方面不够完善，能够"宽容失败"的具体的制度细则有待建立③，"成果转化失败≠国有资产流失"的观念有待国有资产管理制度进一步明确④。

（三）国有文化资产参与文化创意产业成果转化和产学研合作中的特殊问题

文化创意产业中的知识产权一般包括著作权、专利权、商标权、商业秘密、制止不正当竞争等权利⑤。值得注意的是，文化创意产业更多涉及对专利、商标等无形资产的估值问题，存在较大的主观性，也易于引起知识产权纠纷；创意一经产生便拥有某种程度上的"垄断性"，可能导致"流氓专利"现象，即专利所有者不将专利用于生产，而是靠索取高额专利使用费和赔偿金牟取暴利⑥；文化创意产品的复制、仿冒成本较低，容易遭受知识产权侵害。目前，我国依然存在无形资产应计入国有文化资产

---

① 谢地. 试论国有科技成果知识产权管理制度的完善思路 [J]. 中国行政管理, 2018 (1).
② 贤集网. 现行国有资产评估和备案管理规定拖延科技成果转化进程的原因及建议 [EB/OL]. (2017 - 08 - 28) [2018 - 10 - 19]. https://www.xianjichina.com/news/details_47616.html.
③ 搜狐网. 科技成果转化：呼唤配套政策，探索所有权分配机制【中国科讯】[EB/OL]. (2018 - 08 - 10) [2018 - 10 - 19]. http://www.sohu.com/a/246281108_744387.
④ 科学技术部火炬高技术产业开发中心. 对科技成果转移转化及国有资产管理的建议 [EB/OL]. (2017 - 11 - 07) [2018 - 10 - 20]. http://www.chinatorch.gov.cn/jssc/llyj/201711/db7be2235035411288136a139c751c44.shtml.
⑤ 杨祝顺. 我国文化创意产业知识产权保护的现状与策略 [J]. 武汉理工大学学报（社会科学版）, 2017 (4).
⑥ 韩天. 知识产权保护与文化创意产业发展平衡点探究 [J]. 今传媒, 2016 (5).

而未计入、知识产权诉讼周期长等问题,不利于更好开展文化创意产业成果转化和产学研合作。

四、促进国有文化资产更好地服务文化创意产业成果转化和产学研合作

(一)加紧探索明确科技成果所有权的体制机制

为回答好"科技成果谁所有"的问题,一方面,应当围绕科技成果所有权中的若干"中间情形",尽快出台更为细化、更具操作性的全国性规定,为科研人员解决"后顾之忧"。另一方面,对于目前一些省份推行的职务科技成果混合所有制改革,既要充分认识其在解决"高校院所有权利转化但没有动力转化,职务发明人有动力转化但没有权利转化"[1]问题上的积极作用,又要着力解决其存在的于法无据、易产生纠纷等诸多问题[2],进一步提高职务科技成果混合所有制改革与国有文化资产管理制度的适应性,合理应对社会争议。

(二)在国有文化资产管理制度改革中更好体现成果转化和产学研合作要求

提高国有文化资产管理制度与成果转化和产学研合作要求的"兼容性",实质上折射出更深层次的诉求,即应将事业单位性质的高校及科研机构所持有的科技成果同一般国有资产适当区分[3]。在细化和明确相关制度设计时,必须充分考虑到成果转化和产学研合作的特殊性:对知识产权管理制度允许事业单位性质的高校及科研机构自主决定的事项,应在国有文化资产管理制度中加以体现;对执行国有文化资产管理制度过程中发现

---

[1] 西南交通大学新闻网.【光彩 2017】科技园:"职务科技成果混合所有制"探索之路[EB/OL].(2017-12-18)[2018-10-20]. http://news.swjtu.edu.cn/ShowNews-15779-0-1.shtml.

[2] 搜狐网.吴寿仁:科研人员科技成果所有权探析[EB/OL].(2018-07-21)[2018-10-19]. http://www.sohu.com/a/242558521_660408.

[3] 人民网.国资流失成隐忧 科技成果转化如何除掉"紧箍"[EB/OL].(2016-03-22)[2018-10-20]. http://it.people.com.cn/n1/2016/0322/c1009-28216416.html.

的不必要、不合理的审批事项,应及时予以调整;加快完善国有文化资产管理制度中关于成果转化和产学研合作风险的应对和免责规定等。当然,相关制度的细化和明确还会涉及绩效评价等方面的诸多问题,仍需要相关部门统筹考虑、综合考量。

(三)在文化创意产业成果转化和产学研合作中规范国有无形文化资产管理

高校及科研机构在将国有文化资产运用于文化创意成果转化与产学研合作时,必须提高无形资产保护意识,严肃国有文化资产登记管理工作,确保所有国有无形文化资产均纳入登记范围。国有文化资产监督管理机构应当就国有无形文化资产管理尽快出台细则,重点加强对参与科技成果转化及产学研合作的无形资产的价值评估工作,鼓励开展无形资产价值评估的第三方机构通过市场竞争提升业务专业化水平①;要求合作各方增强维权意识,释放国有文化资产参与文化创意产业生产经营的活力。

第四节 在国有文化企业"双效统一"中发展文化创意产业

一、国有文化企业应把社会效益放首位,实现社会效益和经济效益相统一

2015年印发的《关于推动国有文化企业把社会效益放在首位、实现社会效益和经济效益相统一的指导意见》(以下简称"《意见》"),明确了国有文化企业在中国特色社会主义文化建设中的责任与使命。本部分将对《意见》中的若干重点进行梳理。

(一)体现"文化例外"要求

---

① 贤集网.现行国有资产评估和备案管理规定拖延科技成果转化进程的原因及建议[EB/OL].(2017-08-28)[2018-10-19].https://www.xianjichina.com/news/details_47616.html.

《意见》要求:"在国有企业改革大框架下,充分体现文化例外要求,积极推进国有文化企业改革。"此后,类似表述还在2016年《关于深化国有企业分类改革的意见》、2017年《关于加强文化领域行业组织建设的指导意见》等文件中出现。

"文化例外"强调既要注重文化产品和服务的经济属性,又要注重其意识形态属性。"文化例外"应着眼于保卫国家"文化主权",即一国能够独立自主地处理文化领域事务、维护和促进本国文化利益的最高权力[①]。可见,国有文化企业必须坚持正确的文化立场,提高文化产品和服务供给能力和水平,坚定维护我国文化产业发展权益。

(二)处理好"三对关系"

其一,必须正确处理社会效益和经济效益、社会价值和市场价值的关系。《意见》指出,当两种效益、两种价值发生矛盾时,经济效益、市场价值应服从于社会效益、社会价值,通过深化改革,不断凸显社会效益、社会价值的重要地位。

其二,必须正确处理文化的意识形态属性与产业属性、文化企业特点和现代企业制度之间的关系。要把坚持党的领导和完善公司治理统一起来,建立健全具有文化特色的现代企业制度,建立和完善体现社会效益放首位、社会效益和经济效益相统一要求的考核评价标准。

其三,必须正确处理党委、政府与国有文化企业的关系。既要明确谁主管谁负责和属地管理,又要保障企业法人地位和自主经营权,加强政策引导、依法监管、道德调节等,促进国有企业积极履行社会责任。

(三)坚持做强做优做大国有文化企业

《意见》强调,要着力提高国有文化企业规模化、集约化和专业化水平,培育一批核心竞争力强的国有或国有控股骨干文化企业,使之成为"文化市场的主导力量"和"文化产业的战略投资者"。为此,要坚持立足主业发展,形成"内容优势"和"传播优势",不断扩大市场占有率与话

---

① 张林. 中国国家文化主权及其战略构建论要[J]. 理论导刊,2017(9).

语权；要明确股份制改造的范围、股权结构和管理要求，在体现国有资本控股需要的同时充分利用市场力量；要推动国有文化企业以资本为纽带进行联合、重组，实现资源进一步整合与融合发展。

《意见》还明确了国有文化企业创作内容的有关要求，指出国有文化企业应树立精品意识，"努力创作生产更多传播当代中国价值观念、体现中华文化精神、弘扬中华优秀传统文化、反映中国人民奋斗追求的优秀文化作品"，这也是推进国有文化企业持续做强做优做大的必然遵循。

（四）坚持完善国有文化资产监管运营机制和评价考核机制

关于国有文化资产监管运营机制，《意见》强调，加强国有文化资产管理、有效行使出资人权利，是确保国有文化企业把社会效益放在首位、实现社会效益和经济效益相统一的制度保障。要探索建立"党委和政府监管有机结合、宣传部门有效主导"的管理模式，坚持"对重大事项的决策权""资产配置的控制权""宣传业务的终审权"和"主要领导干部的任免权"等，确保国有文化资产保值增值，实现管人管事管资产管导向相统一。

关于评价考核机制，《意见》指出，要建立健全同把社会效益放在首位、实现社会效益和经济效益相统一的要求相适应的考核评价体系。其中，社会效益考核权重应占50%以上，建立细化到政治导向、文化创作生产和服务、受众反应、社会影响、内部制度和队伍建设等具体方面的可量化指标；经济效益考核指标要科学反映市场接受程度，反对唯票房、唯收视率、唯发行量、唯点击率等[①]。

（五）坚持发挥文化经济政策的引导作用

《意见》明确，文化经济政策应保证国有文化企业及其职工的合理经济效益，从而引导国有文化企业自觉追求社会效益最大化。《意见》从进一步加大财政力度、创新财政资金使用方式、落实和完善税收优惠政策三个方面对文化经济政策提出要求，提出要有序推进政府向社会购买公共文

---

① 关于社会效益和经济效益指标的要求在2016年印发的《关于加强中央文化企业负责人社会效益和经济效益综合考核的意见（试行）》中又有进一步明确。

化服务的工作，加强文化产业发展专项资金使用管理，加强中央文化企业国有资本经营预算国有资本金投入力度，进一步支持国有文化企业发展；推动组建或改建国有文化资本投资公司，设立国有文化资本投资基金，更好发挥财政资金和国有文化资本的杠杆作用；研究有利于文化创意内容生产、非物质文化遗产项目经营等方面的税收优惠政策等。

此外，《意见》还就完善国有文化企业内部运行机制、健全企业干部人才管理制度、加强企业党建和思想政治工作等方面阐述具体要求，为国有文化企业改革的深入提供思想、制度基础与人才保障。

二、国有文化企业分类改革：促进国有文化企业"双效统一"的突破口

为贯彻《意见》有关要求，2016年7月，中共中央宣传部等印发《关于深化国有文化企业分类改革的意见》，将国有文化企业分为如下五类：

（一）新闻信息服务类

新闻信息服务类国有文化企业以新闻宣传为主业，改革要求体现为"坚持党性原则、树立阵地意识、把握正确导向"，不断提高党的新闻舆论工作的传播力、引导力、影响力和公信力。

（二）内容创作生产类

内容创作生产类国有文化企业以内容创作生产为主业，改革要求体现为坚持把创作生产优秀作品作为中心环节，在内容创作中坚持以人民为中心的创作导向，推动文化内容表现形式与营销方式创新，打造"思想性、艺术性、观赏性俱佳的精品力作"。

（三）传播渠道类

传播渠道类国有文化企业以文化信息传播为主业，改革要求体现为服务文化创新、传播先进文化、确保流通安全，不断满足人民群众的文化需求。

（四）投资运营类

投资运营类国有文化企业以投资、资产运营为主业，改革要求体现为优化国有文化资本投向，提高国有文化资本经营效率，以管资本为主加强

国有文化资产监管,提高国有文化资本竞争力、控制力和影响力。

(五)综合经营类

综合经营类国有文化企业包含前述四个经营领域中的两个及以上,改革要求体现为通过并购重组等方式,培育一批国有或国有控股大型文化企业或企业集团,培育文化产业领域战略投资者和主业突出、有国际竞争力的文化产业旗舰。

国有文化企业的分类改革,将有助于不同类型的国有文化企业明确定位、聚焦主业、精准施策,有助于国有文化资产出资人对不同类型的国有文化企业精准施策、分类管理,更好发挥国有文化企业在文化产业发展中的作用,在把社会效益放在首位、实现社会效益和经济效益相统一中走在前列。

三、国有文化企业应在文化创意产业发展中积极有为

(一)发挥国有文化企业对文化创意产业的"正外部性"

国有文化企业应注重为文化创意产业发展提供平台资源、市场资源、资金资源、版权资源等。例如,《关于深化国有文化企业分类改革的意见》中鼓励内容创作生产类国有文化企业"充分发挥面向社会化创作生产的服务平台作用,发现、挖掘和团结文化名家、网络作家、自由撰稿人、独立制片人、独立演员歌手等多方力量……探索国有文化企业以资本为纽带或项目合作模式,同民营文化工作室、民营文化经纪机构、网络文艺社群等新型组织开展多种形式合作,引导和推动文艺内容创作生产",鼓励投资运营类国有文化企业"创新基金投资模式,探索以创业投资、风险投资等方式,加大对战略性新兴文化产业以及社会效益显著但经济效益尚不确定的重大文化项目投资力度"。国有文化企业应通过市场化的合作机制,着力促进不同地区、不同行业、不同所有制的文化创意产业经营主体相互促进、共同发展。

(二)盘活国有文化资产存量,为文化创意产业注入更多优质资产

国有文化资产保值增值只有在市场流通中才能实现。有文献指出,一些国有文化企业尚存在版权资产闲置现象,版权资源存量仍具有较大开发

潜力。近年来，一些国有文化企业通过积极开展版权租赁业务、提供版权运营产业链配套服务等形式，在完善版权资产运营模式方面作出了积极探索[①]。从支持文化创意产业发展的角度看，必须加强对国有文化企业的国有文化资产，特别是国有无形文化资产的清查、登记工作；在监管机制、绩效考核等方面适当区分经营性和非经营性国有文化资产，经营性国有文化资产可由国有文化资本投资、运营公司具体管理，提高要素配置效率[②]；完善文化产权交易平台等要素市场，通过权益性投资、资产交易等方式，促进优质国有文化资产流向文化创意产业，实现其进一步发展。

第五节　全面提升国有文化企业国际化经营水平

实现中华文化"走出去"是提升我国综合国力和文化影响力的应有之义。近年来，一批国有文化企业积极拓展境外市场，优化境外资本布局，在"一带一路"等国际舞台中发挥日益重要的作用。提高国有文化企业特别是国有文化创意企业的国际化经营水平，有利于充分发挥国有企业投资规模大、抗风险能力强的优势，通过建立国际合作框架、完善文化相关基础设施等方式，引导更多社会资本注入国际文化创意产品和服务市场，为我国文化创意产业"走出去"创造更多机遇和更好条件。

一、影响国有文化企业国际化经营水平的主要因素

国有文化企业的境外经营行为主要包括出口和境外投资。因此，可将国有文化企业国际化经营水平的主要影响因素归结为如下两方面：

（一）出口类型和质量

[①] 根据该文献定义，本段中提到的"版权"是指"作者和其他著作权人对文学、艺术和自然科学、社会科学等作品所享有的各项专有权利"，并不仅限于图书出版领域。参考资料：人民网. 版权资产：国有文化企业的核心竞争力［EB/OL］.（2015 - 01 - 30）［2018 - 10 - 16］. http://ip.people.com.cn/n/2015/0130/c136655 - 26478787.html.
[②] 中国文明网. 如何实施国有文化企业资产监管［EB/OL］.（2014 - 04 - 19）［2018 - 11 - 07］. http://hbjswm.gov.cn/whtzgg_pd/qwjd/201404/t20140419_1883972.shtml.

目前，关于国有文化企业出口类型和质量的数据不多，我们可结合已有数据进行说明。2017年11月，商务部公示2017—2018年度国家文化出口重点企业和重点项目名单。在298家①重点企业中，中央文化企业达31家；在109个重点项目中，中央文化企业项目达18个②；各省还有国有文化企业及国有文化企业项目入选。入选的企业中，约70%的企业以文化服务出口为主，30%的企业以文化产品出口为主；在以文化服务出口为主的企业中，占比最高的文化信息传输类企业占比约为30%，文化创意和设计类企业占比为9%；在以文化产品出口为主的企业中，出版物出口企业占比最高，约为38%。

对此，商务部服务贸易和商贸服务业司有关负责人在接受采访时指出，近年来我国文化出口规模不断扩大，但从结构上看，文化产品占比依然较高，具有较高附加值的文化服务比例依然偏低；文化产品出口仍以文化用品、工艺美术品和收藏品等为主，图书、影视等内容产品出口比例不高、竞争力不强。可见，促进文化出口贸易结构转变仍是有关部门的政策重点。该负责人同时强调，"文化贸易发展首先应当注重文化产品和服务的内涵，真正将那些具有中国特色、体现中华文化精髓、适应国际市场的优秀文化产品和服务推向世界，包括具有独特魅力的优秀传统文化、体现中国精神风貌的当代优秀文化产品等"③。

因此，国有文化企业提高国际化经营水平，需要进一步优化出口类型结构，提高文化服务出口比重，积极探索文化创意服务市场；需要贯彻质

---

① 2017年11月名单公示时列明的国家文化出口重点企业数和重点项目数分别为295家和108个；后名单于2018年1月进行调整，增补国家文化出口重点企业3家、文化出口重点项目2个，取消文化出口重点项目资格1个。参考资料：中华人民共和国商务部．关于2017－2018年度国家文化出口重点企业和重点项目名单补充公示的通知［EB\OL］．（2018－01－09）［2018－10－18］．http：//fms.mofcom.gov.cn/article/jingjidongtai/201801/20180102696079.shtml．

② 凤凰网．商务部：2017－2018年度国家文化出口重点企业和重点项目名单［EB/OL］．（2017－11－17）［2018－10－18］．http：//wemedia.ifeng.com/37496120/wemedia.shtml．

③ 中国经济网．从国家文化出口重点企业和重点项目目录看文化走出去特点［EB/OL］．（2018－02－28）［2018－10－17］．http：//www.ce.cn/culture/gd/201802/28/t20180228_28285321.shtml．

量第一的创作理念,大力推动内容型文化产品"走出去",提高中华文化的国际影响力。

(二) 海外投资效益

国有文化企业一直是境外投资中的重要力量。多年来,一些国有文化企业在境外投资、提高国际化经营水平方面成效显著。例如,中国对外文化集团与国内外合作方共同开展创意投资,创作出紫禁城太庙实景歌剧《图兰朵》、综艺舞台剧《少林雄风》、杂技舞台剧《太极时空》等文艺演出作品,在国内外市场广受好评[1];江苏凤凰传媒全资子公司江苏凤凰教育出版社有限公司收购美国出版国际有限公司(PIL)童书业务资产,广西师范大学出版社收购澳大利亚视觉出版集团[2],也在地方国有文化企业层面迈出"走出去"步伐。

然而,国有文化企业在境外投资中还可能面临诸多特有问题。一是国有文化企业的"身份难题"。国有文化企业具有政府背景,很容易成为投资目的国(地区),特别是"文化例外"政策比较严厉的投资目的国(地区)的外资审查"重点对象",引起外国政府和民众的猜忌甚至反对。二是国有文化资产流失风险。国有文化企业在国外投资往往面临财务风险、法律风险、经营风险、政治风险等各方面风险[3]。一些其他领域的国有企业在境外投资中曾发生亏损甚至"巨亏",值得国有文化企业引以为戒。进行境外投资的国有文化企业往往要协调大量境内外工作人员,如果缺少完善的法人治理结构,特别是缺少对经理人员等企业负责人的监督约束,

---

[1] 中华人民共和国财政部. 中国对外文化集团公司 [EB/OL]. [2018 - 10 - 18]. http://whs.mof.gov.cn/pdlb/zywhqy/zywhqygl/201209/t20120913_ 682609.html.

[2] 搜狐网. 过去与未来:国有文化企业如何借力资本?[EB/OL]. (2017 - 12 - 11) [2018 - 10 - 18]. https://www.sohu.com/a/209835043_160257.

[3] 财务风险表现在国有企业的高额对价支付及后续经营问题,法律风险表现在境外投资收购的不确定性因投资目的国(地区)的外资审查等增加,经营风险表现在国有企业往往选择经营不善的外国企业作为并购对象,政治风险表现在投资目的国(地区)需要保证政治稳定。参考文献:丁辉. 国有企业海外并购现状及问题分析 [J]. 科技创业月刊, 2013 (2).

有可能出现"内部人控制"① 等问题，造成国有文化资产的严重流失。

因此，国有文化企业提高国际化经营水平，必须在境外投资过程中增强沟通协调、严格防控风险，在保证国有文化资本合理回报、国有文化资产保值增值的基础上，实现企业做强做优做大。

二、国有文化企业如何提高国际化经营水平

（一）充分把握国际文化创意产业市场机遇，勇当"走出去"的"排头兵"

近年来，我国积极促进国际投资与贸易，为国有文化企业以及文化创意产业的发展创造了巨大机遇。例如，"一带一路"倡议提出以来，我国深化与"一带一路"沿线国家金融合作与文化交流，为我国尤其是中西部地区的文化产业开辟了广阔市场②；2018年中非合作论坛北京峰会召开期间，我国与非洲与会国家就《中非合作论坛——北京行动计划（2019—2021年）》《非盟文化和创意产业行动计划》等重要行动计划达成共识，双方合作将不断加深③。为此，国有文化企业要把握市场机遇，积极响应国家"一带一路"倡议，稳步拓展国际化经营范围和深度。特别是在一些新兴市场国家或者相对落后的发展中国家，国有文化企业要注重当地文化基础设施建设，密切人文交流，以此"激活"外国市场对我国文化创意产业产品及服务的需求，改善我国文化创意产业在当地的营商环境。

与此同时，面对全球经济复苏缓慢、贸易保护主义抬头的现象，国有文化企业应当发挥带头作用，通过建立海外文化传播体系，积极宣传中方开放、共赢的合作理念，反对单边主义和贸易保护主义；在应对可能的文

---

① 指在"委托—代理"关系中，作为企业内部员工的代理人掌握企业的实际控制权。如果代理人谋求自身利益最大化，委托人的利益会受到损害。

② 人民网．"一带一路"背景下湖南文化产业走出去的竞争力内涵及其提升路径［EB/OL］．(2018-10-16) [2018-10-18]. http://media.people.com.cn/n1/2018/1016/c421733-30344282.html.

③ 东方网．"中国梦"携手"非洲梦"开启新征程——2018年中非合作论坛北京峰会的文化风景［EB/OL］．(2018-09-11) [2018-10-17]. http://gov.eastday.com/renda/2012shwl/n/zt/u1ai6219277.html.

化创意产品和服务争端时，要积极组织相关企业团结一致，共同维护我国文化创意产业的发展利益。

（二）完善国有文化企业海外贸易与投资的制度规范

国有文化企业在承担拓展海外文化市场、提高我国文化创意产业国际话语权的责任的同时，必须努力实现国有文化资产保值增值，防范国有文化资产流失。国有文化企业法人治理结构是规范国有文化企业经营、有效应对海外贸易与投资风险的基本制度保证。在此基础上，应建立系统的国有文化企业境外投资监督管理体制。为此，可以仿照国务院国有资产监督管理委员会已出台的《中央企业境外投资监督管理办法》，明确国有文化企业境外投资在合于企业发展战略、合于有关法律法规、实现国有资本合理回报等方面的原则性要求；围绕事前管理、事中管理、事后管理全过程，建立健全国有文化企业境外投资管理制度，抓住境外投资项目负面清单制度、境外投资风险管控制度、违规投资责任追究制度等重点制度建设。要充分体现党委和政府监管有机结合、宣传部门有效主导的国有文化资产管理模式，研究如何发挥国有文化企业社会效益和经济效益实施情况考核在投资监督管理体系中的运用。

此外，国有文化企业在实现国际化经营的过程中，还会遇到诸如项目审批流程耗时过长、融资渠道不能满足大规模投融资需要、国际化经营人才相对紧缺等问题；特别是文化创意产业的国有文化企业，由于很难对品牌、团队、创意等轻资产估值，可能出现估值过高、缺乏议价主动权等问题，存在国有文化资产流失风险[①]。上述问题的解决，尚需要财政、金融和文化等部门的改革联动，需要政府部门、金融机构和社会资本等的共同参与。只有充分发挥改革的"乘数效应"，通过参与国际化竞争倒逼相关体制机制的完善，才能不断实现国有文化企业国际化经营水平的提升，为实现文化复兴作出贡献。

---

① 搜狐网．两会｜龚曙光：关于加大国有文化企业海外并购扶持力度的建议［EB/OL］．(2017-03-09)［2018-10-16］．http：//www.sohu.com/a/128375414_267807．

第七章　文化创意产业发展的市场培育政策

　　构建和培育优质的文创市场能够为文创产业的持续健康发展提供源源不断的动力，而培育一个优质的文创产业市场又离不开政府政策支持。本章主要从市场培育的角度来研究分析构建一个优质可持续发展的文创市场所必需的制度供给。主要解决现有文化创意市场的交易平台不完善、市场主体实力弱、供求不匹配、相关市场及行业法律法规不健全等问题。通过详细的剖析提出有效的制度与政策供给建议来解决当前文化创意产业市场主体实力弱、供求不匹配、交易平台不完善、相关市场及行业法律法规不健全、激励机制不足等问题，构建高质量的可持续的文创产业市场，促进文化创意产业生态链的高效发展。

第一节　文化创意产业市场概况

一、文化创意产业链条及其市场结构

　　根据产业经济学的定义，产业链是指各个产业部门之间基于一定的技术经济关联，并依据特定的逻辑关系和时空布局关系客观形成的链条式关联关系形态，其主要包括价值链、企业链、供需链和空间链四个维度。四个维度在相互对接的均衡过程中形成了产业链，这一对接机制像一只"无形的手"一般调控产业链的形成。

　　文化创意产业作为审美经济时代的主导产业，是以创作、创造、创新为根本手段，以文化内容和创意成果为核心价值，以知识产权实现或消费

为交易特征，以为社会公众提供文化体验的具有内在联系的行业集群。我们结合文创产业和产业链的相关定义，将文创产业的产业链概括为这一行业集群中的所有上下游企业，其大致可以分为创意主体、生产主体、服务主体、传播主体和消费主体。有专家学者形象地将文化创意产业链描述为一个"哑铃"，如图7-1所示。

图7-1　文化创意产业"哑铃"形产业链条图示①

由于文化表现形式及文化载体的多样性，使得文化创意产业价值链具有延伸的产业特性，主要表现为纵向延伸（规模数量）和横向延伸（空间拓展）。这在一定程度上促进了文化创意产业与其他产业的融合发展，"文化创意+"的相关概念也由此衍生。随着"文化创意+"相关产业的发展，文化创意产业链上节点日益丰富，市场主体数量也日益增加。相关学者将"哑铃"形的文化创意产业链条进一步扩展，更加清晰地体现了产业链条动态性，更能表示"文化创意+"相关产业的产业链特性。如图7-2所示。

这一产业链条图示进一步明确了文化创意市场的参与者不仅仅包括专业从事文化创意工作的企业，还包括为文化创意产业服务的社会机构以及政府机关等，为分析文化创意市场、完善市场培育政策扩展了新思路。

"文化创意+"产业的内涵超越了一般文化产业或内容产业，不仅注重文化的经济性，更注重产业的文化性，强调文化创意内容与第一产业、第二产业、第三产业的融合和渗透。为更好地分析"文化创意+"市场，有关学者根据产业链中相关主体所含"文化创意"属性的强弱，进一步将

---

① Cutler & Company1994. "Creative Industries Clusters Research Stage Two Report" Department of Communications, Information Technology and the Arts, Australia.

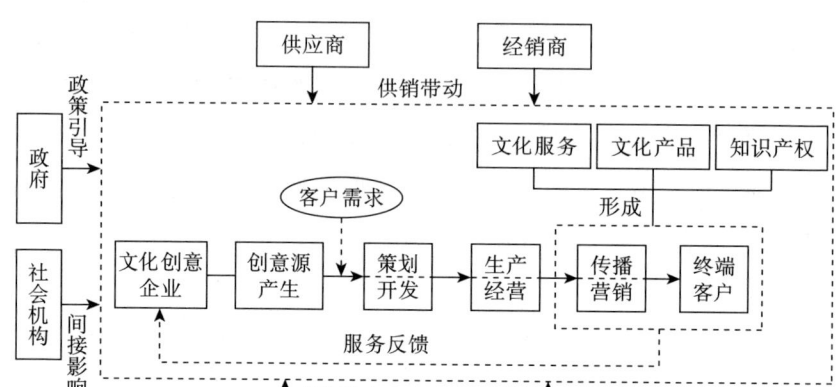

图 7-2 文化创意价值链组成环节与作用机理①

文化创意产业划分为:核心创意产业、应用创意产业和边缘创意产业三个层次。如表 7-1 所示。

表 7-1 文化创意产业分类

层次	主要产业	主要特征
核心创意产业	广播电视、电影业、广告会展业、软件、网络及计算机服务、艺术品交易、设计服务、休闲娱乐	原创性强,创意主体占据主导地位
应用创意产业	文化旅游、新闻出版业	原创性较弱,创意制造属性强
边缘创意产业	辅助服务行业	积聚了大量文化创意产业的辅助性机构,提供相应的配套服务

通过相关政策优先支持、培育"文化创意属性"较强的相关企业,有利于强化"文化创意+"相关产业市场链条,实现"由强带弱"的连锁反应。

剖析文化创意市场产业链条以后,再从宏观层面去看整个市场的结构。在产业组织理论中解释到,产业的市场结构是指企业市场关系(交易

---

① 宋晓明,黄鹏,刘文红. 区域文化创意产业市场分类、发展模式与对策 [J]. 中国科技论坛. 2017 (6).

关系、竞争关系、合作关系）的特征和形式。本书将作为市场构成主体的买卖双方相互间发生市场关系的情形分为四种：卖方（企业）之间的关系；买方（企业或消费者）之间的关系；买卖双方相互间的关系；市场内已有的买方和卖方与正在进入或可能进入市场的买方、卖方之间的关系。根据这一定义，文化创意产业的市场结构就是参与文创市场活动的各个主体之间形成的交易、合作、竞争关系的特征与形式。根据创意产业市场主体在产品市场中的竞争与垄断程度，可以将文化创意产业市场结构大致分为四类：完全竞争市场结构、完全垄断市场结构、垄断竞争市场结构和寡头垄断市场结构。在现实市场中，前两者是比较罕见的，当前文化创意产业市场结构主要由后两者组成。

根据我们对文化创意产业链条的分析，文化创意产业在内容创意与研发环节的市场结构可以近似看作一个完全竞争市场，在这一阶段，存在大量相互独立和自由竞争，并且可以自由出入市场的文化创作者。而在生产和服务环节，其市场结构更接近于寡头垄断市场，在这一阶段，创意被少数的生产厂商收集并掌握，而创意衍生出来的产品具有一定的差异性，由此具备了较强的垄断特性。批发和零售环节的市场更接近于垄断竞争市场，众多厂商为获取更高的利润，通过各种营销手段提高市场份额，竞争较为激烈。如表7-2所示。

表7-2　　　　　　　　　文化创意市场结构

主要环节	市场结构场结构
内容创意与研发环节	完全竞争市场
—	完全垄断市场
生产和服务环节	寡头垄断市场
批发和零售环节	垄断竞争市场

随着对文化创意市场结构的深入了解，我们对于文化创意市场运行的机理更加明晰，根据各个环节市场结构特性，针对性地提出相应的培育政策，以实现政策效果最大化，从而提高整个文化创意产业的竞争力，促进我国经济结构转型和进步。

二、文化创意产业市场主体

(一) 市场主体的内涵

何为文化创意产业的市场主体？结合产业经济学中的相关概念，我们将文创市场的主体概括为专业从事文化创意活动的各类组织机构及个人，它们在文化创意产品设计、生产、销售等一系列产业环节中具有高度密切的价值关联性，在整个产业链条的发展中具有举足轻重的作用，因此进一步剖析市场主体的主要组成部分对之后制度与政策建议的提出具有重要意义，有利于提高政策的靶向性。

一个市场主体往往具有独立性、灵活性和营利性等基本特性。市场主体的独立性主要表现为产权的独立和经营权的独立，在文化创意产业中主要表现为拥有自主知识产权以及独立运营的能力。灵活性是指市场主体能够遵循市场规律对经营战略和策略进行灵活调整，这也是文化创意产业能够持续发展的重要前提。最后，营利性一般是一个独立市场主体的本质特征，我们根据这一特性将文化创意产业各市场主体分为营利性机构和非营利性机构。

(二) 市场主体的类型

一般地，根据某一市场主体是否营利，可以将文化创意产业的市场主体分为营利性企业以及公益性组织两类。其中公益性组织主要包括政府以及社会机构等承担文化传播功能的事业化运营主体，如博物馆、科技馆、文化中心等。而根据企业规模大小将营利性企业主要分为三类，如表7-3所示。

表7-3　　　　　　　文化创意企业市场主体类型

类类型	分类	代表公司
大型企业、跨国公司及其他组织	市场化运营的大型综合性集团	时代华纳、迪士尼、阅文集团等
	事业化运营的大型非营利组织	故宫博物院、卢浮宫、大英博物馆
中小型企业	中小型文创公司	—
	辅助服务公司	迪士尼的授权经销商
	中介服务公司	演艺经纪公司等
小型组织及个体工商户	小型工作室	具有文化创意成果的个体工作者聚集产生

当前我国文化创意产业市场主体以事业化运营的大型非营利组织以及中小型企业为主，文化创意产业市场化程度仍然较低，产业集成度不高，在一定程度上制约了文化创意产业的发展，文化创意产业市场主体发展面临着巨大的挑战。

(三) 市场主体面临的困境

在当前传统产业受到要素成本上升、市场竞争加剧以及环境约束增强的严峻挑战下，具有高附加值、低成本、低能耗等特点的文化创意产业成为国家产业结构转型背景下经济发展的重要增长极。相关报告显示，2005—2014 年中国文化创意产业规模年均复合增长率达 21.3%，2014 年全国文化及相关产业增加值 23940 亿元，比上年增长 12.1%，比同期 GDP 增速高 3.9%；占 GDP 的比重为 3.76%，比上年提高 0.13%。如图 7-3 所示。

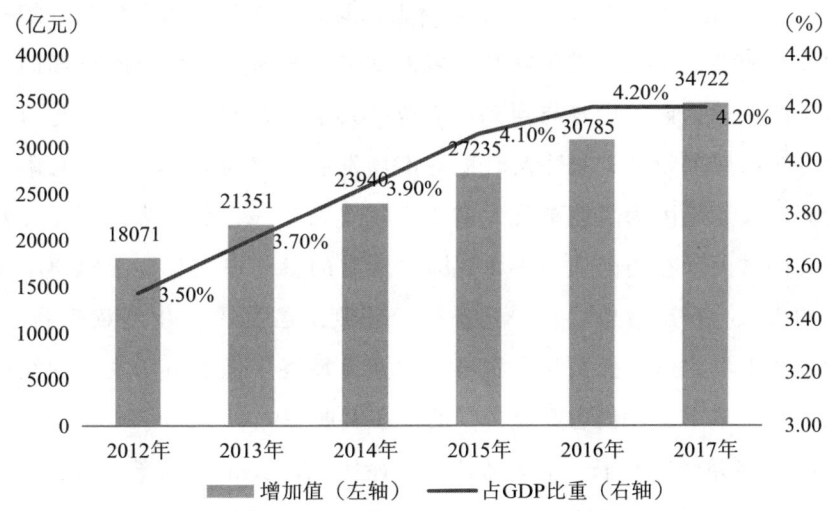

图 7-3　2012—2017 中国文化产业增加值及占 GDP 比重

但在文化创意产业市场快速发展的同时，一些问题也随之暴露出来。在中国，文化创意产业资源和布局相对分散，产业链的总体规模与成熟度较低，产业链中各市场主体长期处于割裂状态，文化产品附加值相对较低，因此文化创意产业各市场主体难以在产业融合的大环境下实现协同发展，也无法形成强有力的竞争力，最终文化创意市场发展速度逐渐进入瓶颈期。

要想解决文化创意市场发展速度放缓的问题，首先要明确文化创意市场各主体当前面临的发展困境，因此本章进一步对当前文化创意产业市场进行了剖析，指出了阻碍其发展的几个主要问题。

1. 众多事业单位阻碍市场主体的良性发展。在资本主义国家，市场化运营的大型综合性集团是文化创意产业市场主体的主要构成；而我国作为社会主义国家，事业化运营的非营利组织在文化创意产业市场主体中占较大比例，这其中包括了较多的文工团和文化宣传部门。但由于事业单位的非营利性质，目前大多数事业单位难以获得足够的收益，发展更多依靠于财政补贴，这不仅给财政带来了巨大的负担，也使得各文化单位受到政策和国家财政不同程度的束缚，制度创新缓慢，普遍缺乏创新能力，在浪费了大量社会资源的同时无法带来足够的效益，降低了我国文化创意市场整体竞争力。

2. 市场主体效益低下，市场运营能力弱。虽然我国历史悠久，拥有深厚的文化积淀，但这些文化资源更多地掌握在政府手中。政府更偏向于文化资源的保护，而较少参与到文化资源的共享与开发之中，导致与市场接触较少、敏感度较低，无法及时把握市场发展规律与方向，囿于有限的产业发展规模，又因为事业单位大多实行收支两条线，盈利激励不足，效益低下。同时由于在当前文化领域，国有资本的参与一定程度上阻碍了私人资本的投入，挤出效应明显，这在一定程度上削弱了文化创意产业发展，进而导致市场主体的投资与产出不成比例，最终降低了市场主体的经济效益，不利于整个文化创意产业市场的健康发展。

3. 市场培育周期长，企业投入大，融资难。文化创意产业不同于其他行业，经验积累与文化积累非常重要。建立一个产业链前期需要耗费的时间、成本往往是其他产业的数倍，较长的市场培育周期使得一些小而精的优质企业难以在竞争中存活下来，一定程度上降低了市场创新能力。同时由于文化创意市场的发展依赖于创意成果，而当前我国对于知识产权保护力度仍然较弱，因此市场主体难以通过无形资产抵押等方式获得融资，导致企业前期面临巨大的成本压力，无法集中更多的资源用于产品的创作与创新，间接导致了文化创意市场的低质发展。

4. 创新力严重不足，科技含量和附加值低。当前我国文化创意市场产品创意性不足，缺少核心创意的产权，产品附加值相对较低。同时文化产品技术含量较低，产品复制成本较低，导致部分企业盲从市场爆款，跟风严重，产品种类较为单一，我国文化创意产业更像制造工厂而非创意工厂。较低的侵权成本也使得创造主体无法从创意产品中获得足够的利润，严重影响创意创造主体持续创新的积极性，进一步加剧了产品同质化问题。

5. 品牌意识和品牌观念仍较为薄弱。欧美国家作为文化创意产业的发源地，已经形成了包括好莱坞、迪士尼、百老汇等知名的文创品牌，而在亚洲地区，日本、韩国也建立起专属本国的文化创意品牌。但在我国，文化创意产业虽然蓬勃发展，但仍未形成高知名度的国际品牌，主要以小众品牌为主。各市场主体仍旧停留在市场发展初期的产品生产与制造上，品牌建设投入严重不足，缺乏自身品牌的特色，在国际市场上普遍缺乏竞争力。

6. 管理经验不足，复合专业人才短缺。专业型、复合型人才的缺失是导致文化创意产业市场中各市场主体难以形成强大竞争力的又一重要原因。虽然国家加大了对于专业人才的培养，但由于文化创意产业发展迅速，产业融合进程加速，人才培养周期长等多种因素的影响，当前教育模式下培养的人才的质量和数量都难以满足产业发展的需求，进而导致当前市场上的大多数文化创意企业缺乏具有专业管理运营经验的人才。企业尚未形成有效的人力资源体系，企业的文化创意产品推广过程较为低效，这在一定程度上成为阻碍文化创意产业发展的又一绊脚石。

（四）培育强有力的市场主体

诸多阻碍文化创意产业发展的因素共同作用必将会导致文化创意产业发展速度与发展质量下滑，因此如何解决文化创意产业市场主体存在的种种问题，破除文化创意市场发展的瓶颈成为主要任务。本章通过分析当前文化创意市场主体存在的问题，针对性地提出相关的建议，以期助力文化创意市场发展。

1. 优化营商环境，营造公平竞争的市场环境。市场环境的好坏直接影响了企业的存续，一个公平竞争的市场环境，是企业持续经营的重要基础。针对我国文化创意市场面临的问题，政府要继续深入推进"放管服"改革，降低市场运行成本和制度性交易成本，营造稳定透明可预期的法治化、国际化营商环境，增强市场主体创业创新活力和投资意愿。要全面实施市场准入负面清单制度，真正做到"法无禁止即可为"；全面实施公平竞争审查制度，废除妨碍市场统一和公平竞争的各种规定和做法，激发各类市场主体的活力。

2. 优化投融资环境，鼓励各类资本参与文化创意产业。文化创意产业要发展自然离不开资金的支持，而由于当前我国文化创意产业市场主体结构仍存在较大问题，导致国有资本占较大比例。因此，优化文化创意市场投融资环境，鼓励私人资本进入，进一步加大民间资本、外资资本等多种形式的资本对文化创意产业市场主体的投入，是提高文化创意市场主体竞争力的有力措施。政府要进一步推进国有企业和事业单位改革，通过各项鼓励支持政策，吸引资金流入文化创意产业，增加文化创意市场活力，激发文化创意市场主体发展动力。

3. 加强市场主体全过程管理。要加强市场主体发展的全过程、个性化服务，对新生期市场主体，要强化政策引导、登记指导、创业辅导等服务；对成长期市场主体，要强化产业指导、市场开拓、资金扶助、技术引进、劳动用工等服务；对成熟期市场主体，要强化资源供应、技术创新、管理咨询、信誉提升等维权保障服务。通过全程服务，促进市场主体做多做大做强。

4. 明确主体责任，保证市场有序发展。由于文化创意产业市场主体的特殊性使其既具有私有经济属性又具有公共经济的属性，因此文化创意市场中的各主体要明确自身责任。首先，政府要主动承担起应有的责任，为文化创意市场发展提供应有保障，支持引导文化创意知识产权平台、"政用产学研"平台的搭建，积极提高行政效率，降低市场准入门槛，加强市场监督和管理，提高文化创意产品质量。各行业协会也要发挥自身作用，制定行业规范约束企业行为，提供沟通渠道促进企业交流。而文化创意企业则要积极发挥自身能动性，遵守法律和行业规范，加强彼此联系与交流，优化文化创意产业结构，完善创意产业链条，形成市场合力，放大整体效益，推动产业发展。

5. 加强文化创意企业载体建设，拓展孵化发展空间。产业园区作为文化创意产业发展的重要载体，在产业发展的过程中起关键性的作用。要加强产业园区建设，充分发挥其在市场主体发展过程中的集聚功能，以现有产业园区为基础，结合当地优势持续优化产业园区功能和配套设施，充分放大企业集群优势、发挥规模效应。同时发挥好园区孵化器功能，通过各项优惠政策支持小微企业创新发展，提高小微企业竞争力，进而促进文化创意产业发展。

6. 提高企业创新能力，加快文化创意跨界融合。文化创意产品技术含量低、附加值低是困扰我国文化创意产业发展的又一顽疾，结合当前产业融合的时代背景，各市场主体要积极发挥主观能动性，大力推进文化创意产品开发跨界融合、数字文化建设等，通过传统产业的技术优势和文化创意产业的思维优势，提高文化创意产品技术含量和附加值。同时，政府要积极鼓励、扶持文化创意市场创新，可以在这方面给予一定政策或资金支持，如给予技术含量较高的文创产品一定的财政补贴或者税收优惠等。行业协会要发挥自身优势，为成员分享优秀创新成果和资源，建立资源共享的联合机制，为文化创意产业发展提供新的思路和模式。

7. 强化人才培养，特别是复合背景人才的培育。随着产业融合进程的加快，复合型、专业型人才的需求愈加旺盛。政府要加强相关人才的培育，及时了解市场和企业需求，因地制宜、因时制宜提供政策支持，鼓励专业机构、职业院校和高等院校为市场输送不同类型、不同层次的人才，以满足日益壮大的市场发展需求，如加大对技术型院校的培养支持等。同时学校等人才培养机构也要及时了解市场需求，及时调整人才培养计划，将学生专业培养与市场和社会相联系，培养高质量的人才。而作为市场主体的企业也要加强校企合作，根据自己需求主动与教育院校、机构合作，培养更加适合自身发展的优质人才。

第二节　知识产权助力文化创意产业市场发展

文化创意产业是以知识产权为起点向外不断延伸，逐渐形成完整产业链的一个新兴产业，其能够稳定向前发展的前提是拥有独立权和经营权。而独立权和经营权又依赖于知识产权的有无，因而知识产权是文化创意产业发展的核心要素。因此，如何提高文化创意产业知识产权产出率，加强知识产权保护力度是文化创意产业市场主体健康稳定发展的重要前提条件。

一、知识产权的基本概念

知识产权，也被称为"知识所属权"，是指"权利人对其智力劳动所创作的成果享有的财产权利"，具有一定的时限性。各种智力创造比如发明、外观设计、文学和艺术作品，以及在商业中使用的标志、名称、图像，都可被认为是某一个人或组织所拥有的知识产权。而文化创意产业的知识产权主要指对文化创意成果所享有的占有、使用、处分和收益等受到法律保护的权力。

知识产权作为一项财产权，拥有专有性、地域性和时间性的特征。专有性是指其具有排他性，财产权利人有权享有知识产权成果的一切权益，且受到法律的保护；地域性是指知识产权只有在知识产权确认地法律保护范围内有效；时间性是指知识产权受法律保护的期限是有限的，具体保护期限各国也不太一致。

对于文化创意产业来讲，知识产权主要分为创作性成果权和识别性标记权，进一步分为版权、专利权等权利。如图7-4所示。

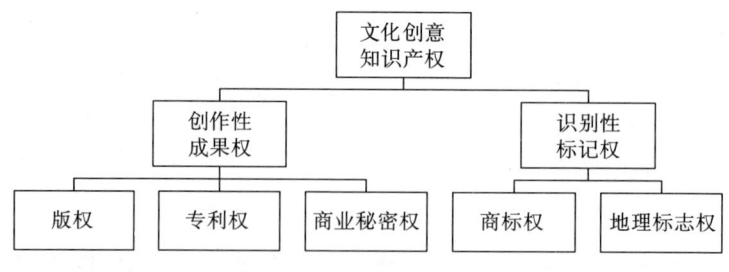

图7-4 文化创意知识产权分类

二、知识产权对于文化创意市场发展的重要性

文化创意产业的本质是知识经济，是以"创意、创造、创作"为手段，以文化内容和创意成果为核心的新兴产业。众所周知，文化创意产业的生命力源于由原创激发的差异与个性，要想在竞争激烈的文化创意市场存活下来，需要的是优质且难以复制的文化创意产品，而这些产品源于创作者。

在文化创意产业领域，知识产权就是产业生存和发展的关键，对文化创意产品的知识性、原创性的承认与保护，实质上就是对文化产品开发者的创造力的尊重和鼓励。这有利于激发创作者创作的动力，进而维持文化创意市场的活力。

也正是基于知识产权对于文化创意产业发展关键性的认识，欧美日韩等许多国家都把保护知识产权上升到了国家战略的高度，并通过各种法律法规加大对知识产权的保护力度。通过保护知识产权，不同市场主体创造的文化创意产品得到了有效的保护，"山寨"产品也因此失去了仿造的正当性，从而使得创作者对其智力成果的所有权得到了有效的庇护，文化创意市场主体具备了独立的产权和经营权，为文化创意产业市场的发展提供了基础。

三、知识产权保护保障文化创意市场发展

当前全球文化产业大繁荣大发展，文化创意产业对于 GDP 的贡献度日益扩大，而知识产权作为文化创意产业发展的重要保障，日益成为一个企业乃至国家提高核心竞争力的战略资源。因此，中国的文化创意产业要想在全球化的背景之下赶超欧美日韩等国家，为文化创意产业的发展营造一个公平有序的市场环境变得尤为重要。在解放和发展国人创造力的同时，还应促进相关法律法规的完善，特别是构建一个系统完善的知识产权保护体系。

（一）中国文化创意产业知识产权保护现状

1. 知识产权侵权行为频发，惩罚力度弱。由于当前我国文化创意产品

技术含量、复制成本较低,加之信息技术使得文化创意产品的传播在时间和空间上都呈现压缩趋势,使得高超的盗版技术有机可乘,盗版产品泛滥,侵权行为在文化创意产业领域频发。同时由于当前我国对于知识产权侵权行为惩罚力度较弱,导致盗版成本极低,但收益极高,在一定程度上催生了盗版文化的泛滥。而假冒伪劣、盗版侵权等侵犯知识产权的行为严重损害了创作者的利益,极大地阻碍了文化创意产业的发展。

2. 知识产权立法滞后,难以形成综合性保护。我国知识产权法律保护体系以著作权法、专利法、商标法保护为主,以反不正当竞争法保护等途径为辅。随着文化创意产业与其他产业融合进程的加快,当前知识产权立法逐渐落后于产业发展的速度,难以对文化创意产业知识产权形成有效的保护。同时当前知识产权保护法律仅就某一特定的侵权行为给予保护,法律之间缺乏必要的联动性。因此,对于日益多元化的知识产权侵权行为难以形成综合、协同性的保护。中国现行知识产权保护法律如表7-4所示。

表7-4　　　　　　　　中国现行知识产权保护法律

法律法规	内容
《中华人民共和国民法通则》	规定了6种知识产权类型,并规定了知识产权的民法保护制度
《中华人民共和国刑法》	确定了知识产权犯罪的有关内容,从而确定了中国知识产权的刑法保护制度
《中华人民共和国商标法》	经过多次修订,形成了比较全面的保护商标的法规
《中华人民共和国专利法》	规定了与发明专利相关的法律
《中华人民共和国著作权法》	在司法层面对著作权、网络著作权等作出了法治保护
《中华人民共和国反不正当竞争法》	明确规范了不正当竞争行为,其中在包装、装潢、商业秘密等方面对知识产权进行补充性立法保护

3. 知识产权公共服务体系不完善,无法满足发展需要。在经济结构转型的关键时期,建立和完善知识产权公共服务体系是提高我国经济质量的

战略举措。一个成熟的知识产权公共服务体系不仅能够对知识产权服务业进行监督，同时也可以为创新驱动发展提供有力的支撑。但当前我国尚未建立完善的知识产权公共服务体系，现有服务体系信息普遍存在公开不充分、平台集成度低、服务不均衡、高端服务难以满足市场需要、技术不先进等现实问题。

（二）完善文化创意产业知识产权保护政策

知识产权对于文化创意产业发展的重要性不言而喻。加强知识产权的保护工作是解决当前文化创意产业发展瓶颈问题的重要途径。知识产权保护体系的建立与完善高度依赖于相关参与主体的具体执行措施。加强知识产权保护应当合理配置社会保护资源，充分发挥行政执法、司法保护的作用，构建知识产权多种保护模式协同发展的大保护格局。同时，政府、行业协会和创意企业等作为文化创意产业发展的重要参与主体，要根据其在文化创意产业发展中的相应地位积极采取有效措施开展知识产权保护工作，推动文化创意产业高质量发展。

1. 完善健全知识产权保护体系，建立知识产权保护体系。政府部门要加快推动专利法、著作权法、商标法、反不正当竞争法等法律法规的修订整合工作，根据当前产业发展需求，制定完善的知识产权保护法，提高知识产权保护效率；针对性地制定保护原创者合法权益的法律制度，更好地服务文化创意产业的发展。完善商业秘密保护法律制度，明确商业秘密和侵权行为界定，探索建立诉前保护制度。加快建设和完善知识产权公共服务体系，实现知识产权信息的集成化管理；建立知识产权侵权预警机制，减少侵权行为的发生。

2. 加强文化创意产业知识产权行政保护、司法保护的力度。在知识产权保护领域加强执法合作、完善司法监督、规范行政执法、建立自治机制，实现"良法善治、多元共治"。加强知识产权行政执法能力建设，统一执法标准，完善执法程序，提高执法专业化、信息化、规范化水平。完善知识产权联合执法合作机制，积极开展执法专项活动，重点打击查办跨区域、大规模和社会反映强烈的侵权案件。完善知识产权行政执法监督，加强执法维权绩效管理。建立知识产权纠纷多元解决机制，加强知识产权仲裁机构和纠纷调解机构建设。推动知识产权领域的行政司法体制改革，构建公正高效的知识产权行政司法保护体系，形成资源优化、科学运行、高效权威的知识产权综合审判体系，推进知识产权民事、刑事、行政案件的"三合一"审理机制，努力为知识产权权利人提供全方位和系统有效的保护。

3. 强化知识产权刑事保护，提高侵权惩罚力度。针对目前我国假冒伪劣事件高发、违法成本较低的状况，要进一步完善打防工作格局，优化全程打击策略，全链条惩治侵权假冒犯罪。深化行政执法部门间的协作配合，使用专业技术手段，结合当前信息科技技术，提升信息应用能力和数据运用水平，完善与电子商务企业协作机制。加强打假专业队伍能力建设，坚决打击假冒伪劣行为。提高知识产权侵权行为的刑事惩罚力度，提高犯罪成本，在根源上减少侵权事件的发生。深化国际执法合作，加大涉外知识产权犯罪案件侦办力度，围绕重点案件开展跨国联合执法行动。

4. 发挥政府和行业指导作用，提升文化创意企业自我保护能力。政府是调节经济的重要抓手，在现代经济发展中发挥着举足轻重的作用。在市场经济中，政府要履行好服务者和监督者的职能，充分了解文化创意产业对于知识产权保护工作的需求，针对文化创意企业面临的有关知识产权申请难度大、转化效率低、高端人才缺乏等问题出台相应的政策，必要时提供一定的资金支持，更好地服务于文化创意企业的发展。同时，行业协会要发挥好其在产业发展过程中的沟通、协调和自律作用。积极发现、反馈和解决文化创意市场知识产权保护工作的各类难题。做好专业培训工作，提高行业整体的维权意识和能力。协调和解决成员单位间的侵权纠纷，支持成员单位维护正当合法权益。同时作为文化创意市场的主体，文化创意企业也要提高自身知识产权保护意识，主动学习和运用知识产权保护法律法规，多种途径维护自身合法权益。

5. 做好法制宣传工作，提升社会公众的法律意识。目前我国对法律体系的建设已经有了长足的进步，但是在普法宣传方面仍存在很大的问题，公众的法律意识和维权意识仍旧十分薄弱。因此要做好法制宣传工作，提高社会公众的法制意识，让社会公众了解到购买和使用假冒盗版物品所带来的社会危害，在全社会树立起尊重和自觉保护知识产权的良好市场氛围。

四、知识产权交易平台助力文化创意市场发展

在当前知识经济蓬勃发展的时代，知识产权对于以文化创意产业为代表的知识经济产业发展的重要性不言而喻。知识产权交易就是将一些知识资源通过流通交易的方式来促进其转化，主要包括专利、商标、版权等知识产权的交易。当前西方发达国家纷纷建立起高效有序的知识产权交易平台，促进本国知识产权交易，也针对全球市场推动技术的转移。随着我国对知识产权重视程度的不断提高，建立安全、保密、高效的交易平台，降低交易风险，符合我国当前经济结构转型的需要，也符合文化创意产业发展的需要。

（一）当前中国知识产权交易平台存在的问题

虽然当前我国已经建立了一些知识产权网络交易平台，但是这些平台普遍存在着一些问题，平台的使用效率较低，对于知识产权有序流转的作用较小，对知识经济发展的刺激较弱，整体效果十分有限。

1. 知识产权交易法规不完善，交易风险较高。当前我国法律法规在知识产权保护和知识产权交易方面仍存在很多不足，交易环节法律法规的欠缺导致知识产权交易的风险增加，进而在一定程度上影响了知识产权交易平台的普及。同时由于知识产权交易平台缺乏严格的规章制度，导致我国当前知识产权交易平台的运营存在很大的管理漏洞和运营风险，这又进一步加重了知识产权交易风险程度。

2. 业务定位不清晰，业务范围较窄。当前我国的知识产权交易平台普遍存在着定位不清的问题，缺乏科学合理的业务规划和盈利模式，以致各平台无法获得长期稳定的收益，进而导致平台的发展受阻。而随着当前产业融合进程的加速，一个产业的发展不再单纯依靠某一知识产权的使用，

而是多个知识产权的利用,但当前我国各平台之间缺乏有效的信息共享机制,需求者需要花费巨大的时间成本获得所需要的知识产权,这在一定程度上影响了交易平台的发展。

3. 知识产权质量不一,缺乏有效的评估机制。由于知识产权交易双方信息不对称,交易平台作为第三方机构的评估就显得尤为重要,评估机制的缺失导致交易风险加大。与此同时,清晰的分类标准可以有效地匹配供求双方,促成交易的达成。虽然当前我国初步建立起了知识产权交易平台,但是交易平台的发展是粗放式的,平台中的知识产权质量良莠不齐,知识产权分类不明晰,明显缺乏有效的分类机制和评估机制。

4. 管理人才、管理经验短缺。知识产权交易平台涉及的知识产权种类繁多,作为第三方中介机构,交易平台需要专业人员的运作,以更好地服务知识产权交易各方,促成知识产权交易。但目前我国专业人才的培养难以满足发展的需要,交易平台机构普遍缺乏专业服务和管理人员,这在一定程度上影响交易平台的运营质量,不利于知识产权交易平台的发展。

(二) 如何搭建高效有序的知识产权交易平台

1. 完善知识产权交易法规,规范交易平台运营。法律作为维护各方权益的重要保障,要在知识产权交易中发挥重要作用。因此,政府要积极完善相关法律法规,制定知识产权交易管理法规,对知识产权归属、保护年限、保护手段、侵权责任和后果进行明确规定,积极维护产权交易参与者的合法利益。同时要制定相关规章制度,对知识产权交易平台运营予以规范,避免运营过程中违规违法现象的发生,保护交易双方的合法权益,降低知识产权交易平台交易风险,提高交易平台的信用度,推动平台建设与发展。

2. 降低知识产权交易成本,加大政策优惠力度。过高的知识产权交易成本在一定程度上降低了人们在知识产权交易平台中交易的概率,增加了知识产权交易的风险。因此为了提高知识产权平台的普及率,政府应该采取积极的政策措施,降低知识产权交易的成本,例如借鉴西方国家在知识产权交易中实行的专利盒制度,给予知识产权交易双方一定的税收优惠,促使知识产权交易走在明处，降低知识产权交易的风险，同时减少侵权纠纷的产生；考虑适当放宽对企业知识产权转化所得税收优惠的条件限制，提高知识产权转化过程中各参与主体的盈利能力和竞争力；扩大个人所得税税收优惠的适用范围，将更多的与知识产权研发和转化有关的人员纳入享受税收优惠的范围，强化个人所得税制度在知识产权转化过程中的激励作用等等。

3. 借鉴先进经验，创新知识产权交易和服务手段。当前我国知识产权交易平台发挥的作用十分有限，服务水平较低，业务范围也仅仅局限于信息服务领域，不能有效满足当前企业发展的需求。而国外机构对于知识产权交易平台的运营有着丰富的经验，因此我国知识产权交易平台可以借鉴国外的先进经验，创新服务手段，拓宽业务范围，提高平台盈利能力。通过与专业机构合作提供多种咨询服务，提高服务质量；与金融机构合作提供一定的资金支持，解决一部分企业融资难的问题；与一些有雄厚实力的大型企业合作，提高知识产权商业转化率；基于互联网信息技术建立知识产权交易平台，提高交易平台效率；建立拍卖机制，使知识产权物有所值。总之，要利用一切创新手段提高知识产权交易平台利用率。

4. 建立知识产权评估机制，保证知识产权质量。交易平台作为交易双方以外的第三方机构，需要对交易的达成承担一定的担保责任，一个科学的知识产权评估机制和分类标准不仅可以降低担保风险，提高知识产权交易平台的可靠度，还有利于促进市场中知识产权质量的提高。因此政府要发挥其领导作用，敦促专业机构和专业人员制定严谨的评估标准，以方便平台提供可靠的知识产权评估服务，提高服务双方满意度，进而促进交易平台的良性发展。

5. 培养专业人才，提高管理水平。专业人才是知识产权交易平台运营的重要支撑，平台要加大培训力度，通过开展多种专业技能培训，提高工作人员专业服务素质。同时，高校作为人才培养的重要场所，交易平台机构要加强与高等院校和科研机构的合作，通过校企合作培养符合平台发展需求的专业型、复合型人才。同时平台也要积极与其他专业服务机构合作，通过借鉴有益经验，提高平台管理水平，促进交易平台高质量发展。而政府要积极响应企业与高校的需求，通过搭建"政用产学研"平台，为各方提供交流机制，促进整个行业的良性发展。

第三节 建立"政用产学研"平台，促进文化创意市场发展

随着经济的发展，产业融合的趋势逐渐显现，各产业开始了从"封闭、割据、分散"到"互动、融合、协同"的转变，产业协同发展成为潮流，而文化创意产业也正经历着这一过程。如何更好地与其他产业进行合作，达到双赢甚至多赢的局面，成为我们需要研讨的重要议题。"政用产学研"思想作为协同创新思想的重要实践，为文化创意产业发展提供了一种可行的新模式。

一、"政用产学研"平台的基本概念

"政用产学研"是一种创新合作系统工程，是生产、学习、科学研究、实践运用的系统合作。政，指国家政府牵头带动平台搭建并出台相应政策促进产学研一体化发展；用，指用户或者应用，即遵从用户需求，注重用户体验，实现其应用价值；产，即市场经济的企业，它们运用科研机构或者高校产生的成果形成产品以促进企业的发展，同时反哺科研机构或者高校；学，即高校人才培养计划，高校培养人才应满足市场需求，以促进产业发展；研，即科研机构科研成果，科研机构的研究应注重研究方向的规划，兼顾好技术发展与方向，以满足市场对于技术创新的需求。基于文化创意产业园区搭建政用产学研平台，进一步优化产业园区的功能，可以在一定程度上解决当前产业园区发展瓶颈。

区别于"产学研""政产学研"，"政用产学研"更加侧重政府对于开放创新平台的搭建以及用户体验和创新，突出强调产学研结合的主体是企业，以市场为导向，以用户需求为落脚点搭建"政用产学研"平台，以缩

短从研发到市场的周期，降低技术创新风险和成本。

1. 以市场为导向。市场代表了消费者的需求，而需求是"政用产学研"的最终目的，决定了平台的发展方向，平台中其他主体要服从市场需求，以保证经济资源流向最有利于经济发展的部分。文化创意产业是一个极度依赖消费者需求的行业，所以以市场为导向显得尤为重要。文化产品的设计、制造和销售都要建立在充分了解市场需求的基础上，才能促进文化创意市场的快速发展。

2. 以政府为引导。政府在"政用产学研"平台搭建初期主要起到牵头组织以及提供必要支持的作用；在平台稳定运行时政府将更多地承担服务与管理职能。一方面，政府要为文化创意产业市场的发展提供高效的服务以及必要的政策支持；另一方面，政府要做好市场监管，通过法律政策保证文化创意产业市场的有序发展，维护各市场主体的合法利益。

3. 以企业为主体。企业作为文化创意产业市场中的供给者，是市场创新的主体，在文创市场发展的过程中，只有以企业为主体，才能明确产学研的发展方向，才能有效集聚各方力量满足用户需求，因此可以说企业是连接用户与平台其他主体的纽带。

4. 学研紧密结合。高校和文化研究中心积聚了大量文化创意产业发展所必需的人才和资源，而通过与市场和企业需求相结合，培养适应产业发展需要的人才，挖掘产业发展所需要素，赋予传统文化新的时代特色，有利于文化创意市场的良性发展。

这几大主体具化到文化创意产业则主要包括培养文化创意人才的高校、提供文创素材的文化中心及协会、文化创意企业以及文化创意产品的需求者，而这又构成了文化创意市场的主体。因此"政用产学研"平台也是联系文化创意产业市场主体的重要桥梁，必然在文化创意市场的发展中发挥重要的作用。

二、如何构建高效的"政用产学研"平台

当前文化创意产业的发展主要以文化创意园区为依托，但当前我国大

多数文化创意产业园区的运营状况堪忧，新建的创意园区缺乏特色，同质化现象极其严重。如何解决创意产业园区发展瓶颈，充分发挥其资源 1 + 1 > 2 的优势、扩大规模效应成为目前文化创意产业发展的重点。而"政用产学研"平台的搭建为解决文化创意产业园区当前面临的困境提供了新的发展模式。因此在当前产业融合发展背景下，如何搭建一个高效的"政用产学研"平台成为重点讨论的话题。

尽管平台由多个主体构成，但是其核心应放在"用"上，即市场需求。只有做好前期市场调研，把握好用户需求，以用户需求为出发点，"政用产学研"平台才能找准方向，达到预期的效果，起到优化文化创意产业园区建设的作用。

（一）建立和完善市场需求评估体系

市场需求是一个市场能否持续健康发展的核心。而如何建设平台，建设何种平台都要以满足市场需要为核心，因此政府要发挥好引导作用，建立和完善市场评估体系，结合本地优势和产业园区实际状况布局产业发展模式，优化产业园区定位和功能，激活产业园区内各市场主体活力，以达到产业园区建立的预期效果，最终刺激文化创意产业的发展。

（二）建立利益风险平衡体系

"政用产学研"平台是连接各大市场主体的纽带，有责任和义务对平台其他主体投入资金、人才和技术等要素实施利益风险评估。因此政府要建立科学合理的利益风险平衡体系，对市场中各参与主体予以约束，使得各主体之间能够做到"利益共享、风险共担"，减少平台发展过程中因利益和风险问题导致的分歧，促进文化创意产业园区有序健康发展。

（三）优化人力资源配置体系

人才是产业发展的基础，而当前大多数产业园区的发展缺少专业型、复合型的管理人才，建设地点远离高等院校和科研机构，与其缺乏联系，这在一定程度上导致了产业园区质量的降低。因此"政用产学研"平台要发挥自身纽带作用的优势，以政府为引导，市场为导向，加强各主体之间的联系，推进企业与高等院校和科研机构合作，引才入园，优化园区人力资源配置，促进"项目—基地—人才"的建设，提高产业园区的创新能力和管理能力，提升文化创意园区竞争力，推动文化创意市场发展。

（四）嵌入知识产权交易平台

知识产权是文化创意产业发展的根基，文化创意产业的有序发展离不开知识产权在平台内外的流转和授权使用。将知识产权交易平台嵌入到"政用产学研"平台当中，既可以保证知识产权在平台内部有序流转，规范平台内部各主体的利益分割，同时又能起到一定的信息服务中介和融资的作用，将平台与外部知识产权市场相连接，借助平台强大的实力促进知识产权的商业化，进一步激发平台的造富能力。再者，两平台共享信息资源和人力资源，有利于降低运营成本，互利互惠，协同促进文化创意产业发展。

（五）有效利用知识产权证券化的融资途径

知识产权证券化主要指以知识产权未来收益为核心，通过发行市场流通证券进行融资的融资方式。与传统证券化相比，知识产权证券化主要以发明专利、实用新型专利、著作权等知识产权作为底层资产，使得知识产权的价值与实物资产处于同一地位，实现了知识产权在资本市场的转化，体现了我国资本"脱虚入实"的发展趋势。在知识产权证券化过程中多个市场主体共同发力，相互监督。知识产权证券化是知识产权高质量发展的重要转折点，为文化创意产业的发展提供了一条切实可行的交易融资渠道，也促进了文化创意知识产权的快速发展。

第四节　案例：景德镇激发"千年瓷都"新活力的启示

一、文化创意产业基地"遇见"了"淘汰晋级制"

2018年12月，江西景德镇通过创新激发"千年瓷都"新活力的报道登上了央视《新闻联播》。在景德镇重要的文化创意产业基地——景德镇陶溪川邑空间商城，面对来自全国各地的"创客"，商城提供统一装修且免租的店铺，同时实行"淘汰晋级制"：商城对入驻"创客"们的经营业绩进行月度考核，排名前三位的可以自由挑选位置好的店铺，倒数十位的则要被淘汰。接受采访的"创客"表示，这项制度激励着他和他的团队推陈出新，注重产品和市场需求更好对接。截至报道时，景德镇拥有文化创意产业实体 6773 家，汇聚了来自全球各地的 3 万多名艺术家和陶瓷人才，2018 年陶瓷产值预计突破 400 亿元①。陶溪川邑空间商城创新店铺资源的分配方式，通过引入"淘汰晋级制"激发了创业者的潜力。

二、"淘汰晋级制"的合理性分析——"标尺竞争"理论视角

（一）"标尺竞争"理论的主要内容

我们可以联系经济学中的"标尺竞争"（Yardstick Competition）理论进一步理解"淘汰晋级制"。在"委托—代理"（Principal - Agent）关系中，"标尺竞争"是指委托人根据代理人的相对绩效决定对代理人的赏罚，通过代理人之间的相互竞争，达到激励代理人降低成本、提高效率的目的②。学者 Canoy、Hindriks 和 Vollaard 在其研究中总结了使用"标尺竞争"所应满足的四个条件③：

其一，市场失灵条件（Market Failure Requirement）。该条件是指如果存在某种程度的市场失灵，例如自然垄断，那么就有理由运用"标尺竞争"，否则代理人没有足够的动力降低成本或提高效率。

其二，可比性条件（Comparability Requirement）。该条件是指代理人的业绩必须具有可比性。满足该条件则需要如下要求：必须存在多个代理人，代理人的生产条件基本相似，或者说具有一定的同质性。

其三，私人信息条件（Private Information Requirement）。该条件是指代理人拥有关于如何降低成本和提高效率的"私人信息"，且"私人信息"

---

① 央视网．江西景德镇：创新激发传统产业新活力 [EB/OL]．(2018 - 12 - 22) [2019 - 01 - 04] http://tv.cntv.cn/video/C10437/ef23e8a3815f4bdfa5138d35d912f91a.
② 郑尚植．标尺竞争、地方官员自利行为与财政支出结构偏向 [J]．产经评论，2012 (9)．
③ Canoy M F, Hindriks F A, Vollaard B A. Yardstick competition: Theory, design, and practice [J]. 2000.

使得代理人的业绩水平呈现共变性,但委托人无法获知代理人的"私人信息"。这种信息不对称(Information Asymmetries)意味着,代理人都能够通过自身努力和技术进步降低成本和提高效率,而委托人因为缺乏关于代理人的信息,无法"自上而下地"推动成本降低和效率改进;而代理人之间自发竞争的结果是所有代理人的业绩水平发生变化,比如经营成本均出现下降等,此时委托人可以判断出,一种新的、更有效率的生产技术正在被推广,而并不需要知道这种生产技术的细节。

其四,可证实性条件(Verifiability Requirement)。该条件是指委托人在对比代理人业绩时所需的数据信息及代理人业绩评比结果必须是可证实的。满足该条件则需要满足如下要求:关于代理人业绩的信息必须是可得的或者说可观测的,尤其是需求数据以及总成本数据、利润数据等;关于代理人业绩的信息和代理人业绩评比结果必须在法律上站得住脚,以避免可能产生的法律纠纷。当然,我们也可以在这一条件基础上进行引申,那就是委托人的业绩考核必须公开、公平、公正,代理人之间也应在合法、公平、透明的基础上开展竞争。

(二)"淘汰晋级制"是否构成了"标尺竞争"

尽管商城和"创客"之间主要表现为"房东"与"租客"的关系,但是考虑到"创客"的经营业绩影响着商城的活力和影响力,商城存在激励"创客"创新创业的动机,双方之间一定程度上具有"委托人"与"代理人"的关系特征。如果承认这一点,那么我们可以发现,陶溪川邑空间商城实行的"淘汰晋级制"总体符合"标尺竞争"的使用条件,或者说可以被视为一种特殊的"标尺竞争"。

其一,就"市场失灵条件"看,由于商城提供的是租金为零的店铺,以价格调节为核心的市场机制也就无法用于此类特殊店铺资源的分配,这就为"标尺竞争"的引入提供了空间。

其二,就"可比性条件"看,陶溪川邑空间商城可以容纳多位"创客",主营方向为陶瓷主题的文创产品,表明"创客"们的业绩基本具有可比性。

其三，就"私人信息条件"看，"创客"们的创意在转化为文创产品之前，是难以被外界获悉的"私人信息"；创意的异质性决定了创意与创意之间、创意所转化的不同文创产品之间必定存在营利能力的差异及提升空间，这意味着"创客"的"私人信息"能够改善"创客"的业绩。

其四，就"可证实性条件"看，由于商城营业额由商城统一收取、再按时全额返还入驻"创客"①，"创客"经营业绩具有统一的统计模式和口径，且业绩结果能够及时同"创客"确认，为在此基础上的业绩考核提供坚实依据。

（三）绩效考核——"淘汰晋级制"的核心

"淘汰晋级制"和"标尺竞争"的核心，都是对相对绩效的考核。如果某"创客"当月的业绩不佳，但相对于其他"创客"而言业绩已属突出，那么基本可以判断导致该"创客"业绩不佳的主要原因是宏观经济波动、陶瓷行业特定因素等外部因素，而不是"创客"自身的经营行为，这样，该"创客"仍然能留下，还可能受到奖励。反之，如果某"创客"业绩高涨，但相对于其他"创客"而言业绩排名滞后，那么基本可以判断该"创客"的业绩潜力可能由于自身经营行为不当等原因没有充分发挥，这样，他（她）就可能面临被"淘汰"的危险。在此过程中，商城作为"委托人"，尽管很难对每一位"创客"的具体经营行为了如指掌，但仍能基本保证优胜劣汰、公平竞争，克服管理中的信息不对称问题。

（四）小结与拓展

总体上看，陶溪川邑空间商城的创新之处，在于为"淘汰晋级制"创设了新的运用情境，着力体现社会效益和经济效益的统一。一方面，商城依托陶溪川邑空间的品牌效应，通过提供免租商铺，极大降低了"创客"的创新创业成本，发挥了在稳定就业、促进文化创意产业发展方面的引导作用；另一方面，在具备条件的基础上引入激励机制，促使"创客"加快

---

① 搜狐网.陶溪川邑空间，年轻人都该去的地方！［EB/OL］.（2017 - 04 - 10）［2019 - 01 - 06］. http://www.sohu.com/a/133086883_443753.

产品研发和创新,在商铺面积不变的情况下提升"单位面积"的经济效益,进而提升当地文化创意产品整体竞争力。

我们还可以依据"标尺竞争"理论,思考确保"淘汰晋级制"长期可持续的必要举措:政府应通过创新创业扶持政策、人才引进政策等,确保"创客"不断涌现或者持续流入,维持良性竞争态势;从地区规划层面细化不同产业园、不同创业孵化平台等的主营方向和分工关系,保证"创客"间业绩的可比性;鼓励相关单位改革业绩考核体系,扩大对"创客"创新和试错的包容性;通过设立陶瓷科技公共实验室、产学研合作和成果转化平台等方式,在分户竞争的基础上为"创客"搭建合作纽带,积极深化文化创意产业与科技融合发展……

事实上,其中大部分举措已经在景德镇得到落实。据报道,景德镇利用老的窑址、厂房和作坊,打造出了陶溪川、雕塑瓷厂等艺术家创意工作室聚集区,吸引了来自20多个国家的数百名艺术家驻场创作[①];设立招才引智局、"景漂""景归"人才服务局,陆续出台《景德镇市"3+1+X"产业人才发展实施办法(试行)》和《景德镇市"3+1+X"产业人才发展十条政策》等极具地方特色的"人才新政"[②];印发《关于促进陶瓷科技成果转移转化的实施意见》,明确通过"企业出题、高校(院所)接单、政府补助、协同攻关"方式,推进陶瓷产学研用协同创新[③]。而陶溪川邑空间商城所属的陶溪川邑空间,作为景德镇全资国有企业——景德镇陶邑文化发展有限公司设立的文化创意平台及孵化器,也让我们进一步认识国有企业在推动文化创意产业发展中不可或缺的作用。

---

① 央视网. 江西景德镇:创新激发传统产业新活力 [EB/OL]. (2018-12-22) [2019-01-04]. http://tv.cntv.cn/video/C10437/ef23e8a3815f4bdfa5138d35d912f91a.
② 凤凰网. 景德镇出台"人才新政"助力全面发展 [EB/OL]. (2018-05-17) [2019-01-06]. http://jx.ifeng.com/a/20180517/6582370_0.shtml.
③ 景德镇市科学技术局. 景德镇市人民政府办公室印发关于促进陶瓷科技成果转移转化的实施意见的通知 [EB/OL]. (2018-09-19) [2019-01-06]. http://kj.jdz.gov.cn/tzgs/20180919/9cde3eee-25dd-4e60-bb54-446f062deba1.html.

三、案例启示

陶溪川邑空间商城的创新，对于相关政策的制定具有深刻启示。文化创意产业的发展，需要财政、货币、产业、区域、人才、创新创业方面政策的协同发力；而决定上述政策有效性的关键，就在于是否充分调动了市场主体的活力和积极性，是否有利于政府创新引导产业发展、促进"大众创业、万众创新"的制度体系。

文化创意产业以"文化"为根，以"创意"为魂。从陶溪川邑空间商城中的创意陶瓷，到信息服务、设计服务、现代传媒、教育培训等多类行业[1]，文化创意产业始终与人民生活和国家文化软实力息息相关。归根结底，文化创意产业展现的是处于特定文化背景下的人的思维活动成果在市场经济条件转化为具体产品，满足文化消费和审美需求的过程，具有知识密集型的产业特征。从这个角度看，文化创意产业尤其能够与一个国家和地区独特的文化背景相结合，尤其能够因创作者的独特创意展现出独特的发展轨迹。已有学者指出，我国文化创意产业将在发展中迎来深刻转变，包括在技术层面由跟风转向原创，在商业层面由文化产业向全业态扩展，在生产制造层面由规模化向个性化、智能化进步，在价值层面从关注个体到关注国家等[2]。在这样的背景下，特别是着眼于深化文化领域供给侧结构性改革，推进中国特色社会主义文化大发展大繁荣的视角，推动文化创意产业发展，相关的政策创新不可或缺；激发文化创意产业发展活力，尤其考验政策制定者的智慧。

结合文化创意产业的发展实际，通过政策创新激发文化创意产业发展活力，需要做到以下几点。

一是充分挖掘财政在结构性调整方面的制度潜力。要落实好国家减税

---

[1] 搜狐网. 权威观点 | 什么是文化创意产业？看完全文你就懂了！［EB/OL］. (2018 - 02 - 24) ［2019 - 01 - 06］. https://www.sohu.com/a/223847522_696247.

[2] 金融界. 耿秀彦：文化创意 + 的新时代来了［EB/OL］. (2017 - 12 - 13) ［2019 - 01 - 06］. http://finance.jrj.com.cn/2017/12/13102423784390.shtml.

降费相关优惠政策,结合"双创"和"稳就业"政策导向,分析和制定更适合小微文化企业的税收优惠政策,加大对参与文化创意产业发展的创业投资企业和天使投资个人的优惠力度;针对文化创意产业从业者依赖空间集群[1]等特点,确保文化创意产业主题的企业孵化器、科技园、"众创空间"等依法依规享受税收政策优惠,引导特色创意产业集聚。将财政支持文化创意产业发展的重点放在人才引进及培育、公共文化基础设施建设、文化遗产保护等方面,完善政府购买公共文化服务制度;持续重视和鼓励文化消费,总结好文创作品"直补票价"[2]等创新经验,通过财政资金"精准滴灌"实现文化惠民。

二是增强金融创新对文化创意产业的支持作用。要充分发挥资本市场作用,总结和推广北京市等地文创企业股权转让平台("文创板")先进经验,重点为文化创意企业提供股权交易、投融资、估值定价等服务[3];降低文化创意企业债券融资门槛,鼓励更多企业通过文化产业专项债券融资;健全公平、高效的政府文化产业投资基金管理体制,鼓励创业投资基金、天使投资、风险投资等进入文化创意产业领域;积极推动知识产权作价入股,推进文化创意产业资产证券化。要健全银行信贷激励和约束机制,支持更多信贷资金流向文化创意企业尤其是小微文化创意企业;着力规范互联网金融,引导金融科技向实现普惠金融方向发展,更好满足文化创意产业从业者资金需求。

三是创新文化创意产业发展的"人才通道"。人才引进方面,不同地方在制定人才引进政策时,应结合当地文化资源、产业基础、企业需要等因素进行系统论证,着力解决人才政策内容雷同、成效不明显等问题;要重视地区人居环境、文化底蕴、社会治理等"软"因素的改造和提升,让

---

[1] Méndez R, Michelini J J. Creative industries, spatial contrasts and urban governance in Madrid [J]. Revista De Geografia E Ordenamento Do Território, 2013, 3 (3): 143 – 170.
[2] 新华网. 创新补贴模式 文化消费叫好又叫座 [EB/OL]. (2018 – 03 – 20) [2018 – 01 – 07]. http: //www.xinhuanet.com/ent/2018 – 03/20/c_ 1122562037.htm.
[3] 北京文化产权交易中心. 文创板信息系统 [EB/OL]. [2019 – 01 – 07]. https: //www.ccee.cc/staticpage/gywm/index.html.

人才愿意来、留得住。人才培养方面，要大力建设文化创意产业产学研合作和科技成果转化平台，促进文化创意企业的人才需求信号传导到各类教育、研究机构，为在校学生的实习实践提供更多选择；突出高校、科研机构等在多学科交流方面的优势，通过调整系所结构、实行更加灵活的培养计划等方式，促进文化创意产业与科技深度融合，加快复合型人才储备；激发职业教育的校企合作潜力，重点加强文化创意产业领域师资队伍建设，培育更多适应文化创意产业链分工需要的行业人才和技术能手。

四是下大力气深化文化领域国资国企改革。要在总结各地实践经验基础上，尽快建立全国统一的国有文化资产出资人制度，明确国有文化资产出资人的权责边界；积极推动文化领域国有资本投资、运营公司试点，鼓励国有文化资本投资公司加大文化创意产业投资规模，促进国有文化资产运营公司提高资本运作的专业化水平，实现国有文化资产保值增值。要始终坚持国有文化企业把社会效益放在首位、实现社会效益和经济效益相统一，特别是从事文化创意产品内容创作、生产的国有文化企业，要在作品中自觉弘扬社会主义核心价值观，着力体现以爱国主义为核心的民族精神和以改革创新为核心的时代精神，实现文化创意产品思想性、艺术性、观赏性的统一；要鼓励国有文化企业积极拓展海外市场，继续深化同"一带一路"沿线国家的文化交流与合作，提高文化创意产业出口竞争力。

五是加强文化创意产业知识产权保护。必须健全以著作权为核心，专利权、商标权、商业秘密权等多种知识产权相结合的文化创意产业知识产权保护体系，及时出台和完善相关法律法规[①]；加强产学研合作和成果转化平台、"双创"产业园、孵化器等的知识产权服务人才队伍建设，引导创业者守法经营，增强自我保护意识；提高文化企业特别是国有文化企业的版权意识，完善国有文化资产登记、评估等管理制度，抓紧解决版权资

---

① 林青. 文化创意产业知识产权创新与保护机制研究 [J]. 南京理工大学学报（社会科学版），2018（1）.

产权属不清、运营低效等问题①;严厉打击知识产权侵权行为,着力解决相关法律诉讼中存在的举证困难、诉讼周期长等问题②,提高违法侵权成本,为文化创意产业发展营造良好的制度环境。

总之,激发文化创意产业发展活力,是实现经济高质量发展、增强中华文化竞争力和影响力的必然要求。只有持续深化文化领域改革开放,创新财政、金融等各领域体制机制,才能更好实现经济社会可持续发展。

---

① 南方网. 文化创新应该从版权运营开始 [EB/OL]. (2018-10-03) [2019-01-08]. http://epaper.southcn.com/nfdaily/html/2018-10/03/content_ 7755001. htm.

② 新浪网. 举证难、赔偿低、周期长?江苏法院多招破解知识产权审判难题 [EB/OL]. (2018-04-24) [2019-01-08]. http://k.sina.com.cn/article_ 5044281310_ 12ca99fde02000dh39. html? cre = tianyi&mod = pcpager_ news&loc = 14&r = 9&doct = 0&rfunc = 100&tj = none&tr = 9.

第八章 文化创意产业园区的公共政策

文化创意产业园区是我国文化产业发展历史中的重要部分，在不同的发展阶段也有不同的表现形式。文化创意产业集聚区作为国家公共政策的重要承载形式，是研究文化产业公共政策的重要手段，所以本书通过一整章的内容说明文化创意产业集聚区的公共政策。本章首先对文化创意产业园区作出概述，再研究不同发展阶段的文化创意产业园的公共政策，最后以曲江新区的公共政策为例进行总结与反思。

第一节 文化创意产业园区概述

文化产业园区不仅是发展文化产业的重要手段，也是实现产城结合，提升区域价值的重要载体，对于国家促进产业升级，推动区域协调发展的意义重大。我国文化创意产业园区发展几十年的时间里，取得了丰硕的成果，但同时也存在着我们不能忽视的问题。在文化创意产业"融合发展"的新背景下，我们需要清楚了解文化创意产业园的发展现状和存在的问题，为公共政策的制定提供可靠参考。

一、文化创意产业园区的概念

作为文化产业发展的基础工程，文化创意产业园区在世界蓬勃发展，很多成为城市甚至国家的文化标签。同时，关于文化创意园产业区的基础理论也在不断进步，本节首先对文化创意园区基础理论的主干部分进行梳理，为进一步研究文化创意园区的公共政策奠定理论基础。

中外学界专家从各个学科出发提出了相对应的多种概念，主要包括：文化创意产业园区、文化创意产业集群、文化创意产业集聚区、文化创意基地等。这些概念出于不同的学科背景，由于其研究方向不同，这些概念之间也有一定的区别。本节在对文化创意产业园区相关的主要概念进行梳理对比的基础上，阐明本书的立论概念并解释其内涵。

文化创意产业园区。这一概念强调在地理空间上，文化创意生产和消费的聚集性特征，文化创意产业园区是介于政府、市场、企业和个人之间的社会经济组织和发展平台，以系统化的管理支持和资源网络，促进产业链与市场的良性发展。文化创意产业园区将文化创意与现代社会的经济组织形式结合起来，以高度集中化、组织化的社会生产方式推进文化创意的产业化和市场化，最终实现经济效益和社会效益的均衡增长①。

文化创意产业集群与文化创意产业集聚区。文化创意产业集群是指在文化创意产业领域，相互关联的文化企业以及其支撑机构实现空间上的聚集而组成的群体，通过协同作用，形成强劲持续竞争优势的现象。因此，一般意义上的文化产业集群既包括了下游产业的文化产业企业、互补产品的供应商、专业化基础结构的供应者和提供培训、教育、信息、研究、技术支持的其他机构，例如大学、智囊团和技术标准机构等。根据文化产业的"创意"属性的强弱，我们可以将文化产业集群划分核心文化产业集群、外围文化产业集群和相关支撑机构等。文化创意产业集聚区则是建立在文化创意产业集群基础上的一个概念，其指代的是文化创意企业及其相关支持体系在空间上的聚合②。

文化产业基地。文化产业基地相对于其他的园区概念具有更加明确的行政色彩，其强调的是政府的授牌和管理，概念中并不着重说明产业的集聚效应。具体来说，文化产业基地指在发展文化产业方面作出显著成绩，在行业中具有典型和示范意义，且由文化行政管理部门专门授牌的文化企

---

① 刘文沛. 上海文化创意产业园区研究［J］. 公共艺术，2012（5）.
② 康小明，向勇. 产业集群与文化产业竞争力的提升［J］. 北京大学学报（哲学社会科学版），2005（2）.

业，在我国分为国家和省两级。国家层面上从 2004 年至今，文化部先后命名了五批共 266 家国家文化产业示范基地。

在中国经济转型、产业升级的大背景下，我国的文化产业与传统产业正朝着融合发展的方向前进，而文化产业园区已经不单是一种简单的产业集聚现象，其以产业集聚为基础，兼具城市景观、产业园区以及文化景观的多种意义，是集形象功能、产业功能和艺术功能三种功能于一体的多功能生产生活区域①。

本书在文化产业融合发展的大背景下，立足于我国文化创意产业的现实水平，探索我国公共政策的制定与文化创意产业发展如何达到最佳契合。文化创意产业园区强调在文化创意生产和消费的聚集性特征，是介于政府、市场、企业和个人之间的社会经济组织和发展平台，具有系统化的管理支持和资源网络以促进产业链与市场的良性发展。

所以，本书使用"文化创意产业园区"这一概念，强调在产业集聚基础上，文化产业园区是具有系统化管理体系的社会经济组织，是兼具形象功能、产业功能、艺术功能一体的多功能生产生活区域。

二、中国文化创意产业园区的发展模式

在全世界的范围内，各国文化创意产业园区并没有固定的发展模式，类型丰富多样，园区规模也可大可小。加拿大渥太华卡尔顿地区，依托大学等科研机构创立的具有较大规模的科技型文化产业园区，汇聚科技和创意型人才，富有创造力和活力。而英国谢菲尔德市的文化创意园区规模中等，在火车站对面并没有宽阔的空间面积，但通过产业的相互聚合，创造出较大的产业声誉，带动了园区整体产业的发展。

我国文化创意产业园的发展历史并不长，但在较短时间里却实现了迅猛的进步，数量增加快，园区的文化创意含量与丰富程度在几十年间也在不断提升。需要注意的是，关于文化产业园区的模式和类型划分，学者们

---

① 陈娴颖. 中国文化产业园区治理模式研究 [M]. 北京：社会科学文献出版社，2016.

的观点并不一致。我国文化产业园区数量庞大，类型不一，其综合情况就更为复杂。关于这一问题，本书对两种最为典型的关于我国文化创意园区发展模式的方法进行概述。

（一）根据驱动力量进行的划分

在我国文化创意产业园区形成和发展几十年的时间里，根据其驱动力量的不同，大致可以分为四类：社会模式、经济模式、政府模式与多元模式。

社会模式。这是一种在文化力量和空间环境的影响下自发形成文化创意产业园区的模式，是我国文化创意产业园最初的形态。这种发展模式更多的以艺术家自身为导向，由于艺术家的自动聚集而孵化形成的，具有产业集聚效应，也客观上推动了产业发展，最初见于北京等国家或地区的文化中心地区。如20世纪90年代的北京圆明园画家村就是这一模式的典型例证，其由于艺术家的聚集而形成，在文化创意产业发展初期为园区的建设和发展提供了宝贵经验。

经济模式。在这一模式中经济因素占据主导地位，市场主体出于经济利润的目的，形成具有完整产业链条的文化创意产业园区。在这一模式中，企业占据着主导地位，一般由一些经济力量较强的民营企业对园区进行规划和管理。这一模式充分发挥着市场对资源的配置作用，园区通过完整的产业链条和集聚优势为文化企业提供良好的生产环境，通过批量生产将文化产品转化为经济利润。在当今中国，南京的1912街区、上海的8号桥、杭州的乐富智慧园都是属于这一类型的，是典型的由企业主导的文化创意产业园。

政府模式。在这类发展模式中，政府通过行政力量直接规划建设或者引导推动了文化创意园区的形成。这类产业园区有着雄厚的资金和政策支持，其方向定位更能体现城市或者区域发展需要，不仅能够推动文化产业的发展，往往还负担着城市的文化宣传职能，其中比较典型的就是西安的曲江新区。

多元模式。这是文化创意园区的一种多元化混合发展模式，在经济社会行政多方面因素共同作用下，以企业为主体，政府为引导形成的一种共存格局的文化产业园区。在这一模式下，企业作为主体以实现经济利润为目标生产文化产品，政府对园区进行规范和管理的同时为园区企业提供有力的政策支持，对产业发展意义重大。其中，北京的798艺术区就是一个典型例证，其从最初的艺术家集聚区到政府介入规范管理，建立798艺术区管理建设办公室，其性质也从一个简单的文化产业集聚区发展为产业园区，成为多元发展、多业态共存的成功范例。

（二）根据依托资源进行的划分

文化创意产业园区的建立发展往往需要结合城市或区域的现实文化环境，其依托资源也是类型不一。这种对于园区发展模式的区分方法是从园区的依托资源着眼，对我国文化创意产业园区类型进行的总结，大致可以分为以下四类：

依托地方传统文化资源建设的园区。此类园区依托地方历史文化资源，通过产业聚集形成相对完整的产业链条，在追求经济利益的同时，往往也承担着城市文化标签的作用。西安的曲江新区以及开封的宋都古城，都是依托当地最为突出的历史文化资源建设而成，结合当地丰富的历史遗址，探索新的文化意义，将文化产业发展、经济建设以及城市形象提升结合在了一起。

依托工业遗址空间转化建设的园区。作为城市发展的重要见证，工业遗址往往具有较强的文化价值，体现在历史、建筑、美学等多方面，这也使其成为文化创意产业园区的依托孵化的重要资源。北京798（见图8-1）、八号桥上海时尚创意中心、南京世界之窗东八区都是该类典型代表园区。

依托媒体类和设计类等新兴产业建设的园区。在市场经济背景下，文化创意企业发展的立足点在于生产高质量的文化产品并创造经济价值，核心是创意的产业化转化，这也是媒体类与设计类新兴产业所能带来的。这类文化创意产业园区的典型代表有成都青羊绿洲文化产业园区以及深圳华侨城loft文化创意园区等。

图 8-1 依托工业遗址空间转化的北京 798 艺术区

依托高等教育资源与高新科技资源建设的园区。科技与文化型专业人才是文化创意产业发展的先决条件之一，而大学作为高等教育资源最为丰富的场所，协同高科技资源能够为文化产业园区提供丰富的活力与创造性，提升产业市场竞争力。例如依托同济大学的上海赤峰路建筑设计一条街、依托中山大学的 TCL 广州文化创业基地等。

三、中国文化创意产业园区发展存在的问题

在我国文化创意产业发展的数十年间，文化产业园区起到了关键的载体作用，有效推动了产业发展，但同时也暴露出了不少问题，如园区集群质量不高，生态治理不佳，缺乏创新能力，管理效率低下等。在现今文化创意产业"融合发展"的新背景下，为了更好地利用公共政策建设高质量的文化创意产业园区，推动产业发展，我们必须要对园区存在的主要问题有清晰的认识，这样在今后的建设中，才能有针对性地利用公共政策引导建设出一批特色鲜明、优势突出的高质量园区。

（一）集群效应问题

文化创意产业园区的初衷在于搭建园区平台，利用产业集聚效应实现资源共享，降低生产成本，提高产品质量和影响力，以此促进产业发展。但在我国文化产业园区的发展现实中，很多园区并没有利用好园区平台，

释放产业集聚效应，这主要有三个方面的问题值得注意。

第一，园区自身定位不清、商业模式换乱。事实上，我国很大数量的文化创意产业园区并没有找到自己准确的定位，没有清晰的发展方向和规划。很大一部分园区体现出房地产模式的发展倾向，以文化产业园的名义取得政策优惠，但实际上园区建设则是单一的房地产开发，以文化为噱头炒热房产。这样的局面下，文化园区实际上是一种资源和政策的浪费，无法发挥园区的集聚效应，真正推动文化产业的发展。

第二，园区企业缺乏交流合作，未能形成优势互补。园区所提供的应该不仅只是共享基础设施和政策优惠，在更高的层面上，园区管理机构应该促进园区企业间的信息交流，甚至是业务协作，为企业创造分工合作的机会和平台。

第三，园区内外企业缺乏有效的联系机制。由于园区的功能定位不同，依托资源不一，其内部产业链条也各不相同。但可以明确的是很多园区难以实现真正的高度集聚，没有完整的产业链条，很多上下游企业并不在园区内部，所以这也需要园区为企业有效联系上下游行业创造有利条件。

(二) 人才和资金引进问题

对于文化创意产业来说，人才是极其重要的战略资源，对于产业发展影响重大。但目前，我国从起点的文化人才培养上，到终端文化产业的人才吸引上都存在着一些问题。我国 8 亿的人力资源中，从事文化产业领域的总量偏少，质量不高且结构失衡，所以文化创意产业园区就更难吸收到既懂专业也懂产业的高端人才，这是产业发展需要重视的一大问题。

文化创意园区从建设到实际运营，都离不开资金的支持，园区内部的很多文化企业，尤其是中小企业时常会面临资金缺乏的问题，导致很多有价值的文化项目被搁置甚至放弃。所以，现在园区需要的是类似项目资金池这样的平台，通过民间资金来刺激产业发展，同时也可以为社会上的闲置资金开拓大量优质的项目投放点。

(三）园区、企业与政府关系问题

由于文化创意产业园区发展模式不尽相同，不同园区内各主体也占据着不同的地位，发挥着不同的作用。当然，我们有一些优质的产业园区，例如北京的 798 艺术区，政府与园区主体间形成了良性的互动共生关系，对产业稳定发展起到了促进作用。但不可否认的是，我国一定数量的产业园区存在着运营效率低下、资源整合失当的问题。

在我国目前的文化产业园区中，政府定位不够明晰，阻碍了园区建设和产业发展。有的政府过度干预行为，扭曲了产业的正常发展，企业在政策红利之后流出园区，导致园区出现空壳化等问题。还有部分地方政府，在园区缺乏有效的管理制度和管理机构的情况下，不发挥应有的引导和规范作用，任凭园区自由发展，导致出现园区被房产模式架空、重复建设等问题。

第二节　文化创意产业园区公共政策的内容

一、财政税收政策

财政税收类政策，是指地方政府通过财政补贴或税收减免等方式减轻文化创意产业园区以及园区企业的运营成本。财政税收政策是政府支持文化产业发展最主要的政策工具之一，其适度合理的运用对于文创园区的健康发展非常重要：能够有效减轻企业负担，激励企业扩张，促进其快速发展；同时也能规范引导企业结合自身优势，依托有效文化资源提高产业质量，实现深度发展。

支持文化产业发展，政府通常可以采用的财政政策工具包括：财政专项资金、有条件的财政补贴、政府采购以及政府与社会资本合作（PPP）。在文化创意产业园区领域，政府可用的财政工具同样丰富，特别是对于地方政府着力打造的具有地方文化特质的文化产业园区，政府可以成立园区专项扶持资金保障园区建设，同时通过有针对性的财政补贴、税收减免等方式减轻文化创意企业负担，帮助其发展。

江苏省江阴文化创意产业园区成立于2007年，在2013年成为江苏首批重点文化产业园区，并被授予江苏省文化科技产业园称号，经过近十年的发展已经成为兼具经济文化社会价值的高质量园区。这里以江阴文化产业园区的公共政策工具为例对课题进行说明。财税政策上，江阴政府设立文化产业专项扶持基金，由政府财政出资每年投入2500万元人民币对园区的发展进行扶持，同时政府积极寻求民间资金扩大基金规模，提升专项财政扶持力度。税收层面上，政府也为文化产业亮绿灯，重点扶持的高新技术企业减征所得税，对于文化企业开发新技术、新产品的研发费用按规定加计扣除。当然这些税收层面的优惠政策，并不限于江阴甚至江苏，这是国家支持文化产业发展大背景下的税收支持。

二、土地房租政策

土地房租政策，是指通过提供土地或者减免房屋补贴等方式，为园区文化创意企业提供相对廉价的办公地点，并为其正常生产提供完善的基础设施。对于很大部分小型文化创意产业来说，土地房租上的政策扶持是其在起步阶段最需要的，特别对于一些具有特殊需求的高新区技术产业，因为园区共享的基础设施可以减轻企业负担。

在土地房租政策方面，江阴文化创意产业园按照政府引导，不拘泥于现有楼房，通过盘活存量土地，利用旧工业厂房改造等方式扩张了园区面积，降低了土地楼房成本。对于入园企业，园区提出对入园企业租用园区提供的办公用房第一年房租买免收，第二年按50%收取的优惠政策，大大减轻了企业经营成本，吸引了大批文化创意企业进入园区。在降低用房用地成本的同时完善园区教育培训、生产服务、生活娱乐等方面基础设施，为企业入驻提供更加方便舒适的条件。

三、金融政策

金融政策是指通过为企业获取贷款提供担保，搭建融资平台等方式帮助企业获取发展所必需的资金。充足的资金对于企业成长发展的整个过程都非常重要，政府通过财税政策提供的补贴或者税收减免，能够减轻企业财务压力，但文化创意企业不能只依靠补贴实现发展。企业发展的根本还是必须依靠自身积累和吸引资金，而政府需要做的就是帮助具有发展潜力的文化创意企业打通资金融通渠道。

但是对于处于文化创意产业中的大部分企业来说，由于其无形资产占企业资产的较高比重，其资产构成会间接导致其通过传统金融机构获取资金的难度较大。所以即便是有着较大发展潜力的优质企业，从市场途径获得充足资金也需要花费不少的精力，这影响了企业发展，阻碍了文化产业的进步。

在金融支持层面，江阴文化创意产业园区为文创企业搭建融资平台，从四个方面提供资金保障：一是贷款担保，江阴市临港经济开发区与担保公司合作，出资 200 万元用于文虎创意企业贷款担保；二是科技贷款，临港经济开发区将 1000 万元资金注入银行，为优质的科技项目直接提供贷款支持；三是设立重点成长型企业股权投资资金，通过专项资金投资具有市场发展潜力的优质文化创意企业，投资资金原则上三年后退出，这也体现出这类股权投资很强的政策支持性质；四是上市挂牌奖励，对于园区成功通过上市获取资金的优质企业提供奖励，鼓励企业自主融资。

四、人才政策

文化创意产业通常有着很强的人才依赖性，由于文化产品的主要价值体现在其创新特质上，优秀的人才是确保文化创意行业长远发展的重要因素，也受到园区和企业的高度重视。所以，文化创意园区往往会依托高等教育资源和高等科技资源，来为其发展提供人才和科技支持，以此提高产业水平。

园区的人才政策一般主要体现在两方面。第一，通过多种形式的奖励，比如落户优惠、税收减免、现金奖励等形式来吸引人才进入园区，供职于园区的文化创意企业。第二，充分利用园区周边的高校人才和科技资源，帮助园区与高校建立合作，推动企业与高校间的人才互动。

江阴文化创意产业园区为引进人才，坚持刚性引进和柔性引进结合的办法，引进了大批高层次人才。园区提出了多种形式的奖励政策：对引进本科以上人才的企业，每人奖励1000元；对研发中心的高学历人才提供个人所得税方面的减免或延期补助等。这些政策引进各类人才数千名，极大促进了园区发展。同时园区依托高校科技资源，与一大批院校展开产学研合作，聚拢高端人才，这其中就包括中央美院、日本筑波大学这类一流名校。

五、鼓励类政策

除上述政策之外，政府通常还会通过一些具有鼓励性质的政策，来刺激园区发展和企业发展。这些鼓励性质的政策往往都带有一定的导向性质，政府通过这类政策可以实现引导行业结构升级调整，鼓励行业引进高新技术扩大生产，刺激行业走出去扩大文化影响力等特定目标。

例如，为鼓励园区动漫影视产业发展，江阴文化创意产业园提出对于有自主产权的动画影视作品，在中央台播出的，按片长每分钟800元奖励，在地市级别电视台播出的，按300元奖励。为推动招商引资，园区规定对于引进有突出贡献的人员或单位，按注册资本0.5%至1%给予奖励，奖励不超过5万元。江阴文化创意产业园区通过这些更加具体的鼓励性政策，推动了区域文化产业的进一步发展，也对园区整体公共政策篮子实现了很好的补充。

第三节　文化创意产业园区发展历程中的公共政策

文化产品自身具有的经济和社会层面的双重属性决定了其特殊的地位，文化产业肩负着文化与经济的双重功能，这意味着文化产业在市场经济主导下也离不开政府的规范引导。文化产业园区作为我国相当数量文化企业的载体，在其发展的各个阶段都需要政府的适度参与。本节将园区发展大致划分三个阶段，分析各阶段政府如何通过公共政策给予支持和引导，建立完整的理论框架。

一、萌芽阶段园区的公共政策

文化创意产业园区发展的萌芽阶段，园区主要工作在于如何搭建完备的基础设施，吸引文化创意企业入园。在这一过程中的文化企业关注的是其初始投入成本以及入园门槛，园区的发展定位也是企业考虑的重要因素。可以看出，在萌芽阶段的文化产业园区面临诸多问题，需要政府公共政策的引导和支持。这一阶段的地方政府通常扮演着推动者甚至是组织者的角色参与其中，虽然并不总是直接控制，但一般也都能体现出较大的管理力度。这一阶段的公共政策，我们根据受益对象分为园区和企业两部分进行分析。

在文化创意产业园区层面，萌芽阶段园区的主要任务是为产业集聚建设必要的基础设施，同时架构管理机构。资金以及建设经验可能会是园区此时的最大短板，资金层面上，地方政府往往根据园区的发展情况给予一定程度的财政补贴，在政策范围内提供低价的土地保障，或者税收减免等方式为园区建设减压。当然除了这些显性的财税扶持之外，政府还可以利用其公信力为园区提供更加丰富的资金来源。比如政府协助园区从金融市场上获得资金，或者对特定园区提供特殊的政策优惠。这些公共政策往往能为萌芽阶段的园区建设减小压力。

初始阶段的园区在发展方向、商业模式上往往比较模糊，政府在利用财税政策支持其建设的同时，也要通过鲜明的政策导向引导其健康发展。政府应该充分挖掘地方文化特质，依托有力文化资源协助园区建设，帮助其确立良好的商业模式，为后期产业规模扩张打下基础，避免陷入重复建设，甚至沦为文化地产项目。总之，政府在协助园区建设，加速产业集聚的同时，一定要注意其方向和质量，推动建立真正具有特色和潜力的文化创意产业园区。

在文化创意企业层面，企业的落地往往是基于落户政策、投入成本、融资便利程度、后期发展潜力的综合考量。在文化产业受到政府愈发重视的背景下，政府经常从政策资金等方面扶持产业集聚，吸引文化创意企业落户。地方政府的财税政策往往并不限于某一园区，而是普适性的通过财政补贴或奖励，拓宽融资渠道等方面提供帮助。

2008年"5·12"地震后，四川广元市开始以建设文化创意产业园为重点的灾后建设。在园区建设初期，地方政府作为主导，倾斜资源投入大量人财物对园区进行重点建设。在资金方面，广元市投入大量财政资金修复原有旅游园区，并为产业园区搭建融资平台，签署合作协议113个，实现融资236亿元。同时，广元市政府挖掘当地特色文化资源，为园区发展专门制定产业发展规划，通过建设形成了以剑门蜀道文化产业园区、昭化古城产业园区以及朝天明月峡古栈道为主体的园区格局，真正实现了将文化资源优势转化为文化产业优势。

二、成长阶段园区的公共政策

在成长阶段，文化创意产业园区注册落户，园区的公共设施基本完成，开始为入园企业提供公共服务，满足其生产需要。文化创意企业群也在经历磨合之后逐渐适应园区环境和市场环境，开始生产文化产品，形成稳定市场后也开始创造收入。

在这一阶段园区开始稳定运行，地方政府开始淡化其在文化创意园区的控制力和影响力，让文化创意企业真正成为园区主体，让市场进行资源配置，发挥市场竞争优势。但是市场机制也不总是完美，政府依然需要通过财税等公共政策对园区建设进行支持引导，帮助企业扩大规模，调整优化产业结构，形成真正的文化优势。

首先是竞争优势问题。在园区建成之后，为避免其未来陷入单一重复的发展困境中，政府应该帮助园区确立其核心品牌，打造核心竞争优势，为园区的长期发展构建稳定的支撑点。政府应当通过财税奖励等相关政策鼓励园区构建自己的文化创意品牌体系。例如，在2016年北京朝阳区政府发布的《国家文化产业创新试验区政策十五条》中，其大力支持文创园区品牌化发展，通过财政资金奖励的形式激励文化精品项目，规定对新荣获国家工商总局"中国驰名商标"称号的文化创意企业,一次性奖励 100 万元;对新荣获北京市工商局"北京市著名商标"称号的文化创意企业,一次性奖励 50 万元。

其次是资金问题。在这一阶段文化创意企业稳定生产后也在寻求扩张,对于以创意产品为核心业务的文化创意企业来说,在获取金融资源的过程中通常缺乏竞争力,在这一方面需要政府的手进行调节。和初期一样,政府通过显性和隐性两种方式为企业保驾护航。政府可以利用财政资金的补贴或奖励,或者税收上的优惠政策直接减轻企业的资金压力,同时也可以其公信力为基础,搭建平台拓宽文化创意企业的融资途径,为企业扩大生产打破资金瓶颈。例如北京市朝阳区政府 2017 年提出的《关于公开征集 2017 年度国家文化产业创新实验区建设发展引导资金支持项目的公告》对文化创意企业融资服务体系建设的政策扶持,为文化企业提供了补贴信用评估报告费用、支持贷款贴息、补贴担保费用、融资租赁等多种支持。

三、成熟转型阶段园区的公共政策

经过相当一段时间的成长和积累之后,通过市场竞争和行业间的优胜劣汰,园区已逐渐形成自己的核心竞争力,其内部产业链条趋于完善,园区内一批高质量的文化创意企业脱颖而出。但同时,随着人们文化素质的不断提升,对文化创意产品的要求日益提高,文化创意企业也面临着不断适应市场需求,调整发展方向等新的难题。在这一阶段,政府的作用应进一步淡化,避免对文化市场的过度干预造成功能越位。此时政府大多聚焦在市场维护方面,同时通过一定的财税政策引导企业更多的走出去,扩大行业影响力。

在这一阶段,文化创意企业面临着扩张和转型两大任务。一方面,文创企业仍处于高速发展期,需要不断开拓市场,增强市场影响力。这同时要求当地文化消费市场的成熟和完善,市场消费能力的提高有助于文化创意企业的发展和整个行业的进步。另一方面,随着文化市场的升级,新消费需求的涌现，转型升级是文化创意企业始终需要面对的课题。这就要求文化产业利用高新科技推动产业升级，用科技带动创新，为创意行业注入新动力，以适应市场和行业的发展需求。

因此，在这一阶段政府的财税政策目标也聚集在帮助文化创意产业"走出去"和"升上去"这两个方向。政府可以通过完善文化产业外贸政策，通过财税补贴等方式降低企业市场开拓成本，鼓励企业走出去。文化创意企业在通过海外并购的方式打开市场的同时也传播了国家文化，提升了产业竞争力。当然地方政府也要致力于当地文化消费市场的建设，通过政策引导扩大市场消费能力从而促进产业发展。关于推动行业的转型升级，我国地方政府一直都在使用财税工具进行积极引导，通过力度不小的财政投入，鼓励企业不断创新，利用高新科技改造传统产业，推动产品创新。

事实上，经过数十年的发展，我国相当数量的文化创意园区结合区域文化资源打造出了特有的竞争优势，也有很大一批文化创意企业在高速发展后站稳脚跟。在文化创意产业与传统行业融合发展的新背景下，国家也在通过加大财税支持，鼓励企业走出去，拓宽市场的同时弘扬中国文化。在《国务院关于推进文化创意和设计服务与相关产业融合发展的若干意见》中明确提出，对纳入增值税征收范围的国家重点鼓励的文化创意和设计服务出口实行增值税零税率或免税，对国家重点鼓励的创意和设计产品出口实行增值税零税率。

第四节　总结与反思——曲江新区的公共政策

西安曲江新区作为首批两个被授予"国家级文化产业示范区"之一，是西安建设区域特色文化产业的重要载体，经过十余年的发展成为西安最大的文化产业集聚区，也是典型的通过政府推动形成的结合城市整体区域开发的综合性文化产业集聚区。曲江新区是国内文化产业园区建设的典型范例，在十余年的发展历程中我们可以清楚地感受到政府扶持引导的痕迹。所以本节最后以西安市曲江新区为例,探讨其发展过程中的公共政策。曲江新区规划图如图8-2所示。

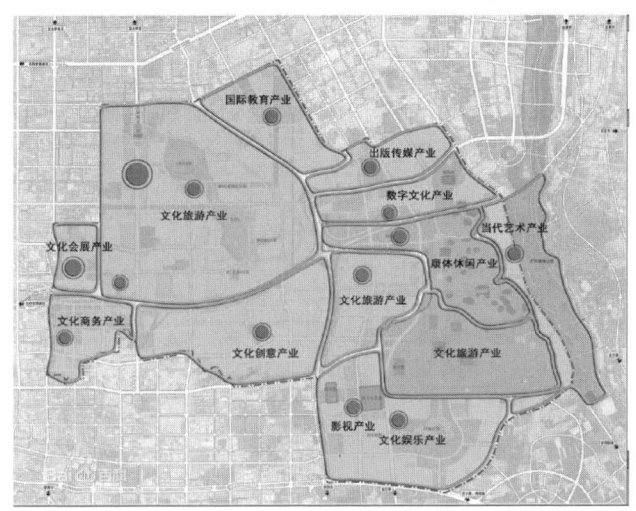

图8-2 曲江新区规划图

一、曲江新区的发展历史

曲江新区依托西安市丰富的历史文化资源,以"文化立区、旅游兴区"作为其发展理念,对区域资源进行整合,创造了"文化+旅游+城市"的独特发展模式。回顾新区的发展历程,我们可以大致将其分为三个阶段。

1. 萌芽阶段(1993—2002年)。在江泽民同志的号召下,西安市政府决定开发曲江,成立了西安曲江旅游度假区,并组建西安曲江旅游建设开发总公司负责开发和建设工作。萌芽阶段西安市政府集中于旅游产业的打造,主要通过组织层面的完善为园区建设提供支持,政策力度相对较小。

2. 快速发展阶段(2003—2010年)。从2003年开始,曲江新区进入快速发展阶段,西安曲江旅游度假村正式更名为西安曲江新区。曲江新区管委会行使市一级管理权限,并成立曲江新区发展有限公司,构架了完整合理的组织框架和管理制度,为大力打造新区做好了准备。在这一时期,曲江新区在公共政策的强力支持下，建立了较为完整的文化产业体系，涵盖旅游、影视、会展、广告等多个领域，新区发展进入快车道。2007年曲江新区成为首批国家级文化产业示范园区之一，2008年曲江新区又获得了中国文化产业创新奖，其建设成果可见一斑。

3. 转型发展阶段（2011年至今）。在经历高速发展之后，园区建立起了完整的文化产业结构，园区文化创意企业也在政策支持下站稳了市场的脚跟。但曲江模式下政府的过度参与也引起了市场的反扑和社会的质疑，《人民日报》2010年9月发文警示曲江模式"在发展文化产业园区的大旗下，又一轮大规模破坏历史文化遗产的浪潮在推进，在这股愈演愈烈的浪潮背后，是终将祸及百姓的地产图谋"，以此为节点，曲江新区进入转型发展的新阶段。

二、曲江新区公共政策梳理

曲江新区的迅猛发展和短时间内搭建出完整的文化创意产业结构，这些都离不开政府公共政策的支持。事实上，曲江新区为加快园区产业集聚，在国家文化产业扶持政策基础上，结合区域发展的现实情况，推出"文化基金＋贷款担保＋风险投资＋财税补贴＋房租减免＋专项奖励＋小额贷款"七位一体的公共政策篮子予以扶持。曲江新区的发展事实证明，这一政策篮子有效地吸引了文化创意企业进入园区，在推动文化产业发展的同时，对区域的整体发展也作出了贡献。接下来，对几个主要类别的公共政策进行简要分析。

（一）财政税收政策

财政税收类政策是降低企业运营成本，促进其发展的有效手段。2007年，曲江新区成立文化产业发展专项扶持资金，用于补贴园区内符合条件的文化企业，资金直接来源于区政府财政。从2008年起，文化产业财税支持额度为曲江新区财政年度预算的30%。在税收减免方面，园区创办的影视企业可向税务部门申请，免征三年所得税，高科技文化企业则征收15%的所得税。

(二) 土地房租政策

土地房租成本往往是文化创意企业起步阶段的重大支出项目，在这方面的优惠政策有效帮助园区吸引大量文化创意企业，加速了产业集聚。根据《西安曲江新区入区文化企业房租补贴暂行办法》，对符合条件的企业，按照其办公用房租赁面积进行补贴，这为起步阶段的文化企业提供了急需的帮助。

(三) 金融政策

为了解决文化创意企业的资金融通问题，曲江新区采取多种方式为其开拓融资渠道。出台的政策包括《西安曲江新区文化产业发展专项资金管理办法》《西安曲江新区入区文化企业贷款担保管理暂行办法》等，通过提供信用担保、提高无偿资助或是贷款贴息等方式为企业发展提供了资金保障。

(四) 人才政策

曲江新区对于文化创意领域的专业人才也是相当重视，专门出台《西安曲江新区吸引文化产业高级人才暂行办法》，通过现金奖励、税收减免等方式吸引高端人才入园。例如其对于文化产业等高端人才，参照本年工资性收入个人所得税缴纳金额等40%予以奖励。

(五) 鼓励类政策

曲江新区还出台了各种类型的鼓励政策，激励各种类型等文化创意产业不断发展做出成绩，实现产业升级。曲江新区出台的鼓励类政策包括《西安曲江新区促进会展产业发展优惠政策》《西安曲江新区优秀影视作品奖励暂行办法》《西安曲江新区鼓励和扶持影视产业优惠政策》等。

三、总结与反思

在十余年间，曲江新区以文化为抓手、以城市经营为手段，实现了文化、商业、旅游多领域的契合。曲江新区这种特有的以政府为主导，充分调动社会资源，激励企业参与，将文化发展与经济发展、城市建设、社会民生结合在一起的发展模式，开创了文化创意园区建设的"曲江模式"。

曲江新区的建设成果有目共睹，但在其发展过程中，"曲江模式"也曾受到多方质疑。《人民日报》曾发文质疑曲江模式用文化粉饰地产，在发展过程中造成过度商业化，实际上伤了文化的魂①。最后，本章从公共政策的角度，从治理模式和商业模式两个方面对曲江模式进行总结反思。

（一）治理模式问题

曲江新区的高速发展得益于政府主导的文化产业发展模式，实际上园区的经营主体是曲江文化产业投资有限公司，它是曲江新区管理委员会直属的国有控股投资集团。在园区建设初期，政府总揽了园区的各项工作，依托历史文化资源对重大历史项目进行改造，形成了文化旅游集群，提升了区域价值。

诚然，政府主导的园区发展模式，配合一系列的公共政策迅速将园区建设扶上高点，但也留下了一系列问题。曲江文化投资有限公司并不是现代企业制度下真正意义上的合格市场主体，其身后的政治背景阻碍了其真正参与到文化创意市场中来，也阻碍了其创新能力和市场开拓能力。在曲江园区的建设过程中，政府占据着主导者的角色，抑制了其他市场主体的参与，也为园区后续发展埋下隐患。在我国市场体制逐渐完善，文化市场日益成熟的新背景下，新兴文化创意园区的建设正向着政策驱动模式转换，政府通过必要的公共政策支持引导园区的发展，而非全盘接手。

（二）商业模式问题

曲江新区的商业模式在发展初期一直饱受争议。为促进新区发展，新区管委推出"文化基金+贷款担保+风险投资+财税补贴+房租减免+专项奖励+小额贷款"的公共政策篮子。但新区如果单纯和其他文创园区一样依靠"物业租金+风险投资受益+税收"盈利，将面临很大短期资金缺口，因为文化产业的特征决定了其在发展的起步阶段投资大而回报慢。

所以建设初期曲江新区的盈利模式在于其依托历史文化资源重新建设

---

① 人民日报赴西安报道组. 陕西曲江模式：曲径通优还是通忧 [N]. 人民日报. 2010-09-03.

了一批城市文化主体公园，在完善了基础设施的同时提高了土地价值，也为园区进一步推动文化产业发展提供了资金，因而就此很多专家在当时也发表了曲江新区"文化搭台，地产唱戏"的观点。这也是我国很多文化创意园区建设的通病，商业化之后的文化园区尝到土地升值带来的甜头后放弃原来的发展方向，最终沦为地产项目。

事实上，在当今时代，实现文化资源的价值离不开商业开发，文化创意产业园区的建设本身就是一种利用集聚效应开发文化资源，实现经济价值的商业模式。所以，文化创意产业园开发过程中需要对自身的定位和发展有清晰的认识，在商业开发的同时注重内容的填充，注入文化灵魂。在进入园区建设的深入发展期后，曲江新区文化将保护与商业开发并重，走上了精细化管理的道路，更加注重文化产业发展的品质，实现了商业模式的转型升级。

参考文献

[1] 包健. 促进科技创新的税收激励政策分析 [J]. 税务研究, 2017 (12).

[2] 北京文化产权交易中心. 文创板信息系统 [EB/OL]. [2018-08-18]. https://www.ccee.cc/staticpage/gywm/index.html.

[3] 百度百科. 重庆市国有文化资产管理领导小组办公室 [EB/OL]. (2016-12-05) [2018-11-16]. https://baike.baidu.com/item/%E9%87%8D%E5%BA%86%E5%B8%82%E5%9B%BD%E6%9C%89%E6%96%87%E5%8C%96%E8%B5%84%E4%BA%A7%E7%AE%A1%E7%90%86%E9%A2%86%E5%AF%BC%E5%B0%8F%E7%BB%84%E5%8A%9E%E5%85%AC%E5%AE%A4/20259252).

[4] 百家号. 国资投资、运营公司新增政府直接授权模式 [EB/OL]. (2018-08-01) [2018-11-16]. https://baijiahao.baidu.com/s?id=1607552058463137105&wfr=spider&for=pc).

[5] 蔡荣生, 王勇. 国内外发展文化创意产业的政策研究 [J]. 中国软科学, 2009 (8).

[6] 陈汉欣. 深圳文化创意产业的新跨越 [J]. 经济地理, 2012 (3).

[7] 陈慧慧. 地方政府对文化创意产业融资的扶持政策研究 [D]. 东华大学, 2014.

[8] 陈林峰, 我国现行激励企业技术创新税收政策评析 [J]. 税务研究, 2017 (3).

[9] 陈庆雷. 基于知识产权交易平台建设分析 [J]. 智库时代, 2018 (9).

[10] 陈笑玮, 马维春. 我国现行文化产业税收优惠政策浅析 [J].

税务研究, 2018 (3).

［11］丛亮. 发挥企业主体作用 激发市场主体活力［J］. 企业管理, 2018 (10).

［12］丁辉. 国有企业海外并购现状及问题分析［J］. 科技创业月刊, 2013 (2).

［13］丁芸, 蔡秀云. 财税政策促进文化产业创新发展的作用研究［M］. 北京: 中国税务出版社, 2016.

［14］丁芸, 蔡秀云. 文化创意产业财税政策国际比较与借鉴［M］. 北京: 中国税务出版社, 2016.

［15］东方网. "中国梦"携手"非洲梦"开启新征程——2018年中非合作论坛北京峰会的文化风景［EB/OL］. (2018-09-11)［2018-10-17］. http://gov.eastday.com/renda/2012shwl/n/zt/u1ai6219277.html.

［16］段晓兵. 北京市文化创意产业融资模式探析［D］. 中央民族大学, 2010.

［17］樊慧霞. 促进科技创新的税收激励机制研究［J］. 科学管理研究, 2013 (4).

［18］樊天勤. 中美非营利组织税收政策比较研究［J］. 税务研究, 2016 (2).

［19］凤凰网. 商务部: 2017—2018年度国家文化出口重点企业和重点项目名单［EB/OL］. (2017-11-17)［2018-10-18］. http://wemedia.ifeng.com/37496120/wemedia.shtml.

［20］傅才武, 宋丹娜. 我国文化体制的缘起、演进和改革对策［J］. 江汉大学学报, 2004 (2).

［21］傅才武. 国有文化企业管理体制改革: 从主管主办制度到出资人制度［J］. 华中师范大学学报（人文社会科学版）, 2014 (3).

［22］高红岩. 文化创意产业的政策创新内涵研究［J］. 中国软科学, 2010 (6).

［23］葛庆稳. 我国文化创意产业融资问题及对策研究［D］. 天津财

经大学，2015.

［24］龚永丽，梁欣. 助推文化产业发展的税收政策探析［J］. 管理观察，2015（11）.

［25］顾大炜. 区域知识产权运营平台构想与建设［J］. 中国高新技术企业，2016（11）.

［26］顾雪玲，王丽艳. 完善高新技术企业自主创新的科技税收优惠政策研究［J］. Commercial Accounting，2017（4）.

［27］国家税务总局政策法规司课题组. 非营利组织税收制度研究［J］. 税务研究，2004（12）.

［28］韩天. 知识产权保护与文化创意产业发展平衡点探究［J］. 今传媒，2016（5）.

［29］和讯网. 创新国有文化资产监管，打造"山东模式"［EB/OL］. （2016 - 03 - 25）［2018 - 07 - 28］. http：//news.hexun.com/2016 - 03 - 25/182963236.html.

［30］胡文龙. 当前我国创新激励税收优惠政策存在问题及对策［J］. 中国流通经济，2017（9）.

［31］黄国群，肖乐乐. 区域文化创意产业知识产权政策走向与创新路径研究［J］. 情报杂志，2018（3）.

［32］黄小敏. 我国文化创意产业发展对策研究［D］. 江西师范大学，2011.

［33］IT思维. 以色列："创业国度"的傲娇与隐痛［EB/OL］. （2016 -1 -30）［2018 -10 -18］. http：//www.itsiwei.com/14038.html.

［34］嵇晶晶. 文化产业发展中政府公共政策研究［J］. 现代经济信息，2013（8）.

［35］贾康，马衍伟. 税收促进文化产业发展的理论分析与政策建议［J］. 财政研究，2012（4）.

［36］蒋园园，杨秀云. 我国文化创意产业政策与产业生命周期演化的匹配性研究——基于内容分析的方法［J］. 当代经济科学，2018（1）.

[37] 焦阳，曾品固．借鉴英国经验发展我国文化创意产业的战略思考［J］．软科学，2013（4）．

[38] 靳东升，原泽文，凌萍．支持社会组织发展的税收［J］．财政研究，2014（3）．

[39] 科学技术部火炬高技术产业开发中心．对科技成果转移转化及国有资产管理的建议［EB/OL］．（2017－11－07）［2018－10－20］．http://www.chinatorch.gov.cn/jssc/llyj/201711/db7be2235035411288136a139 c751c44.shtml.

[40] 兰相洁．促进文化产业发展的税收政策选择［J］．经济纵横，2012（6）．

[41] 雷原，赵倩，朱贻宁．我国文化创意产业效率分析——基于68家上市公司的实证研究［J］．当代经济科学，2015（2）．

[42] 李媛媛．国有文化资产管理体制改革：问题与对策［J］．中国党政干部论坛，2015（2）．

[43] 李本贵．促进文化产业发展的税收政策研究［J］．税务研究，2010（7）．

[44] 李海莲．促进我国文化企业"走出去"的税收政策研究［J］．税务研究，2013（12）．

[45] 李慧．论促进我国文化创意产业发展的税收政策［J］．税务研究，2013（12）．

[46] 李铭霞，吕旭峰．美国斯坦福大学技术许可办公室的使命与专业化管理［J］．世界教育信息，2015（11）．

[47] 李思屈，李义杰．中国文化创业政策及其实施效果——基于国家八大动漫游戏基地政策调研的实证研究［J］．西南民族大学学报，2012（3）．

[48] 理查德·弗罗里达．创意经济［M］．方海萍等译．北京：中国人民大学出版社，2006．

[49] 厉无畏，王慧敏．创意社群与创意产业的持续发展研究［J］．社会科学，2009（11）．

［50］廖红伟,梁鑫,周海金.产权视角下国有文化资产管理体制改革与创新［J］.江汉论坛,2015（6）.

［51］廖佳音.促进我国文化产品出口的策略研究［D］.首都经济贸易大学,2008.

［52］林青.文化创意产业知识产权创新与保护机制研究［J］.南京理工大学学报（社会科学版）,2018（1）.

［53］刘梅,刘乐,罗梦娜.斯坦福大学科技成果转化经验及启示［J］.中国高校科技,2017（11）.

［54］刘运华.加强市场主体培育扶持 促进房地产业转型升级发展［N］.郴州日报,2015（11）.

［55］陆岷峰,张惠.文化产业大发展的金融支持系统研究［J］.江西财经大学学报,2012（2）.

［56］马悦.完善我国科技创新税收优惠政策的对策研究［J］.经济纵横,2015（12）.

［57］毛坚.政府财政扶持文化产业发展——以宁波为例［D］.浙江大学,2014.

［58］N.格里高利·曼昆.宏观经济学（第七版）［M］.卢远瞩译.北京：中国人民大学出版社,2010.

［59］Florida R. The Rise of the Creative Class［J］. Washington Monthly, 2002（5）.

［60］潘娜.公共文化服务亟需激发非营利组织活力［N］.学习时报,2015（3）.

［61］潘玉香,孟晓咪,赵梦琳.文化创意企业融资约束对投资效率影响的研究［J］.中国软科学,2016（8）.

［62］潘玉香,强殿英,魏亚平.基于数据包络分析的文化创意产业融资模式及其效率研究［J］.中国软科学,2014（3）.

［63］彭璟玮.中国文化创意产业：现状、特征及问题［J］.经济师,2017（10）.

[64] 彭羽. 支持科技创新的税收政策研究 [J]. 科学管理研究, 2016 (5).

[65] 澎湃新闻. 什么阻碍了科研人员"获得感"？科技成果所有权有了顶层认定 [EB/OL]. (2018-03-26) [2018-10-19]. https://www.thepaper.cn/newsDetail_forward_2042897.

[66] 戚骥. 支持文化产业发展的财政支出政策探析 [J]. 宏观经济管理, 2018 (7).

[67] 戚骥. 支持文化产业发展的税收政策研究 [J]. 财政研究, 2013 (6).

[68] 人民网. "一带一路"背景下湖南文化产业走出去的竞争力内涵及其提升路径 [EB/OL]. (2018-10-16) [2018-10-18]. http://media.people.com.cn/n1/2018/1016/c421733-30344282.html.

[69] 人民网. 版权资产：国有文化企业的核心竞争力 [EB/OL]. (2015-01-30) [2018-10-16]. http://ip.people.com.cn/n/2015/0130/c136655-26478787.html.

[70] 人民网. 国资流失成隐忧 科技成果转化如何除掉"紧箍" [EB/OL]. (2016-03-22) [2018-10-20]. http://it.people.com.cn/n1/2016/0322/c1009-28216416.html.

[71] 上海社会科学院文化创意产业研究基地. 上海文化创意产业发展报告 (2015—2016) [M]. 北京：社会科学文献出版社, 2016.

[72] 中国军. 发达国家促进文化产业发展税收政策及其借鉴 [J]. 涉外税务, 2014 (4).

[73] 宋晓明, 黄鹏, 刘文红. 区域文化创意产业市场分类、发展模式与对策 [J]. 中国科技论坛, 2017 (8).

[74] 搜狐网. 过去与未来：国有文化企业如何借力资本？ [EB/OL]. (2017-12-11) [2018-10-18]. https://www.sohu.com/a/209835043_160257.

[75] 搜狐网, 中国科讯. 科技成果转化：呼唤配套政策, 探索所有权分配机制 [EB/OL]. (2018-08-10) [2018-10-19]. http://www.

sohu. com/a/246281108_744387.

[76] 搜狐网. 两会｜龚曙光：关于加大国有文化企业海外并购扶持力度的建议［EB/OL］.（2017-03-09）［2018-10-16］. http：//www. sohu. com/a/128375414_267807.

[77] 搜狐网. 美国斯坦福大学的产学研之路［EB/OL］.（2017-06-19）［2018-10-18］. http：//www. sohu. com/a/150138245_165955.

[78] 搜狐网. 吴寿仁：科研人员科技成果所有权探析［EB/OL］.（2018-07-21）［2018-10-19］. http：//www. sohu. com/a/242558521_660408.

[79] 搜狐网. 以色列理工学院科技创新模式研究［EB/OL］.（2018-06-15）［2018-10-18］. http：//www. sohu. com/a/235927674_468720.

[80] 搜狐网. 以色列如何促进产学研创新［EB/OL］.（2017-12-28）［2018-10-18］. http：//www. sohu. com/a/213496178_275304.

[81] 搜狐网. 智库观点｜冯锋尹睿陈方圆：对科技成果转移转化及国有资产管理的建议［EB/OL］.（2017-11-12）［2018-11-16］. https：//www. sohu. com/a/203890069_100016941.

[82] 田玲. 以色列创业型大学文化构建对我国创业教育的启示——以以色列理工学院为例［J］. 现代营销（下旬刊），2015（8）.

[83] 文化部. "十三五"时期文化产业发展规划［N］. 中国文化报，2017-04-20.

[84] 王春香. 税收对产业结构影响的分析［J］. 财经问题研究，2008（7）.

[85] 王晗. 文化产业集聚：评价、效应与政策——以辽宁省为例［J］. 经济与管理，2016（4）.

[86] 王如忠. 上海文化创意产业发展的战略思路与对策研究［J］. 上海经济研究，2007（10）.

[87] 王文忠. 北京市文化创意产业投融资问题及对策研究［D］. 首都经济贸易大学，2008.

[88] 王欣. 中韩文化创意产业融资比较研究［D］. 哈尔滨理工大

学, 2015.

[89] 王银灿, 邢红梅. 我国发展文化创意产业的理论基础及时代背景探析 [J]. 经济论坛, 2016 (9).

[90] 王云岭. 曲江模式: 中国文化产业发展的成功案例 [J]. 中国经贸导刊, 2010 (12).

[91] 唯象网. 清华成立 "文创院": 中国文化产业向哪里去? [EB/OL]. (2016 - 12 - 12) [2018 - 10 - 18]. http: //www.wixiang.com/news/26608.html.

[92] 吴悦. 北京文化创意产业发展模式研究 [D]. 北京: 首都经济贸易大学, 2011.

[93] 西南交通大学新闻网. 科技园: "职务科技成果混合所有制" 探索之路 [EB/OL]. (2017 - 12 - 18) [2018 - 10 - 20]. http: //news.swjtu.edu.cn/ShowNews - 15779 - 0 - 1.shtml.

[94] 贤集网. 现行国有资产评估和备案管理规定拖延科技成果转化进程的原因及建议 [EB/OL]. (2017 - 08 - 28) [2018 - 10 - 19]. https: //www.xianjichina.com/news/details_47616.html.

[95] 谢冰. 基于互联网的知识产权交易平台构建 [J]. 中国新信, 2016 (11).

[96] 谢地. 试论国有科技成果知识产权管理制度的完善思路 [J]. 中国行政管理, 2018 (1).

[97] 谢志华, 胡鹰. 国有资产管理: 从管资产到管资本 [J]. 财务与会计 (理财版), 2014 (7).

[98] 辛阳. 中美文化产业投融资比较研究 [D]. 吉林大学, 2013.

[99] 新华网. 国资投资、运营公司新增政府直接授权模式 [EB/OL]. (2018 - 08 - 01) [2018 - 08 - 03]. http: //www.xinhuanet.com/2018 - 08/01/c_1123204635.htm.

[100] 闫坤, 于树一. 支持文化产业发展的财税金融政策研究 [J]. 华中师范大学学报 (人文社会科学版), 2015 (3).

[101] 杨光,谢家平. 文化创意产业未来票房收入质押融资模式研究 [J]. 经济体制改革,2016(3).

[102] 杨红. 我国文化产业发展的税收激励政策分析 [J]. 中外企业家,2016(1).

[103] 杨向阳,童馨乐. 财政支持、企业家社会资本与文化企业融资——基于信号传递分析视角 [J]. 金融研究,2015(1).

[104] 杨志安,张鹏. 支持我国文化产业发展的税收政策选择 [J]. 税务研究,2015(3).

[105] 杨祝顺. 我国文化创意产业知识产权保护的现状与策略 [J]. 武汉理工大学学报(社会科学版),2017(2).

[106] 叶朗. 中国文化产业年度发展报告 [M]. 北京:北京大学出版社,2012.

[107] 袁艳红,完善文化产业发展的税收政策 [J]. 税务研究,2010(7).

[108] 张道洁. 文化产业集聚发展中的地方政府经济行为研究 [D]. 电子科技大学,2013.

[109] 张鸿. 促进高新技术产业发展的科技税收优惠政策研究 [J]. 科学管理研究,2001(8).

[110] 张丽艳,颜士鹏. 国外创意产业知识产权保护的法律与政策评析 [J]. 黑龙江省政法管理干部学院学报,2010(9).

[111] 张林. 中国国家文化主权及其战略构建论要 [J]. 理论导刊,2017(9).

[112] 张欣怡,张学海. 金融支持文化产业发展的国际经验与启示 [J]. 云南社会科学,2014(2).

[113] 张岩松,穆秀英. 文化创意产业理论与实践 [M]. 北京:清华大学出版社,2017.

[114] 张怡,李瑞缘. 完善非营利组织税收激励机制的法律思考 [J]. 税务研究,2013(6).

[115] 张颖雪. 我国文化创意产业发展模式研究 [D]. 北京：对外经济贸易大学，2011.

[116] 张云飞，张晓欢. 试论我国文化产业园区建设的现状、问题与对策 [J]. 中国市场，2013（5）.

[117] 张志超，倪志良. 现代财政学原理 [M]. 天津：南开大学出版社，2003.

[118] 赵梦阳. 北京市金融支持文化创意产业的发展研究 [D]. 首都经济贸易大学，2012.

[119] 赵倩，杨秀云，雷原. 关于文化金融体系建设几个问题的思考 [J]. 经济问题探索，2014（10）.

[120] 赵渊. 文化产业园区：政策供给与治理结构创新 [J]. 经济论坛，2011（11）.

[121] 郑崇选. 文化非营利组织发展存在的问题及培育对策 [A]. 全面深化改革与现代国家治理——上海市社会科学界联合会第十二届学术年会论文集 [C]. 上海：上海人民出版社，2014.

[122] 中国经济网. 从国家文化出口重点企业和重点项目目录看文化走出去特点 [EB/OL]. （2018-02-28）[2018-10-17]. http://www.ce.cn/culture/gd/201802/28/t20180228_28285321.shtml.

[123] 中国青年网. 清华大学文创院：文创成果转化带来新动力 [EB/OL]. （2017-04-01）[2018-10-18]. http://edu.youth.cn/jyzx/jyxw/201704/t20170401_9402582.htm.

[124] 中国文明网. 如何实施国有文化企业资产监管 [EB/OL]. （2014-04-19）[2018-11-07]. http://hbjswm.gov.cn/whtzgg_pd/qwjd/201404/t20140419_1883972.shtml.

[125] 中华人民共和国财政部. 文化司（中央文化企业国有资产监督管理领导小组办公室）主要职能 [EB/OL]. [2018-07-21]. http://whs.mof.gov.cn/pdlb/gywm/zyzn/201111/t20111118_608924.html.

[126] 中华人民共和国财政部. 中国对外文化集团公司 [EB/OL].

[2018 – 10 – 18]. http://whs.mof.gov.cn/pdlb/zywhqy/zywhqygl/201209/t20120913_682609.html.

[127] 中华人民共和国商务部. 关于 2017 – 2018 年度国家文化出口重点企业和重点项目名单补充公示的通知 [EB\OL]. (2018 – 01 – 09) [2018 – 10 – 18]. http://fms.mofcom.gov.cn/article/jingjidongtai/201801/20180102696079.shtml.

[128] 周显宝, 陆瀛. 知识产权保护是文化创意产业发展的前提与保障——"内容为王"时代的文化产业发展现状、政策与融资模式探究 [J]. 文艺生活·文艺理论, 2012 (11).

[129] 左迎年. 北京市文化创意产业政策分析研究 [D]. 北京交通大学, 2014.

[130] Pratt A C. Cultural industries and public policy [J]. International Journal of Cultural Policy, 2005 (1).

[131] Landry, Charles. The Creative City: A Toolkit for Urban Innovators [M]. Comedia, 2008.

[132] Hesmondhalg, D. and Pratt, A. C. The Cultural Industries and Cultural Policy [J]. International Journal of Cultural Policy, 2005 (11).

[133] Min – Chih Yang, Woan – Chiau Hsing. Kinmen: governing the culture industry city in the changing global context [J]. Cities, 2001 (2).

[134] 傅才武, 熊笑忠. 文化产业与金融工具 [M]. 北京: 中国社会科学出版社, 2016.

[135] 季琼. 国际文化产业发展理论、政策与实践 [M]. 北京: 经济日报出版社, 2016.

[136] 熊澄宇. 中国文化产业政策研究 [M]. 北京: 清华大学出版社, 2017.

[137] [美] 理查德·E. 凯夫斯. 创意产业经济学 [M]. 北京: 商务印书馆, 2017.

[138] 王慧敏, 王兴全. 上海文化创意产业发展报告 [M]. 社会科

学文献出版社.2016.8.

［139］张明娥.完善我国文化产业财税政策的国际经验借鉴［J］.国际税收，2013（4）：53-56.

［140］Creative Industries Federation – Manifesto 2017. https：//creativeeconomy2015. com/2017/04/25/creative – industries – federation – manifesto/.

［141］Scott, A. J. The Cultural Economy of Cities［M］. London：SAGE Publications, 2000, 1 – 17.

［142］Elizabeth Strom. Cultural policy as development policy：evidence from the United States［J］. International Journal of Cultural Policy, 2003（9）：247 – 263.

［143］Phil Cooke & Lisa De Propris. A policy agenda for EU smart growth：the role of creative and cultural industries［J］. Policy Studies, 2011（4）：365 – 375.

［144］Emiko Kakiuchi. Culturally creative cities in Japan：Reality and prospects［J］. City, Culture and Society. 2016（7）：101 – 108.

［145］Kaman Ka Man Tsang, Kin Wai Michael siu. The 3Cs model of sustainable culture and creative cluster：The case of Hong Kong［J］. City, Culture and Society. 2016, 209 – 219.

［146］David Hesmondhalgh & Andy C. Pratt. Cultural industries and cultural policy［J］. International Journal of Cultural Policy, 2005（1）：1 – 13.

［147］Donald M. Nonini. Is China becoming neoliberal［J］. Critique of Anthropology, 2008（28）：145 – 176.

［148］Graeme Evans. Creative Cities, Creative Spaces and Urban Policy［J］. 2009（5）：1003 – 1040.

［149］Evans GL, Foord J. Cultural policy and urban regeneration in East London：word city, whose city?［J］. 1999.

［150］Sigricl J. c. Hemels. Tax Incentives for Culture Investments：Some policy considerations［J］. European Taxation, 2004.

[151] J. Mark Schuster. Handbook of the Economics of Art and Culture [M]. 2006. 1253 – 1298.

[152] Campbell. Tax Incentives for Cultural Industries [J]. 2010.

[153] Susan Galloway & Stewart Dunlop. A CRITIQUE OF DEFINITIONS OF THE CULTURAL AND CREATIVE INDUSTRIES IN PUBLIC POLICY [J]. International Journal of Cultural Policy, 2007 (1): 17 – 31.

[154] Xavier, Greffe. From culture to creatity and creative economy: A new agenda for cultural economics [J]. City, Culture and Society, 2016: 71 – 74.

[155] Jason Potts & Stuart Cunningham. Four models of the creative industries [J]. International Journal of Cultural Policy, 2008 (3): 233 – 247.

[156] Mitsuhiro Yoshimoto. The Status of Creative Industries in Japan and Policy Recommendations for Their Promotion [J]. NLI Research, 2003 (2): 1 – 9.

[157] Hosper, J. Creative Cities: Breeding Places in the Knowledge Economy [J]. Knowledge, Technology & Policy, 2003, 143 – 162.

[158] Xavier, Greffe. From culture to creatity and creative economy: A new agenda for cultural economics [J]. City, Culture and Society, 2016, 71 – 74.

后　记

本书能够得以问世首先要感谢中财经文化资产管理（深圳）有限公司董事长、深圳市中财公私合作（PPP）研究院执行院长、南开大学特聘教授张冬梅教授。正是在张冬梅教授的引荐和组织之下，参与了耿秀彦研究员的三次讨论会，对文化创意产业有了初步的认识，产生了相关公共政策的研究兴趣。2018年，耿老师正在开展"十三五"国家重点图书出版规划项目《"文化创意+"传统产业融合发展研究》系列丛书的组稿工作，虽然公共政策相关研究并不在组稿范围之内，但是依然对我们的研究给予了极大的肯定和支持。张冬梅教授多次参与讨论，对本书框架的形成给出了重要的建议。感谢两位教授。

本书主要研究力量是笔者本人及指导的研究生和研究团队。廖艳芳、张赛参与第一章写作；张维、黄春玲、刘子钰参与第二章写作；蒲志琴、邵祺梦、任鹏悦、陆泽宇参与第三章写作；成前参与第四章写作；李萌参与第五章写作；赵勇冠参与第六章写作；秦梓恒、文玉香参与第七章写作；秦聪参与第八章写作；陆泽宇完成全书的统稿工作。刘子钰、文玉香、杨丹、叶子琴、衡亚男、李金雨完成了全书的校对工作。刘子钰完成了部分数据整理工作。何思玉、王小诗、王昕玥、韦林源、陈煜颖、马春晓、庞志伟、刘馨遥、张文晗参与了课题的讨论。感谢各位同学的出色工作。有些同学已经毕业走上工作岗位，有些同学正在进一步继续深造，衷心祝福你们永远年轻、永远一往无前。

感谢南开大学经济学院、中国特色社会主义经济建设协同创新中心、南开大学财政学系对本书的支持。感谢付克华博士对本书出版的大力支持与敦促，以及高水平的编辑工作。

  本书是在众多文献形成的研究基础上完成的，引用不当之处，欢迎联系指正。受笔者个人水平所限，本书还存在很多粗陋之处，请读者见谅。

作者

2020 年 10 月